文化话语研究（第二版）
探索中国的理论、方法与问题

施旭 著

Cultural Discourse Studies
Researching Chinese theory, methods and topics

北京大学出版社
PEKING UNIVERSITY PRESS

图书在版编目(CIP)数据

文化话语研究：探索中国的理论、方法与问题/施旭著.—2版.—北京：北京大学出版社，2022.1
ISBN 978-7-301-32460-8

Ⅰ.①文… Ⅱ.①施… Ⅲ.①汉语-话语语言学-研究 Ⅳ.①H1

中国版本图书馆CIP数据核字(2021)第250312号

书　　　名	文化话语研究：探索中国的理论、方法与问题（第二版） WENHUA HUAYU YANJIU: TANSUO ZHONGGUO DE LILUN FANGFA YU WENTI (DI-ER BAN)
著作责任者	施　旭　著
责 任 编 辑	朱丽娜
标 准 书 号	ISBN 978-7-301-32460-8
出 版 发 行	北京大学出版社
地　　　址	北京市海淀区成府路205号　100871
网　　　址	http://www.pup.cn　新浪微博：@北京大学出版社
电 子 邮 箱	编辑部 pupwaiwen@pup.cn　总编室 zpup@pup.cn
电　　　话	邮购部 010-62752015　发行部 010-62750672　编辑部 010-62759634
印 刷 者	北京虎彩文化传播有限公司
经 销 者	新华书店
	650毫米×980毫米　16开本　22印张　300千字 2009年12月第1版 2022年1月第2版　2024年2月第3次印刷
定　　　价	78.00元

未经许可，不得以任何方式复制或抄袭本书之部分或全部内容。
版权所有，侵权必究
举报电话：010-62752024　电子邮箱：fd@pup.cn
图书如有印装质量问题，请与出版部联系，电话：010-62756370

前　言

本书的第一版是十年前完成的。十年间，世界发生了地覆天翻的变化，笔者的思想也有了新进展，且增加了一些新的研究兴趣。原书不得不重写。

那时，"话语""话语研究"在中国还处于社会科学的边缘，今天已不再寂寞，而且有渗透多个学科的势头。然而，其定义、含义、意义是什么，多数人并不清楚；而且现有的界定和概念并不一定适合中国现实和需求。因此，在前言里，我们将首先厘清本书的"话语"概念，然后说明"文化话语研究""当代中国话语研究"——本书之核心意旨——的价值，最后预告全书的内容和结构。

话语的定义和概念

现代意义上的"话语"出自20世纪七八十年代西方学术语言（如英文里的"discourse"，法语里的"discours"），但至今该词的定义和概念仍然处于纷繁混沌之中，无论在国外还是国内。它有时指一个句子（"一切反动派都是纸老虎"），有时指一段文字或会话（一篇文章、一次讲演），有时指语言使用中所表达的理念（"构建人类命运共同体"），有时指特定表达方式（"中国梦""新时代"），有时指特定群体交际的概念和规则("社会科学的西方话语"),有时指特定语境下的语言实践("媒体话语""课堂话语"),有时与其他概念混用,变得更加泛化或模糊("建筑话语""话语权")。

在形形色色的话语研究模式中,形成现代学派并取得重要影响的,要首推英美的"话语分析"(discourse analysis)。它建立了相对统一的话语定义和研究方向:话语被界定为社会语境下的语言使用(utterances),通常以口头或书面文本(texts)形式出现;研究的目的是描述文本的结构(如语词的编排模式),解读言辞的意义(如语用功能或目的),挖掘语用形式的成因(如某种社会结构或意识形态)等。这里不难看出,对于话语的界定和研究目标的选择,受到特定学科背景,即现代西方语言学的影响。

然而,将研究对象和目标锁定在语言使用或文本之内,对于那些希望认识和解决社会问题的研究者来说,这种视野未免太窄,也因此缺乏学术价值和社会意义——我们称之为"本本主义"。

人类的社会交往实践,不仅仅是语言实践。一味地纠结文辞篇章,而不全面深入地探究缠绕在文本之外的人和事,或者说文本和语境所形成的整体以及内部复杂关系——精神的、物质的、符号的,就不能真正理解社会,也就不能解决社会问题,因此也失去了实践意义。新媒体时代、后真相时代,更需要全面的、整体的视野。

因此,本书将"话语"重新定义:全球交际系统里,特定文化、历史关系中个体或群体运用语言及其他手段进行的社交实践。一般来说,话语由六个要素组成:对话主体,言语/行动,媒介/时空,目的/效果,历史关系,文化关系。它们是"六位一体"

的辩证联系的整体，其内涵简单描述如下：

对话主体：交际活动中（实际和潜在）的参与者（包括身份、地位等）；

言语/行动：口头或书面语言，相关的行动；

媒介/时空：交际使用的符号系统（如中文、外文）、信息系统（互联网、社交媒体）、时机和场景的把握；

目的/效果：交际行动的原因和意图、所产生的影响和后果；

历史关系：上述变量的历史变化和这些变化之间的关系（因果、反差、转化）；

文化关系：（以语言、传统、习性等区分的）相关交际族群在交际实践上形成的互动关系（竞争、合作、渗透等）。

从这里还可以看到，话语是构成社会现实的重要，或主要，甚至核心部分。试想我们习以为常的网络浏览、微信聊天、例行早会、商务谈判、课堂教学、大众传播、法庭审判、文学欣赏、教堂布道、国家治理、外交活动等，即使是音乐、舞蹈、艺术、电影、体育甚至展览也离不开话语。没有话语的组合、穿插、补充，交响乐、芭蕾、摄影、绘画、雕塑和体操，都会黯然失色。因此，整体辩证视角下的话语，不仅是认识世界的路径、方法，同时应该是社会科学理论发展和实证分析的目标。

新定义强调的是，话语以特定群体的交际活动为单位，以文化关系为特点，故又称"文化话语"。按照这一定义，我们便可以探索"中国话语""亚洲话语""东方/亚非拉/发展中国家话语""西方话语"，以及它们之间的关系，而同时又不失对它们在全球交际系统（global communication system）中地位的观照。

全球交际系统中之所以有既不同、又相连的文化话语，是因为它们各自有"话语体系"（discourse system）的支撑。话语体系，指一个社会群体在特定社会领域中进行话语实践所依托的"交际体制"和"交际规则"的综合系统。一般地说，交际体制包括集体性主体、组织机构、交际工具、设备、渠道等，是话语实践的"骨骼系统"，偏物质性；交际原则包括相关的概念、价值、理论、策略，是话语实践的"神经系统"，偏精神性。话语实践的成功与否，很大程度上受话语体系的影响，甚至取决于话语体系的状况。

这样的话语定义和概念，与"交际学"（Communication Studies）对象"交际"（communication，又被译作"传播"，但有偏向）有重合部分，比如都涉及交际的主体、场景、媒体、内容、形式、效果等。但是，前者与后者在基本出发点、视角、侧重点上有重要区别："交际"强调普遍性，而"话语"强调"文化性"，即不同群体间的交际差异关系和互动关系（尤其是竞争关系）。正因为我们有了这样的话语和话语体系的概念，可以解释人类交际的变化：是不同文化话语（体系）的相互作用推动了人类交际的发展。

虽然本书的定义与西方各种话语分析有相交之处，比如都关心语言使用（use of language），但是两者又有根本不同：西方话语分析聚焦在文本上，并不关心和研究语境，后者只被用作阐释文本的辅助性工具。而且，它采取的是普世主义立场，即在理论和方法上没有文化意识。

本书的话语定义，将"文本"与"语境"合二为一，强调其整体性、辩证性，并坚持从文化（多元、竞争）的视角出发。研究的视野、疆界、内容扩展后，研究者可以将文本和语境结合起来解读，可以把说的和做的联系起来认识。将交际者、言谈、行动、媒体、效果、历史、文化关系等通通纳入研究视野，而非偏向语言一方。

为充分理解话语新定义的意义,我们还需要了解话语的特性。这里重点阐释其六个主要性能:

(1) **建构性**。在一些学科中,研究者将语言当作"意义的管道",因而拨开文本去发现"真相""事实""现实"(将文本当作探索现实的路径,而否认话语的理论意义);而在后现代主义影响下,也有一些学者将"真相""事实""现实"当作虚无,因而转向文本意义的研究。这两种做法其实都将现实和话语二元对立,聚焦一面,否认另一面。本书中,我们从整体视角出发,将话语看作多元要素组成的集合体:一定的社会主体,在物质的和精神的条件下,运用语言、媒介,生成、塑造、改变现实,完成社会实践目标和任务。从这个意义上说,话语具有现实建构的力量。与后现代主义、社会构建主义的话语观不同,文化话语建构现实,不仅仅通过言语,而且还通过相关的主体、媒介等不同交际要素的合作完成。这也就意味着,话语研究必须全面综合考察话语各要素如何共同生成改变世界,而不是单单分析文字。

(2) **权力性**。如果说话语具有生成、改变现实的力量,而且不同文化话语(体系)相互作用(压迫、反抗、合作、转化、渗透、排斥等),那么就不难理解,它就有权力性:在交际的个体或群体间产生某种张力关系。比如,话语实践中,人们坚持对于世界的某种说法,而避免、排除、驳斥其他(可能的或实际的)说法,以让人信服自己的说法,达到左右他人行为的目的。一些人拥有强大的交流技术、传播工具,可以广泛而有效地改变受众的认知和行动;一些人占据重要的社会地位,可以获得更大的吸引力、感召力、影响力。正如福柯所指出的,权力遍布于话语的全过程、各部分。有压制的,有反抗的,两者并存。权力应该成为话语研究的中心议题。

（3）**媒介性**。西方话语分析的本本主义决定了它对媒体的忽视。而我们认为,话语意义的生成和理解,不仅仅依靠语言、手势、表情、声像等符号系统,往往还需要媒介技术（广播、电视、新媒体等）的配合。特别是当今全球化时代、互联网时代、信息化时代、（新/智/融/全）媒体时代,人类交际、话语已发生重大变化：新媒体的加入,催生新媒体话语,不断改变话语的形态、结构、性质、特点、能力、效果,因而改变社会,改变人类本身。新媒体社交性强、信息量大、辐射面广、传播速度快等优势,已成为推动社会变革的巨大媒介。话语研究再也不能忽视这一点。

（4）**对话性**。从西方个人主义角度看,人的行动以自我为中心,因而说话的人、传播者被看作意义的主宰。而我们认为,人类的一个本质特点是交流互动,与自己,与他人,实际地或潜在地（自言自语地）进行。他们主要是通过运用语言,进行思考、计划和社会实践。这意味着,交际/话语（主体）是社会性的,总有相关的对话个人或群体,总有进行对话的其他话语；交际主体在互动中并通过互动,构建现实,行使权力,改变世界。因此,话语研究应该特别注意对话主体如何编织对话并通过对话完成社会实践任务。

（5）**历史性**。西方话语分析、交际学,处于二元对立思维,无论在理论思辨上还是实证分析上,普遍缺乏历史意识。中国文化传统告诉我们,变,是世界的普遍规律。话语,作为人类交际实践,同样不断变化发展。这种变化反映在话语的各要素以及这些要素的关系上。当代信息技术的发展及其带来的交际方式和社会关系的变革，便是最鲜明的例证。而且，如果将话语主体看作是积极能动的，那么便可以看到，他们总是在不断地传承、借鉴、改革、扬弃、创新过往的语境。如今中国政治生活中的"和谐社会""人类命运共同体"等关键词，都与中国文化传统中的"天下""和为贵"等世界观、价值观紧密联系。因此，话语研究必须注意分析话语（包括变量、总体关系）的变化过程和相互关系。

（6）**文化性**。在西方中心主义主导下，话语分析、交际学，无论在观念上还是实践上，都缺乏文化意识。这里，人类不同文化话语（体系）的差异性、多元性——在世界观、价值观、意义生成和理解策略、媒体技术、国际语境等方面——通常被抹杀或遮蔽。不同文化话语（体系）间的权力竞争，也往往被忽视或掩盖，尤其是其中的歧视、压迫、排斥问题。应该看到，一些话语实践由于有类似的历史传统、相同的社会状况、共同的发展目标、有序的交际策略，因而形成共有的文化特质和特征。然而，不同文化话语体系之间的关系往往并非平等，存在歧视、排斥、压制或反抗等竞争关系。从这样的文化角度看，中国/亚洲/东方/发展中世界话语体系，或者美国/欧洲/西方/发达世界话语体系，以及这些不同类型、不同层次话语体系之间的关系，应该成为话语研究的重点对象和问题。另外还须注意，任何文化话语体系都不是凝固的、统一的、边界清晰的；而是流动的、复杂的、开放的。不同文化话语（体系）相互依存、相互作用、相互渗透、相互改变，推动全球人类交际系统朝着更高的文明水平发展。

话语研究的意义

上文提出了与主流话语分析、交际学中不同的话语定义和概念。新定义和新概念更加全面，比如纳入包括（新）媒体、文化关系在内的六个交际要素；更加整体，比如强调各交际要素之间的联系、并将各不相同的文化话语体系纳入全球交际系统之中。特别重要的是，指出了人类交际的文化性，即话语体系之间的差异性、竞争性；同样重要的，它可以解释交际的变化发展——通过不同要素和不同体系间的互动。这样一种人类交际观、文化话语观奠定了本书的主旨："文化话语研究"及其子系统"当代中国话语研究"。有了关于话语的新观念，理解这两个系统的原理就容易了。下面我们扼要介绍两者的功能特点和相互关系。

文化话语研究，是关于全球交际实践的学术范式，为研究者提供总体框架，策划、指导、协调、推动不同研究体系的建设与发展，同时又与相关的应用实践互动而不断地充实。当代中国话语研究，则是文化话语研究的一个子系统，既是在文化话语研究顶层设计下的中国应用，同时又通过这种应用实践反推前者的发展进步。

文化话语研究的意义，可以从学术范式的缘起和实际问题的研究来认识。一方面，进入21世纪以来，国际交往秩序失调，世界治理体系失灵，全球安全关系失衡，人类文化关系失和，百年未有之大变局出现在地平线上。与此同时，尽管人类不同文化、民族、国家、团体的联系比以往任何时期更加密切，但是他们之间的政治、经济、安全、文化矛盾却越来越大。特别是西方强国执意追求和永续绝对世界霸权，更是加剧了大国间的隔阂与冲突，进一步增添了人类未来的不确定性。国际社会如何能够避免或化解"新冷战",已成为亟需解决的难题;人类文化何去何从,成为亟待做出的抉择。而包括中国在内的全世界的社会科学界,有必要、更有义务、有责任积极参与探究。

另一方面,国际主流话语分析、交际学(无论在何地),却无法胜任我们面临的挑战。根本原因在于,它们采取西方中心主义立场,缺乏文化(多元、竞争)意识。主流的西方(白人、男性)学者将西方视角、价值观、概念、理论、方法、问题,当作普世的学术工具,同时借助西方经济、政治、科研、教学、传媒方面的优势,单向度地将其学术传播至世界各地,重复、巩固了西方的偏见和认知。而另一方面,非西方/东方/非白种人/南半球/第三世界/发展中国家学者、学生,在西方学术话语强势驱动下,自觉地或不自觉地将西方"知识"当作标杆,因而遮蔽甚至扭曲了本土现实和问题,扩散、再造、加深了殖民主义、东方主义的偏见和歧视(如耳熟能详的"落后""独裁""腐败""欺骗""好斗"标签),致使东方学术传统被忘却,跨文化学术对话与批评被阻断。(须强调,"西方""东方"等提法,超越地理界限,是文化传统和权力关系意义上的概念。)

这种现实难题和学术缺憾,是创立"文化话语研究"的重要原因,同时也激发了其目标和使命:引导话语/交际研究的文化多元发展,抵抗、消解学术研究的文化霸权,促进人类文化的和谐繁荣。

虽然文化话语研究聚焦社会现实和社会实践,与社会科学的其他学科有类似或共同的关切,但是具有不一样的眼光、视角:将切入点放在话语的各交际要素及其关系上,并且特别重视全球语境下的文化差异关系和竞争关系。因其能够拓展、丰富其他学科的理论和方法,发掘它们无法触及的知识领域,文化话语研究可以对社会科学做出特殊贡献。

既然文化话语研究是关于全球交际的一种新学术方略——有别于西方交际学、话语分析，那么它也是"当代中国话语研究"的建设指南。后者正是本书的核心所在。对于中国学者来说，投身文化话语研究的具体任务和行动，是发展"当代中国话语研究"子系统。理由起码有三个。其一，长期以来学者们对西方话语分析、交际学是做译介和效仿工作，却很少从多元文化、本土文化视角去反思和创新。正所谓西化有余、中学不足，依赖性强、主体性差。而四十多年改革开放后的今天，学术经验成果、文化自觉自信，鞭策着中国学界重塑民族文化身份，再发民族文化声音。其二，虽然话语分析、交际学渐渐作为方法，进入其他社会科学领域，但是由于上述种种缺陷，并未成功切入中国社会现实和需求，给人感觉是隔靴搔痒。中国的现象与问题，包括面临的国际挑战，呼唤学界拓宽视野，积极进取，选择难题，推进理论，发展方法。其三，中国正走近世界舞台中央，要求学界担负起世界大国知识分子责任，发挥最大发展中国家学术引领作用。

在这样的语境下，就不难想象当代中国话语研究的作用和意义。下面只从几个侧面扼要提示。首先，中国学者投身话语研究的文化多元发展事业，一方面可以促进交际学、话语分析西方中心主义的消解，另一方面可以推动、引导本领域的跨文化对话与创新。同时，这也意味着话语研究的"本土"全球化、"全球"本土化，将民族学术引向世界，将世界学术融入民族。

其次，在文化话语研究指导下构建中国范式，并将其运用到中国话语问题的解析和中国话语发展的筹划上，不仅有助于民族学术身份的塑造，而且使跨文化交流成为可能。除此之外，建设符合中国现实、回应中国需求的话语研究系统，可以更加准确地阐释、更加有效地引领中国话语实践,而且也让国际学界更好地认识和理解中国话语实践。

最后,作为大国学者、最大发展中国家学者,积极参与和推动文化话语研究的文化应用实践,将对其他国家和地区的学界和学术产生辐射作用,启发和激励话语研究的本土创造和创新,进而助推人类文化的繁荣与进步。

内容与结构

下面预告本书的章节安排及其内容。全书除一头一尾的前言和后序,中间由两大部分组成:第一部分有四章,阐述新范式母子系统的背景、结构和内容,作为全书的基础逻辑和实证研究的指导框架。第二部分有六章,展示新范式在当代中国各领域话语上的应用研究,问题涉及人权事业、外贸争端、城市发展、国防安全、社会科学和智能世界。

第一章从文化和话语的角度审视西方主流交际学,包括其中的"传播学"和"话语分析"。"文化话语研究"和"当代中国话语研究"与前者有重要相交之处,都关心交际、传播、言语、媒介;而且前者是重要的学术背景,也是学术对话的对象。本章指出,西方主流交际学,包括涉及东方和中国实践的研究,依托西方在经济、科教、传播等方面的优势,单向度地向全球传播,以普遍适用为名、西方中心为实的视角、立场、理论、方法,扩散并永续殖民主义的陈词滥调,不仅抑制了东方学术的传承与发展,也遮蔽了发展中世界的特殊性和复杂性,还消解了人类通过文化对话实现创新的可能。

第二章展示与西方主流交际学相关但不同的全球交际图景,

以及相应的研究战略（目标）和策略（任务）："文化话语研究"。这里提出了"话语""话语体系"的新定义，也提出了多元文化主义的新目标、新方略、新任务、新原则。文化话语研究还是一种新思潮、新运动、新模式、新平台。作为新思潮，它十分强调、特别关注话语的"文化性"——交际差异关系和交际权力关系；作为新运动，它集结尤其是发展中世界学者以及具有文化意识的全球学者，努力提升东方世界的学术水平和地位；作为新模式，它研讨、策划话语研究的文化战略，指导话语研究的文化范式建设；作为新平台，它提供话语研究的文化对话空间，传播文化话语研究的新成果。

第三章将视线转向"东方话语研究"。这是文化话语研究指导下的具体文化实践，对于前者的发展和整个人类交际研究的繁荣具有战略意义。当今国际社会比以往更加分裂、世界秩序更加失衡；而主流交际学囿于西方中心主义局限却于事无补，其形成的霸权体系更抑制东方学术的发展。在这种语境下，东方学者，以及具有文化自觉意识的其他学者，只有，也能够，合作建设一个植根本土放眼世界的新研究体系，以摆脱对西方学术的依赖，有效回应东方问题和需求，切实推动交际、传播、话语研究的跨文化对话与创新。

第四章进入本书的最核心部分："当代中国话语研究"。这是文化话语研究的下属系统和应用实践，也是东方话语研究的组成部分，供审视和指导当代中国话语实践之用（"当代中国话语"指1978年改革开放以来中国社会各领域交际实践总和，包括其中起支撑作用的话语体系）。在了解新范式构建的现实基础、学术资源、要点策略之后，读者可以看到组成当代中国话语研究体系的哲学、理论、方法和议题"分系统"。其特点包括：研究对象整体辩证的本体论、"文化对话"的知识论和"学以致用"的目的论（哲学）、"言不尽意"和"平衡和谐"的交际观（理论）、"听其言察其行"的方法论（方法）、关怀安全和发展的问题意识（议题）。

后六章为话语实践研究。第五章考察话语在城市发展中发挥的作用和产生的影响。城市发展，是中国发展、民族复兴的重要目标和内容，但城市研究，由于非常年轻，普遍欠缺历史观念、文化意识、话语视角、实证调查。作者根据中国城市发展自身的特点和需求，结合当今全球化、信息化的态势，提出中国城市发展，尤其是城市形象传播（促发展）的话语理论，并以此为依托，调查和评估杭州的城市品牌传播话语，揭示其发展特点、规律、优势、缺陷。

第六章从（跨文化）话语的角度审视国际贸易摩擦，并以新视角解析和评价我国在中欧纠纷中的话语实践。随着中国经济的迅速崛起，对外贸易的不断增长，以及全球化的复杂展开，中国与世界的贸易摩擦也逐年增多，眼下的中美贸易争端更是极端体现。本章提出，国际贸易争端是一种经济、政治、外贸、法律、社会等诸多因素交叉的话语现象，尤其具有文化性质和层面。中国对外贸易（纠纷）话语必须从文化的视角加以解读。作者聚焦中国在2005—2012年中欧贸易摩擦中的话语实践，通过多维分析和综合阐释，发掘其特点和规律，包括导致、维持、激化、化解中欧贸易纠纷的不同话语因素，以及其中的优势和缺陷，并提出值得注意的问题和应该采取的行动。

第七章从历史和跨文化角度透视当代中国的人权话语。长期以来，人权一直是中西之间交锋的热点。在指责中国的同时，西方国家往往还以此设置其他障碍，并为本国的利益服务。而西方主流学界通常忽视人权的历史性和文化性，更缺乏对其话语性、修辞性的认识。作者提出，人权概念和价值，有其历史和文化渊源，并在话语中被表述、描述、解读、争论、争夺、利用、改变、传播、传承，等等。从此观念出发，经过对不同场景、不同类型资料的多维分析，本章一方面展示当代中国人权话语的文化特性、历史意义和国际价值，另一方面揭示跨文化对话对于人权事业进步的作用。

第八章分析中国国防政策，聚焦中国国家军事战略。20世纪90年代以来，中国国防政策一直受到西方政府、军方、媒体、学界质疑、曲解甚至诋毁，尽管中国不断努力地澄清和解释。作者指出，国际话语传播是国防政策的重要构成，需要建立国家军事战略的三维分析框架，进而对中国和美国的国家军事战略作全面深入对比分析。需要通过揭示中美国家军事战略的本质差异和不同特点，彰显中国军事战略的和平、包容、自卫的本质特点。作者还就中国国防话语体系的建设以及国防政策国际传播秩序的治理提出了建议。

第九章探讨社交媒体在中国社会科学全球传播中的作用。新媒体研究很少注意到社会科学的国际传播需求，而中国社会科学研究又很少考虑到新媒体这一特殊工具的国际传播作用。信息技术革命——新媒体、互联网、物联网、人工智能、5G、大数据、云计算、区块链、量子通信等——为包括中国社会科学的全球传播提供了不可估量的潜能。作者一方面考察我国新媒体现状与趋势，另一方面分析中国社会科学挑战、条件和环境，在此基础上提出中国社会科学新媒体全球传播的战略。

最后一章将目光投向未来智能交际——未来世界将是一个智能社会。当下的人工智能给人类带来了无限的希望，但同时也面临着严峻的理论和实践挑战。作者对学界、业界和民众的担忧进行阐释，进而提出，人工智能的根本问题出在西方的二元对立思维、个人主义价值观和普世/适主义做派。当今出现的人机交际——"智能话语"——所展露的新样态和显现的文化挑战，也要求人类必须采取应对措施。为保障世界和平与安全，推动人类发展与繁荣，最后建议，国际社会亟需建立一个以交际性、和谐性和文化多样性为基石的全球智能话语体系。

新版的使用

这是十年前书稿的修订增补版，一定程度上折射了中国和世界的变化以及作者的学术发展，但总体上却是呈现了作者的最新研究焦点和观点。

值得一提的是，笔者于2014年在英国麦克米兰公司出版的 *Chinese Discourse Studies*，与本书含有一些相交的话题、相近的材料、相似的进路。但不同的读者群决定了不一样的研究目标、分析材料、处理方法。在本书里，由于对象是中国读者，我们将更多注意力放在中国社会亟需考察和考虑的问题上，将更多篇幅放在中国人可以或应该采取的对策和措施上；更不用说，当今的世界和作者的认识已是今非昔比。当然，如果读者希望更加全面地把握一个植根本土、放眼世界、文化开放的中国话语研究范式，可以将这两个版本结合起来阅读。

本书的目的，一方面是介绍"文化话语研究""当代中国话语研究"母子系统；另一方面是展示新范式关照下，中国人权事业、贸易摩擦、城市发展、社会科学、国防安全等领域的话语特点、规律、挑战和对策。希望无论是研习言语交际、话语传播的学生，还是探究其他人文社会科学的学生，都可以从中认识到话语研究对于理解中国社会、助推中国发展的特殊视角和作用以及交际、传播、话语学术本土化和全球化的可能和必要。

如果读者希望全面深入把握"文化话语研究""当代中国话语研究"的操作模式和原则，需要阅读本书全文。但是，每一章也是一个较为独立的系统，因此可以根据自己的兴趣和需要阅读。为了启发相关课题研究，每一章还提供了讨论题。

本书部分章节的前期版本曾在一些中英书刊上发表。这里特别要感谢Journal of Multicultural Discourses、《当代中国话语研究》《中国社会科学报》《光明日报》《新闻与传播研究》《现代传播》《中国外语》《外国语》《浙江大学学报》《当代外语研究》的支持。

本书所引的网站都于2021年7月16日再次查证。

施 旭

于西子湖畔

目 录

第一部分　植根本土　放眼世界

第一章　西方话语研究 …………………………………… 3

第二章　文化话语研究 …………………………………… 21

第三章　东方话语研究 …………………………………… 38

第四章　中国话语研究 …………………………………… 55

第二部分　让中国认识自己　让世界理解中国

第五章　城市发展话语 …………………………………… 111

第六章　贸易摩擦话语 …………………………………… 146

第七章　人权事业话语 …………………………………… 179

第八章　国家安全话语 …………………………………… 211

第九章　社交媒体话语 …………………………………… 247

第十章　未来智能话语 …………………………………… 274

参考文献 ……………………………………………………… 293

后　记 ………………………………………………………… 329

第一部分

植根本土
放眼世界

第一章 西方话语研究

本书开篇对交际学（Communication Studies）做一文化考察，不仅因其在社会科学中的重要意义，更因为本书的特殊背景和交流对象。交际学关注言语、符号、信息、心理、交往、传播、媒介、网络等现象，采取人际、群体、机构、或（跨）文化等不同社会视角，并常常与政治、历史、文化等环境因素联系起来，以描述、解释、评价乃至改造研究对象。须注意，交际学不仅仅是学术体系，全面地看，也是一套话语体系，有其特殊的历史起源、社会背景、专业群体、思维方式、理论方法、价值立场、旨趣问题、言行策略、媒介技术、传播对象，等等；但通常被忽视的，是其"文化性"——与其他相关体系形成的差异关系和互动关系，实际的或潜在的。本章分析从交际学开始，经由话语分析，最后到中国应用，进而提出：主流交际学，包括关于中国的话语传播研究，依托西方经济、科教、传播等优势，在全球单向度地宣扬以普遍适用为名、西方中心为实的视角、立场、理论、方法，重复制造殖民主义的陈词滥调，既抑制了发展中国家的学术传承与发展，也消解了人类思想文化多元创新的可能。

交际学的文化分析

交际学，广义上说，是一门关于个体或群体之间如何运用符号（如语言、声音、图像）和媒介（如新媒体、网络、时空）进行社会实践（如交友、交易、观影）的学问，对象包括主体、言语、传播、媒介、网络等多重元素。这种社交现象通常被置于其特定的政治、经济、历史、文化环境下审视，而且往往从人际、组织（机构）、群体、或（跨）文化等不同社会角度解读。其目的一般是描写、解释、评价乃至指导甚至改变交际实践。在此名目下有众多学科分支，如话语分析（聚焦言语、会话、修辞），传播学（聚焦媒体、信息、网络），另外也有（国际）政治学、经济学、社会学、心理学、人类学、语言学、信息学等多种学科介入。特别是由于信息技术（如人工智能、5G）不断进入人类社会，交际学的边界显然是开放的。

  需要指出的是，交际学并不是一套单纯的学术体系，也并不是一套中立的思想体系。全面地看，更是一个全球性的，具有文化特质关系的话语体系：有其特殊的历史根源、社会背景、专业群体、思维方式、理论方法、价值立场、旨趣问题、言行策略、传媒技术、渠道模式、传播对象，等等。而这里特别需要强调，却被普遍忽视，或掩饰的，是其"文化性"：与其他学术话语体系实际的或潜在的形成的（结构）差异关系和（权力）互动关系。下面扼要说明该话语体系文化特性的若干表现。

  交际学的特点之一是二元对立。交际学领域中有门类繁多的理论，有关乎交际主体、新闻、信息、话语、修辞、舆论、伦理、受众、效果、媒体、科技等不同交际方面和层次，形成诸如身份理论、构建理论、框架理论、媒体依赖理论。而且这里还有各种学科视角的介入，如哲学、语言学、符号学、心理学、社会学、政治（经济）学、修辞学。但问题在于，尽管社交实践是一个统筹系统，然而学者们往往采取的都是分而治之的思路，缺乏一个全面、系统、一体化的理论体系（阿芒·马特拉，米歇尔·马特拉 2008）。其实这并不奇怪，因为交际学一直是建立在两个截然分离且相反——"主观主义"和"客观主义"——的"交际世界观"上：前者设定，世界是不稳定的，人类社会实践由内在精神主导；后者则设定，世界是稳定的，人类社会实践由外在结构支配。而这些恰恰是因为受西方文化典型的二元对立思维的影响。这种二元对立的研究模式带来的后果是，认识趋于片面，或顾此失彼，或见树不见林，最终难以解决实际、根本问题。

特点之二是普世主义。交际学的"普世主义"有相关的两面。一方面，主流交际学的研究者通常将自己当作客观中立、不偏不倚的学者，与观察对象是分离的。因此，其研究视角、理论、方法、问题可以/应该被普遍接受，与此同时也排除了其他可能的或实际的文化学术体系。换言之，这种交际学缺乏文化反思的习性和能力。另一方面，他们将研究对象描绘成同一、统一、普遍的事实，不认为研究对象本身有文化性（不同文化体系间的差异性、互动性）；相反，"文化"往往被当作外在的"语境"。即使是所谓"跨文化"交际理论，也将文化划为交际之外的、剩余的、已知的"变量"。在其"Intercultural communication"一文中，Spencer-Oatey, Isik-Güler, Stadler (2012: 572)提出，并援引各方专家的观点：

> ...as Hartog (2006: 185) points out, discourse is not necessarily intercultural just because people from two different cultures meet. In other words, cultural factors do not necessarily impact on the communication process at all times....Verschueren

(2008: 23) makes the important point that intercultural communication should not be treated as 'something "special"' and different from other forms of communicative interaction, but rather should be viewed first and foremost as communication. So our study of intercultural communication needs to focus on the processes by which communicative intentions are produced and (misinterpreted) and on the ways in which meanings are negotiated and co-constructed. Throughout this endeavour, we need to explore the ways in which contextual and situational factors impact on these processes, including cultural ones.

这里，Spencer-Oatey, Isik-Güler, Stadler不仅以权威观点说明交际本身没有文化性（Hartog的要点），交际在根本上是人类统一的（Verschueren的要点），而且因此强调跨文化交际研究的注意力应该放在意义构建上，包括在此过程中文化因素的影响。因为将文化排除在研究对象之外，自己的概念、理论便可以成为放之四海而皆准的真理了。这显然同样是受到西方二元对立思维方式的影响。那么试问，全球化、网络化、信息化、文化多元化的世界里，文化中立的、"纯粹的"交际何以可能？交际学将文化排斥在理论视野之外，不去研究文化性（文化差异关系、互动关系）本身，包括文化异质特点、文化权力竞争，其学术的人类文化实践意义何在？

特点之三是西方中心主义。上面两个方面的问题已经将交际学的西方中心主义特性暴露无遗。但这还不是全部的图景，还要看看学界的思想者、权威、掌门人都是谁：西方的（其实大多是英美的）、男性的、白色人种。他们的思维、概念、理论、原则、方法、问题被呈现为普适标准。历史地看,现代意义上的交际学源于欧美,当今最重要的影响也是来自美国。20世纪初,广播、电视、报刊、电影等传媒业在美国的突起,催生并推动了交际学的勃兴。学者们开始研究媒体如何影响社会、控制舆论,逐渐形成了像美国经验学派、芝加哥学派、德国法兰克福批判理论、英国文化研究、加拿大多伦多学派等不同但相连的范式(参见:哈特 2008;伊莱休卡茨 2010)。还要注意其学术是如何传播的:依托西方在经济、科教、文化、信息技术等领域的优势,这种以普世主义为名、西方中心主义为实的学术体系,在全世界单向度地强势散布。我们并不否认其中有合理有益的成分,比如揭示了交际研究可能的视角、范畴、方法,但是在实效上,这套话语体系没有一个包容的、综合的、具有文化意识的理论体系,遮蔽了人类交际的文化复杂性(包括多元性、交融性、竞争性、合作性),又因为非西方世界的学人无意识地盲目跟从依赖,抑制了东方学术智慧的传承与发展,进而也驱散了文化对话实现创新的可能。为进一步认识交际学的本质特点、学术局限和文化后果,我们将聚焦点转向一个典型的分支,话语分析。

话语分析的文化分析

这里我们聚焦话语分析(Discourse Analysis),作为西方交际学文化考察的实例。这一选择,一方面是由于话语分析是交际学中系统而成熟的分支(不像"大众传播学"分散而变化),关乎人类交往的语言使用;另一方面是因为它在国际学界有广泛的影响,概念("话语")、观点("话语构建现实、行使权力")扩散至众多社会科学。

话语分析（Discourse Analysis）是以语言使用，即一定现实语境下的言语行为（"话语"）为对象，探索其意义、生成和理解机制的学问。在 Handbook of Discourse Analysis 中，Gee & Handford（2012: 5）这样定义：

> …discourse analysis involves studying language in the context of society, culture, history, institutions, identity formation, politics, power, and all the other things that language helps us to create and which, in turn, render language meaningful in certain ways and able to accomplish certain purposes. As such, discourse analysis is both a branch of linguistics and a contribution to the social sciences.

Lemke（2012: 79）更加直接地指出话语分析的目的：

> …discourse analysis is a set of techniques for making connections between texts and their meanings.

在该领域中，也有多种目标、进路、形式、传统不同的体系和分支："言语行为理论"（Speech Act Theory），"会话分析"（Conversation Analysis），"批评话语分析"（Critical Discourse Analysis），"论辩研究"（Argumentation Studies），"叙事学"（Narrative Studies），"话语心理学"（Discursive Psychology），"跨文化交际学"（Intercultural Communication Studies），等等。此外，其中有些分支又与后现代主义、后殖民主义思潮有关。

尽管与其他社会科学（如传播学、社会学、政治学、经济学、人类学)有类似的关怀,但不同的是,话语分析特别在"如何说/写"方面(少量地在理解方面),具有独特而系统的理论和技术:以语言学(包括各种分支)及语言学交叉学科的概念和知识——词、句法、言语行为、篇章或会话结构、叙事体、论辩和解释结构、修辞(如比喻、讽刺)等——揭示、解释、评价个人、机构、社会或文化的话语问题,如言语的意义(内容、功能、目的、效果、行动)。

比如,受当代西方语言哲学(Austin 1962; Wittgenstein 1953)启发,话语分析的一个重要目的是揭示话语进行社会行动的能力和性质。又比如,受社会建构主义(如:Billig 1987; Gergen 1999; Gilbert & Mulkay 1984)的影响,话语分析将注意力投向"事实""世界""文化""历史"等"现实"与社会建构活动——尤其是话语——的关系,因而将现实构建话语作为研究的核心。而其他社会科学研究者往往不关注语言活动本身,不会把它作为对象目标来研究,最多是把语言素材作为探究的手段或路径,目的是获取"其中"或"背后"的"信息""原因""知识""事实"。换言之,话语分析彰显了话语的现实构建功能。

再比如,受解构主义(Derrida 1976)和后现代主义(Foucault 1982)以及反种族歧视(Said 1995)、反性别歧视(Lakoff 1975)等学术思潮影响,话语分析也提出了权力竞争和滥用的话语问题(Blackledge 2012)。因此,研究者会选择发掘话语给社会带来的负面影响,提出建立和谐社会关系的新的言说方式、原则或概念。

与中国传统的语言研究(诗学、音韵学、训诂学、方言学以及受西方影响的语法学)不同,西方的话语分析方法更注意系统地研究语言使用中的社会关系、其社会作用以及语言的社会使用原则，而且其中有些传统还特别注重把语言研究作为一种社会批判，甚至学科反思的工具。这些显然都是特别值得我们中国语言文学研究者学习的。

　　话语分析有特殊的文化历史渊源。一定语境下具有社会功能的"话语"概念和由多重句子排列而成的"话语"（discourse）概念，最早是分别由英国语言学家Firth（1957）和美国语言学家Harris（1951）提出的。而话语分析，作为独立、系统，有众多学者参与，并作为高校课程的学科，于20世纪七八十年代出现于欧洲。强调语言使用意义的话语分析，是对西方语言学，尤其是句法学的批判性回应和突破。最重要的贡献者是美国人类学家Hymes：其在 *Foundations of Sociolinguistics*（1974）中指出，结构主义语言学忽视了特定语境下语言使用知识的重要地位，这种知识必须纳入语言理论视界之中。相关代表著作还有Van Dijk（1977）的 *Text and Context*，Halliday 和 Hasan（1976）的 *Cohesion in English*。前者强调言语与语境的联系以及前者的社会功能；后者强调篇章语句之间形式和意义的相连关系（连贯、通顺）。如果追根溯源，话语分析也受到古希腊修辞学的影响，如同修辞学注重演讲的技巧、说服的策略，话语分析也关注言说的规则和方式。

　　下面我们转向对话语分析的文化分析。整体地看，话语分析本身可以看作一种文化话语现象，具有特定具体的言说者、内容、方式、环境、效果，等等。

　　在分析的视角和方法上，我们将采取文化对比和学术批评的策略。首先从东方/中国文化的视角剖析话语分析的西方中心主义的倾向及后果，接着提出具体行动策略，为范式转型作指导。

　　二元对立。认识论上受笛卡尔二元论影响，话语分析以二元对立，或一分为二的方式看待和处理事物，并在两极化了的事物之间设定简单、机械、等级关系。因此，在研究对象的判断上，将"话语"（文本/语篇）与"语境"、"话语"与"社会/心理"（比如"意识形态"）、"言者（意图）"与"受众"等分裂为两极，拔高前项（话语），作为意义探究的目标，淡化后项，作为阐释前项的工具，或佐证结论的依据（因此，后项只是剩余的、辅助性的、存而不论的"现实"）。回头看上文的定义，也非常明显，话语分析的核心（关切）是"语言"（language），本身也属于语言学学科。在研究过程的判断上，分裂研究者和研究对象，掩饰研究者的文化局限（持普世主义立场，见下文），因而也抹去两者之间的内在联系。在价值判断上，话语分析同样划分两极：真与假、好与坏、对与错，民主与独裁、正统与另类，"我们"与"他们"。这也是为什么在新媒体、文化多元时代，话语分析往往仍然在西方学科框架（语言学、社会学、心理学等）下进行，轻视（新）媒体的作用，避谈文化的互动，忘却研究者的反思必要。Wodak（2012: 29）在解释其话语分析的对象、方法和目的时这样表明：

> ...the DHA [discourse-historical approach] distinguishes between three dimensions that constitute textual meanings and structures: the *topics* that are spoken/written about; the *discursive strategies* employed; and the *linguistic means* that are drawn upon to realize both topics and strategies (e.g. argumentative strategies, *topoi*, presuppositions.... In this way we are able to explore how discourses, genres and texts change due to socio-political contexts, and with what effects...

这种思维方式与中国的整体观大相径庭，中国整体观认为宇宙万物是一个相互依存、相互渗透、运动不息的整体（中国道家的相生相克、相依相持的思想），并透过现象看到事物之间错综复杂、亦此亦彼的联系。如果将研究对象与研究主体、现代话语与历史传统、中国话语与世界话语互相作用的现象结合起来，通过主观与客观、现实与传统、本土与世界的不断循环对话和批评，就可以实现知识的增长与创新。

二元对立的缺陷在于见树不见林，刻舟求剑，主观武断，走极端，搞分裂，忽视事物的辩证关系以及事物的变化本质。这不仅于认识和指导社会实践无补，而且因为误读和误导还可能导致社会文化的隔阂与冲突。

普世主义。话语分析的叙事特点，如同主流的交际学，总是间接地甚至直接地将自己描绘成客观、中立、普适的科学：好似其定义、概念、理论、方法、问题，统统具有世界代表性和人类话语普遍性，因而可以作为标准工具，运用于任何文化语境。没有什么经典著作或教科书会声明，自己的内容仅仅反映英文话语或欧美文化。这就是为何东西方的批判话语分析的研究者们，无论是否身处西方世界还是亚非拉地区，盲目地套用批判话语分析的观念、理论、价值体系和分析模式。这就是为何在其框架下所研究的任何话语现象都注定要被描述为卑劣的、错误的、虚假的原因。这也是为何西方的话语研究形式，总是寻找这样或那样的结构或特征，来证明其西方中心主义想象的原因："乌拉圭军队对人权的践踏"（Achugar 2007）、"中国霸权式爱国主义"（Flowerdue & Leong 2007）、"伊斯兰男性至上主义和独裁主义"（Al-ali 2006）、"尼日利亚官方违法"（Mele &Bello 2007）等。Fairclough（2012：11）将话语分析中的各类"话语"

概念总结为大类：

> *Discourse* is commonly used in various senses, including (a) meaning-making as an element of the social process; (b) the language associated with a particular social field or practice (e.g. 'political discourse'); (c) a way of construing aspects of the world associated with a particular social perspective (e.g. a 'neo-liberal discourse of globalization').

细细检查，便会发现，话语分析全非自诩的那样是普世之学，而不过是一种西方体系，并且是排他性的西方中心主义体系，或者说是霸权主义体系。其传统起源于西方中心都市，反映的是西方现实，回应的是西方问题。而与西方的"文本为意义载体"观念不同，中国文化认为"言不尽意"；与西方的"交际为说服他人"伦理不同，中国文化强调"贵和尚中"；与西方的"本本主义"方法不同，中国文化注重"听其言而观其行"（《论语·公冶长第五》）。

盲目地将西方的视角、价值标准、概念、理论、方法、问题，套用到非西方现实，势必会造成对其的遮蔽、扭曲、诋毁，实质上也是学术权力的滥用。没有文化的相互尊重和包容，不能实现文化范式的多元化，就无所谓实现真正意义上的国际共识和普世价值。正如陈光兴（2006: 5, 337）指出的："所谓理论的普遍主义声称，其实为时过早，必须先被去帝国化，也才能够认知到人的知识其实是极度有限的。""简单地说，知识生产是帝国主义主要的操作场域之一，因此评判知识分子去帝国的工作必须首先在知识生产的场域中进行，改变当前去帝国运动不得有效启动的知识生产状况。"

个人主义。话语分析一般从言说者的角度出发，关心的也是言说者的意思。原因很简单，因为在他们看来，语言是言说者达到自我目的的工具；言说者使用语言的根本目的，是说服或控制他人，而非达到他人的目的，或建立交往关系，实现共同目标。这种语言观的基础，是欧洲功能主义语言学，更可以溯源到古希腊修辞学，而在更深、更广的文化道德方面，又是建立在西方社会崇尚的个人主义之上的。这就是为何大多数话语分析实践者只注重言说者，言说的目的或原因，而非对话者的理解、反应，或更广泛的社会文化反响，更不关心人们如何相互运用语言（及其媒介）建立、维系社会关系，推动、改变事物状态。Gee 和 Handford（2012: 1）在导言里对话语分析解说道：

> It [discourse analysis] is the study of the meanings we give to language and the actions we carry out when we use language in specific contexts. Discourse analysis is also sometimes defined as the study of language above the level of a sentence, of the ways sentences combine to create meaning, coherence, and accomplish purposes.

这与中华传统文化所崇尚的"仁""礼""和谐"和社会行动的政治目标（如"治国、平天下"）等最高社会行为准则、终极关怀形成反差，与当代社会主义中国的集体主义精神形成对照。中国传统伦理（语言哲学）认为，交际的第一要义，是建立、维系和谐的社会关系，语言是立德的手段。因此，如果简单地把西方的话语理论应用于中国的语言实践中，就会忽视中国人用话语关心他人、顾及社会和谐关系的本质特征。当今逆全球化、单边主义盛行的世界所需要的，也恰恰不是这种个人主义的话语原则。

本本主义。关于话语意义，批判话语分析有一种特殊的预设：话语意义存在于符号表达之中。因此，尽管在理论上承认"语境"与"文本"两者有联系（因果、互动、背景等），但是，在实证分析上或在研究目的上，却是将"可观察的""本本"——语言形式——从"语境"中剥离开来，以便将目标锁定在前者上，即便需要运用"语境"时，不是先去调查，更不是去揭示、解读、解释它，而是将其作为阐释文本的辅助性资源。即使在解读非西方话语时，也采取同样的进路。这种做法，一多半是源于根深蒂固的语言中心主义，另一方面也是由于欧洲语言本身结构及"低语境"特性。这与索绪尔的结构主义、德里达的后现代主义一脉相承。因此，大量话语分析实践的事实表明，话语研究的中心是语言的形式和内容，具体的文化语境只是作为阐释前者的辅助性工具（Fairclough 1992：73）。Fairclough (2012: 19)对于评判话语分析这样总结道：

> The version of CDA I have briefly presented here, and its precursors in earlier publications (e.g. Fairclough, 1992; Chouliaraki and Fairclough, 1999), are strongly focused upon shifting articulations of genres, discourses and styles in texts (interdiscursivity) and in orders of discourse.

然而，这与中国的"言不尽意"语言观、"整体辩证"的世界观形成鲜明对比。因为"言有尽而意无穷"，因为中国/东方话语有"高语境"特性,研究者讲求超越语言形式,利用"经验""体察""直觉""妙悟""虚静"等语言之外的资源,以获得"风骨""意境""神韵""道"等。

拘泥言辞,不触及"物质"世界——经济的、机构的、组织的,忽视"说的"与"做的","语言"与"世界"的辩证关系,无以揭示"语言"本身,更无益于认识和改变世界。同样道理,在当今新媒体、高科技革命时代,本本主义无疑也是微不足道的。

霸权体系。话语分析不仅仅是一套思想体系,也是一个话语体系。这里,学科的创立者、领头人或代言人绝大多数是西方男性白人。选取的视角、标准、旨趣局限于西方文化。研究的事件、现象、问题集中在西方社会。借助西方经济资本和文化资本优势,通过标杆期刊、专业教材、网络传播、(主旨)演讲、留学深造等,话语分析成了一种单向强势(从西方都市传向全球)、通常被盲目效仿的霸权话语体系(Alatas 2006;Miike 2009;Shi-xu 2009a、b;Thussu 2006;施旭 2010)。作为一种知识产业和文化商品,不仅占据国际市场,而且还有经济利润。对于非西方的社会和民族来说,这种蕴涵西方文化思想和意识形态的体系,继续制造殖民主义的"东方""他者",同时也抑制东方学术的传承、重构与发展。

与此同时,东方文化圈中的学者和学术接受、认同、翻译、介绍、再生产话语分析,将其运用到本土文化话语的阐释和批判,有意识或无意识地渲染、巩固了西方体系的"普世性"。这种西方中心主义话语的全球膨胀,起码导致三方面后果。一是自觉或不自觉地抑制、排挤了发展中世界学术的传承、发展、创新;二是消解了东西方文化对话合作的可能性,使人类的知识趋于单一贫乏;三是这种饱蘸西方思维方式、价值观和旨趣的话语体系,使已经不平等、不公正的文化秩序,包括内在的偏见与无知,变得更加坚固持久。

西方的"中国话语/传播"研究

前面我们首先讨论了交际学总体的文化问题,接着我们带着同样的问题考察了具体分支,话语分析。这些观察和批评都是围绕人类交际、话语分析的基础理论、方法及其国际传播现象。下面转向交际学对于中国话语传播的研究。

交际学对于中国的应用,同样可以从其话语实践和话语体系角度来认识。首先,国际主流学界对中国话语、传播有其特殊的认知定势。学者往往从西方中心主义出发,以陈旧(冷战时代)偏见来审视中国现实。只要翻阅一下近些年国际期刊关于中国大陆话语传播的研究论文(且不包括用中国现象印证西方"普世"语言学理论的论文),就会发现这条规律。这里,常见的基本理论出发点包括:"中国政府为自身权威而操纵媒体、左右国内外舆论"(Chang & Ren 2017; Hinck et al 2016; Li & Rune 2017; Lin 2015; Sun 2010; Wang 2017);"中国政府与人民/民主对立"(Esarey & Xiao 2011; Gleiss 2016; Han 2015; Nordin & Richaud 2014; Zhang 2013)"中国话语与'正统话语'不同"(Callahan 2012; Hartig 2016);"中国图谋称霸世界"(Gong 2012; Lee 2016; Zhang 2013)。

那么,在研究现象和问题上,文献主要集中在政府如何"控制"媒体(Gong 2012; Lin 2015; Li & Rune 2017; Sun 2010; Zhang 2013)、"摆布"人民,或反过来,人民如何"反抗/托举"政府（Esarey & Xiao 2011; Han 2015），或中国如何"坑害"美国、"愚弄"世界（Hinck et al 2016）。

方法上，套用西方模式和手法，或凭借孤立个案，或拘泥于只言片语，或依托内容分析（见Esarey & Xiao 2011; Gong 2012; Han 2015; Hinck et al 2016; Lin 2015; Li & Rune 2017; Sun 2010; Wang 2017; Zhang 2013）。

这种模式下，结论也就不足为怪：中国媒体与"国际媒体"存在"鸿沟"（Sun 2010）；人民有各种"反/托"政府的声音（Esarey & Xiao 2011; Han 2015）；中国给美国"挖陷阱"（Hinck et al 2016）；中国政府/元首具有"操纵"媒体的各种策略（Lin 2015; Li & Rune 2017; Wang 2017）；中国政府有掌控世界的"企图"和"局限"（Gong 2012; Zhang 2013）。这些观点成为批评、质疑、诋毁中国的主旋律。

这里的学术局限性（偏向性）是多方面和多层次的。"西方是中心是标准"，并非国际学界和社会公认；相反，从"文化话语研究"的立场出发，我们应该包容多元文化，努力和谐共存。关于中国政府的西方"知识"并非不可颠覆的真理，本身是需要讨论的话题。中国有14亿人民，经过四十多年改革开放，国家发生了巨大的变化，取得了丰硕的成果，相比之下，西方某些话语传播研究的旨趣不免过于短浅。中国人交际的一个原则是"言不尽意"，中国人理解方法要求"听其言观其行"（见第四章）。相比之下，西方话语分析方法显然是缺乏可信度的。

这套西方学术话语体系，罔顾中国文化传统、历史变迁、实践全貌。按照西方逻辑推导出来的"中国知识"，与Said（1978，1993）所揭示的"东方主义"话语，本质上并无区别，不过是新瓶旧酒、陈词滥调。但在西方传播机器（比如期刊评价系统）强势推动下，效果上倒是在国际学界强化了对中国的歧视。

结语

本章将西方交际学看作一种话语体系，从文化对比和文化关系的角度，分三个层次（整体的交际学、作为分支的话语分析和交际学的中国应用），对其做了简要的分析。我们发现，交际学并非其自己直接或间接地描绘的那样：中立、客观、普世。尽管具有合理有益的成分，但是同时也有严重但通常被忽视的缺陷：二元对立、普世主义、西方中心主义/文化霸权主义。这样的西方范式不仅不能全面、系统、有效地解决现实问题，还阻碍了文化多元对话和创新，特别是对东方文化实践的盲目照搬，更是巩固了西方的偏见与歧视。

我们必须认识到，当今（逆）全球化、媒体化、本土化、文化多元化、世界权力多极化，以及国际社会分化，使得破解交际、话语、传播、文化问题的必要性和急迫性变得无比突出。后现代主义、后殖民主义、反种族主义、文化多元主义的学术思潮，后浪推前浪，同样也催促着包括交际学、话语研究在内的学术研究突破西方中心主义的藩篱，实现文化繁荣创新。

交际学（包括传播学、话语研究）的方向在哪？突围、创新的基础是什么？有什么资源、优势？已形成怎样的学术成果？相关科研发展的平台有哪些？所有这些对于中国语境、中国学者意味着什么？中国学人如何创新？研究中国话语是不是应该考虑中华文化语境？中华学术传统里是否有其可借鉴的地方？中西话语学术传统应该如何相互学习、综合创新？新形势下，我们"文化失语"多年的中国社会科学学者，如何抓住时机，面对挑战，并争取以平等的文化身份参与国际学术对话？这些问题是下一章讨论的方向。

讨论题

1. 现当代中外学术互动有何规律，产生了哪些影响？
2. 改革开放以来，中国的交际学（传播学），话语研究在理论、方法、问题方面有哪些创新性研究？
3. 中国交际学、话语研究的民族文化创新路在何方？

第二章 文化话语研究

国际主流的交际学,包括演说、修辞、话语、媒体等研究,从普世的立场出发,叙述西方的概念、理论、价值、原则、方法及问题,并依托西方的经济、政治、科教、传媒强势,铸就了一套文化霸权的话语体系。它不仅遮蔽了人类交际的文化(差异、争夺)性,而且抑制了文化多元对话创新的可能性。本章的内容和目标,是展示一种超越以普世主义为名、西方中心主义为实的交际研究的新思潮、新范式和新平台:"文化话语研究"(Cultural Discourse Studies)。作为新思潮,它关注人类交际的文化差异关系和权力关系;作为新范式,它筹划和提供文化多元主义研究体系的建设方略;作为新平台,它助力关于文化话语研究的交流与合作。为演示该范式的操作实践,本章最末介绍"当代中国话语研究"对国防安全问题的案例分析。

话语交际研究的问题

活跃在当今社会科学中的(广义)交际学,是在20世纪英美西方修辞学、语言学、社会学、心理学、批判理论、文学研究等学科影响下,而形成的广阔而独立的学科,包括不同但相联的分支,如传播学(重媒体分析)、新闻学(重信息分析)、话语分析(重文本分析)等。

交际学从普世主义立场出发，叙述西方的概念、理论、价值、原则、方法和问题，并依托西方的经济、政治、科教、传播强势，在国际学术界形成一套文化霸权的话语体系。在效果上，它遮蔽了人类交际的文化性——即话语体系之间的异质多元性和权力竞争性，维系和巩固了东方主义偏见和歧视，抑制了东方民族学术的传承与发展，也排除了交际学文化多元对话创新的可能。

以传播学为例。纵观国际传播学的中国问题研究（近年关注度显著提高），其议题多集中在"政府如何控制网络媒体""网民如何运用社交媒体应对政府""意识形态如何为政权服务""中国如何运用媒体谋求利益/损害他国""中国媒体与'正统'的区别"。这类学术反映很强的选题偏向，对四十多年改革开放的巨变置若罔闻，显示出很深的预设偏见（"政府与民众是对立的""政府的目标是维护政权"等，并未给出理性依据）。目前，国内大学里新闻学、传播学教学内容中，西方（男性白人）学者的论著，无论理论的、方法的、还是实证的，都占据主要地位。更关键的问题在于，学者们采取普世主义、客观主义立场，几乎完全忽视或排除了其他文化圈的理论、实践和关切。

话语分析的情况也类似。尽管话语分析有不同分支，但如同第一章所示，普遍具有西方文化的偏向和西方中心主义的效应。在后现代主义、社会建构主义、"语言转向"等思潮影响下，出现不少关于"语言构建现实""语言施展权力"的分析，也因此引起其学科的关注。但是这类工作拘泥（书面、口头）文本（text，又称"语篇"），解读个别语言结构的内容（语义）、成因（"意识形态"、社会结构）、功能（"目的""意图"），却将"语境"（context）排除在调查、剖析、解读范围之外，只当其为阐释文本的"现成"工具。这反映了(1)西方二元对立的思维方式:分裂文本和语境,拔高前者,轻视后者,也便于从单一的语言学视角操作;(2)西方个人主义的价值观和视角:将话语看作言说者单向度的、以己为中心的文本生成,而忽视对方的理解和反应、交际双方的互动对话;(3)在这些方面采取普世的立场:将西方的概念(比如text, context)、理论(如认知理论、社会建构主义理论、功能主义理论)、价值(如"民主""自由")、原则(如解读语言结构与语境的因果关系)、方法(如语言学、语用学)、问题(如预设条件、身份认同)当作话语研究的"普适"标准。又借助西方经济资本和文化资本的优势,通过教科书、标杆期刊、网络传播、(主旨)演讲、留学深造等途径,这种范式形成一个单向度的(从西方大都市传播到东方世界)、被盲目膜拜的霸权话语体系(Alatas 2006;Esposito, Pérez-Arredondo, Ferreiro 2019;Miike 2009;Shi-xu 2009b;Thussu 2006;施旭 2010)。对于非西方语境下的话语实践来说,这一系统可能忽视了其他(本土)文化范式中的概念、理论、价值观、原则、问题。也因为同样的原因,东方世界的学术资源和遗产可能被忘却、受侵蚀。一味地拿西方视角来透视东方世界的"现象""问题",不仅只能重复陈旧的东方主义"知识",甚至可能巩固殖民主义偏见和歧视。同样严重的毛病是,将研究目标局限在语言(解读),放弃对语境(包括物质的和机构的)问题的解构,疏于对语篇和语境的综合辩证判断,最终也不可能触及和解决实际问题。

如今,在(逆)全球化、本土化、多元化、多极化、网络化、智能化条件下,破解文化问题的必要性、急迫性变得愈加突出。后现代主义、后殖民主义、文化多元主义后浪推前浪,也鞭策学术研究本土化、本土全球化、文化多元化。话语、传播、交际研究的方向在哪里？突围、创新的基础、路径、条件有哪些？本章通过相关学术历史的回顾、理论的分析和实践的考量，展示国内外关于交际学兴起的一种新思潮、新范式和新平台：文化话语研究。

作为学术思潮的文化话语研究

特别是进入21世纪以来，一群研究语言、修辞、交际、传播、话语的学者，不满于交际学的西方中心主义倾向，关切世界不同的尤其是被边缘的文化圈，因而选择面向新课题、新挑战、新机遇、新知识，通过跨学科、跨文化、跨历史的路径，探索文化对话的基础与路径、文化竞争的理论与对策、文化发展的目标与策略，产出了一批以突破西方藩篱、传承东方智慧、关怀本土需求、追求文化创新为特征的学术成果，形成了交际学中的多元文化的新思潮。它大致可以划分为三种类型。

文化普遍型：认为文化普遍地存在于人类交际之中，因此以文化划分的交际形态既有差异又有共性，反映在不同文化圈所使用的交际准则或信号，而研究的目的正是要发掘这种文化的交际准则系统（Carey 2008；Carbaugh 2016；Scollo 2011）。虽然这种范式从人类交际普遍性出发，把注意力指向了人类交际的差异性，但是对不同文化系统间的（多元复杂）关系却避而不谈，因而同时也就遮蔽了不同文化体系间的权力张力关系。

文化特殊型：认为文化各不相同，反映在思维方式、核心概念、世界观、价值观等，其目标一方面是建立特定文化圈的独立的交际理论，如亚洲理论、非洲理论，另一方面也通过发掘与西方理论的差异，消解西方中心主义的影响（Asante 1998；Miike 2009；Xiao & Chen 2009）。虽然这一范式重申和凸显了被西方理论压制的非西方交际的异质性，但是它也同样避开了不同文化之间交际的各类互动关系，当然也包括权力压迫/反抗关系问题。除此之外，还有这些不同交际体系的共性问题、共处问题，也没有得到回答。

文化批判型：虽然与前两类在交际的文化性问题上有相交和认同，但是它明确地强调"文化话语（体系）"（见下文）间的互动关系，特别是关注其中的权力关系（Pardo 2010；Prah 2010；Shi-xu 2005，2009a、b，2014；Shi-xu Prah & Pardo 2016）。然而，尽管这是一套涉及全球人类交际的研究体系，这里并不自认为其观念是普世性的、垄断性的，既然人类交际的不同文化话语体系间存在权力关系，那么相关的学术话语体系也是开放性的、对话性的、批判性的、竞争性的。因此"文化话语研究"是本书的基础，更是本章的核心，那么下面就转入其作为研究范式的讨论。

作为学术范式的文化话语研究

从历史的角度上看，文化话语研究的形成，一方面是受到了后现代主义、后殖民主义以及文化研究（包括反种族歧视研究、女权主义研究）的影响；另一方面也受到了亚非拉/东方的学术成果和文化智慧的启发；更重要的是，受到人类多元文化现实的驱动；同时，也受到发展中世界争取民族文化自由、平等与发展之理想的激励。

文化话语研究是这样定义其对象的：话语（discourse）是全球交际体系中，特定历史和文化关系下的，以语言（比如中文）及其他媒介使用为特点的社会交际实践。这种实践可以是单一的，比如中美领导人关于贸易问题的一次谈话（"事件"）；也可以是集合的，比如一段时间内中美两国不同团体就经贸问题进行的各种交流（"活动"）。

作为社交实践的话语一般来说由六大要素组成：（1）对话主体（参与个体或团体、身份、地位、社会关系等）；（2）言语（"说的"）/行动（"做的"）；（3）媒介（新媒体）/场域（时空选择）；（4）目的/效果（包括原因、后果）；（5）文化关系（思维、价值、规则等及民族或社群的权力关系）；（6）历史关系（与以往相关话语的传承、排斥、创新关系）。

文化话语研究的最基本预设是，全球人类交际系统由不同族群的交际子系统即不同文化话语体系组成。它们既有共性，更有（被忽视的）个性。然而它们并非相互平等，恰恰相反，它们在互动中产生权力关系，因此话语的根本属性是文化性。这种子系统我们称为"话语"（discourses），据此，我们可以说"中国/亚洲/发展中世界/东方话语"。这也是为什么我们将该模式命名为"文化话语研究"的重要原因。

当代学术界（如人类学、文化学、心理学、传播学、跨文化交际学、话语分析、语言学等）对"文化"有不同的定义和概念（Baldwin et al. 2006; Hartley 2002: 51-3）。比较流行的观点有两大类。一是将文化看作观念、价值、规则、符号、习惯、机构系统，它客观存在于民族、社群、国家等不同社会组织的实践之中，具有影响、指导社会行动的功能（Scollon & Scollon 2000; Swidler 1986）。不同文化之间的关系是平行和平等的，没有权势强弱之分，因此不存在权力利益之争。这是一种结构主义思维。

另一类是把文化看作意义争夺的场域，即一切（东西方）文化（差异），如同其他社会"现实"，都是通过符号构建的产物，充斥着权力和利益关系（Askehave & Te Holmgreen 2011；Baringa 2007；Collier 2000）。这是一种"后现代主义"思维。

文化话语研究采取一种综合的立场，即"文化"既不是本质、客观的，也不是虚幻、主观的，它既是物质的也是精神的，即特定历史条件下形成交际主体（包括身份、地位）、思维方式、规律规则、概念理论、价值观、媒介工具、目标策略等综合系统。文化不是孤立存在的，而是关系性的。

话语的"文化性"有两层含义：（1）历史形成的不同族群的话语之间存在着重要的差异关系，反映在主体身份、思维方式、世界观、概念、价值观、行动规则、交际工具、语境等方面；（2）历史形成的族群的话语之间存在着某种互动关系（借鉴、对话、渗透、融合），其中最值得关注的是权势关系（合作、竞争、压迫、抵抗）。（学术话语也同样存在这种文化性：各民族的学术话语有自己的概念、理论、方法和问题意识，而且这些话语体系之间有权力竞争或合作的关系、权势不平衡的状况；西方传统学术话语体系是世界话语秩序中的强势一方，不能普遍适用于世界其他情形。）因为文化渗透和贯穿于话语，研究话语即研究文化。

那么，如何去理解不同文化的话语（包括学术话语）之间的关系及历史发展走向呢？文化话语研究的观点是：作为多元文化交际实践的话语，通过相互不断的矛盾运动，螺旋式地从文明的低层次走向更高的水平。该命题分三层意思。（1）不同文化的话语可以被看作具有"家族相似性"（"family resemblances"，维特根斯坦语）的聚合体，它们之间有不相称的同一性。因此，尽管东西方话语有差异性，但是它们有条件有可能进行对话。（2）它们处于相互作用（比如相互竞争、相互合作）的动态权力关系之中。比如中美话语，不是处于简单的平行平等关系中，它们之间存在着诸多矛盾和斗争。（3）人类交际中的权力互动秩序不是永恒的，持续了几个世纪的美国西方话语的主导地位不会永远不变。在如同阴、阳两极的矛盾循环运动中，"不是西风压倒东风，就是东风压倒西风"。然而，每一次的话语秩序的更迭，都是走向更高水平的权力平衡。由于人类话语秩序同构世界秩序，这也意味着人类将不断走向更高水平的文明。

根据话语研究的不同目的或侧重点的不同，我们可以将话语分成三大类。（1）从社会关系的角度，我们可以将话语分成不同的"社群话语"：私人话语、公众话语；个人交际话语、群体交际话语。社群话语往往是便于研究不同社会关系及其之间的话语情况。（2）从社会行业范畴的角度，我们可以将话语分成不同的"行业话语"：政治、经济、外交、教育、新闻、媒体、大众文化、法律等行业话语。这种分类一般是为着探索社会行业中的话语运作规律或对行业中出现的问题进行审视和评价。（3）从具体事件、具体话题或具体社会文化问题出发，我们可以将话语分成不同的"问题事件话语"。当前中国政治生活中关于和谐社会的言说，易中天所讲述的三国故事，城市市民对农民工所表达的看法，台湾当局为"去中国化"而制造的语言游戏，美国政府通过各种媒体提出的反恐言辞，第三世界表达的反霸权、求发展的主张和心声等，就属于一类。这三种分类方法有一个共同的预设，即不同的话语之间存在着语境、语言符号及其使用上的差异。当然，我们应该指出，这三类话语其实有着相互关联甚至是重叠的方面。外交官、大学教师的行业话语可能同时带有某种社会阶层的特征；政治领域的话语可能直接体现在对某些社会问题的讨论之中。

不同社会群体，在不同实践领域，为了不同事业目标，需要依托不同的"话语体系"。话语实践的成功与否，很大程度上受话语体系的影响，甚至取决于话语体系的状况。话语体系，指特定社会群体在特定的社会领域中就某个问题或目标，进行话语实践所依托的"交际体制"和"交际规则"的统筹系统。一般地说，交际体制包括集体性的主体，组织机构，交际手段、设备、渠道等，本质上偏向物质性，是话语实践的"骨骼系统"；交际规则包括相关的概念、价值、理论、策略，本质上偏向精神性，是话语实践的"神经系统"。换言之，话语体系在功能上构成、支撑、引导特定群体的话语实践。如同作为子系统的文化、文化话语是关系性的，一个话语体系与其他话语体系也形成一定的互动关系，因而本身也具有开放性、变化性。一个文化圈内的话语体系，具有一定的共性，也有一定的个性。比如，当代中国话语系统中的政治、经济、外交、国防、科技、法律、卫生话语体系。

社会生活离不开话语，社会实践往往是以话语形式完成的。话语贯穿政治、经济、外交、国防、教育、科技、艺术、法律和宗教的全过程，甚至占据主要位置，起主导作用。朋友交流、信息查询、读书看报、商业谈判、产品推销、工作汇报、课堂教学、法庭裁决、国际合作、反恐维稳、推行（逆）全球化，如此等等，都少不了话语。从这个角度我们可以说，话语构成社会生活。

由于我们的研究对象不是孤立的语言、媒介、心理、社会、文化现象，而是现当代生活多元要素组成的社交现象，比如大众传播、文学欣赏、教育训练、商业广告、科学发明、法律审判、公共卫生、国防建设等文化实践活动。显而易见，这种交际活动往往与社会、文化、心理、历史、政治、经济、法律、军事因素等有联系。因此，具体的研究必然是跨学科的、跨文化的。

　　文化话语研究重视和强调话语的实践性、文化性和历史性。这些独特性尤其表现在文化话语研究秉持的原则上：（1）在研究对象和问题上，聚焦历史、当下和未来话语实践，以揭示不同文化之间的矛盾，找到化解矛盾的方法，提出话语促进文化和谐的战略与策略。（2）在理论上，重点关照人类话语的文化多元性、文化竞争性以及未来发展趋势，这尤其意味着关注弱势文化群体的利益、困境与期望和相关的话语霸权，以实现人类文化自由、和谐与繁荣的终极目标。（3）在研究方法上，运用跨语言、跨学科、跨历史和跨文化的整体多元辩证开放视角，采取文化多元、平等、和谐的政治标准。（4）在研究范式的发展上，发掘、构建非西方、南半球话语的研究体系，推动、参与不同文化范式间的批评与对话，消解国际话语研究的文化隔阂与偏见，实现人类话语学术的繁荣与创新。这些原则也反映了文化话语研究者的使命、作用以及与其他社会科学领域学者的差异性。

　　基于交际学的局限、国际社会的困境、多元文化的涌动，文化话语研究建立了自己的学术方向。急切关心的重点问题包括：人类不同文化的话语具有什么样的规律、特点、异同关系？它们之间有什么样的权势关系？各有什么优点、缺点和问题？应该如何相互借鉴、合作？相关话语社群如何交往、合作或竞争，又如何通过话语改变自身和世界？不同的话语体系——包括它们相互的权力关系，应该如何去认识、描述和评价？如何推动话语研究的文化多元对话与批评，进而实现话语研究的创新与提高？这些都是文化话语研究要共同回答的实证问题、方法问题和（元）理论问题（Shi-xu

2015b)。文化话语研究的目的,是通过对人类交际中不同文化话语体系的特点、规律及异同关系和权势关系的分析评估,助力人类文化的和谐发展与繁荣。

在具体的分析问题上(比如对于特定的文化话语,像当代中国话语、中国外贸话语、中国公共卫生话语),研究者特别注重回答六方面的问题:(1)谁(不)在说话?具有怎样的身份、地位?(2)(没)说什么,如何说的?做了吗(做了什么)?(3)如何运用媒介?在怎样的场域中?(4)由于什么?为了什么?产生怎样的影响?(5)上述各项有什么样的历史关系?(6)上述各项有什么样的文化关系?当然,每一类问题还需要根据具体的研究目的、材料性质做调整。

在分析过程中还必须注意,这些分析范畴之间的关系不是相互对立的,而是辩证的。道理很简单。在对话主体与言语行动的关系上,中华文化有"不知言,无以知人也"(《论语·尧曰》),"听其言而观其行"(《论语·公冶长》),"文如其人"(宋·苏轼《答张文潜书》),"人微言轻"(出自南朝·范晔《后汉书·孟尝传》)的认识。用汉语还是外语,反映的文化权力关系不一样。新媒体改变了交际效果和社会关系。因此,在阐释路径上,研究者应该注意范畴之间的联系性,求得相互、循环阐释。

作为一种学术潮流和研究范式,文化话语研究与社会科学中一些重要领域有共同之处。交际民俗学(Cultural Discourse Analysis/ Ethnography of Communication)(Bauman & Sherzer 1974;Carbaugh 2007;Gumperz & Hymes 1986;Hymes 1962;Phillipson 1992;Saville-Troike 2003)同样具有较为全面和整体的交际/话语观,同样认为交际具有文化差异,并具有相当系统的分

析模式(SPEAKING)。但是,它缺乏对于文化(话语)间关系(包括辩证、互动、权力关系)的考量,而且也缺乏明确的历史观。因此,在研究对象、焦点和目标上,它对特定话语社群的研究有余,而对不同话语社群间的(竞争)关系研究不足。Lasswell(1948)关于交际传播的"5-W"分析模式("Who, said what, in which channel, to whom, with what effect?")显示了类似的整体、全面和多元视角。但是,其在理论上忽视了交际环节之间的辩证联系,更是缺乏历史观和文化观(包括权力观)。

批判跨文化交际研究(Critical Intercultural Communication Studies)(Nakayama & Halualani 2011; Holliday 2011; Neuliep 2011; Thussu 2006),同样整体全面、宏观微观地研究跨文化交际活动,也同样特别关注权力问题。但是,与文化话语研究不同的是,它缺乏对交际/话语的文化差异的关注,也没有意识到学术体系的文化竞争问题,而且也没有相对明晰、系统的方法模式。

(文化)批判/积极话语分析[(Cultural)Critical / Positive Discourse Analysis](Fairclough 1995; Gavriely-Nuri 2012; Martin 2004)也关注权力问题或和平友好行为,具有厚实的文本分析理论和方法。但是,作为一种学术话语,它们以二元对立的思维方式来认识、分析和评判话语:通过语篇以及与语境的机械关系,判断语篇的结构和意义,而且以"普世""标准"自居,要么指点"真善美",要么揭露"假恶丑",却掩饰了自身的历史性、文化性,因而也忽视了人类话语(包括学术)的文化关系。

作为学术平台的文化话语研究

除了是一种学术思潮和范式,文化话语研究还是本学科发展的国际交流平台。突破了交际学界西方中心主义的权威藩篱，文化话语研究集结了越来越多的发展中国家和地区/第三世界/南半球学者和研究生；他们成为该领域国际论著的作者、国际会议的参加者。有相应的国际学会成立，即International Association of Multicultural Discourses (2004年起)。与此相关，文化话语研究还有专门的国际学术期刊，*Journal of Multicultural Discourses*（Taylor & Francis，每年四期），由笔者主编，2015年第一批进入"新兴来源检索索引（ESCI）"系统，截至目前已出版17期。这里聚集了本领域的典型、核心文章。除了文章交流园地之外，也有著作出版渠道，*Cultural Discourse Studies* 丛书（Taylor & Francis），丛书由笔者主编，业已出版六部专著。另外，还有两年一届的国际学术会议，即International Conference on Multicultural Discourses，已分别在中国、巴西、荷兰召开了六届会议。最后，文化话语研究有自己的学术网站，https://shixu.hznu.edu.cn。

在这个国际大平台里，可以看到大量研究亚非拉等不同文化圈的话语、构建东方话语研究范式、解构话语学术文化霸权、探究话语学术文化对话的论文和书籍。它们揭露主流学术体系的西方中心主义的缺陷与后果，挖掘东方话语体系的特征与问题，凸显东方话语社群的身份与位置，开拓东方学术发展的战略与策略。比如，亚洲学者提出，亚洲人受儒家文化的影响，将社会和谐作为话语的基本原则（Miike 2009）。非洲学者提出，语言学家应该更多地致力于众多非洲土著语言的标准化，以扶持本土的经济发展（Prah 2010）。拉美学者提出，话语研究的目标应从语篇转向语境，进而提出新的研究问题（Pardo 2010）。

文化话语研究的文化实践

文化话语研究发展的基础在于有具体的文化实践。"当代中国话语研究"（详见第四章）就是一种体现。作为下属的子范式，当代中国话语研究，基于学术文化对话和历史对话，提出了由"哲学框架""理论框架""方法框架"和"问题框架"构成的统筹系统。它面向中国问题，立足中国文化，对话西方学术。当代中国话语研究还是文化话语研究系统中的一个学术交流平台：一边有国内集刊《当代中国话语研究》，另一边有两年一届的全国"当代中国话语研究学术研讨会"；除此之外，还有每年一期的"文化话语研究高级研修班"，以及不定期的专题讨论会。它维系、推动文化话语研究的"中国声音"的发展（李秋杨 2014；袁周敏 2014；唐青叶 2015；张鲁平 2015）。为示范文化话语研究在中国话语语境下的具体操作，下面扼要介绍作者关于国家安全的一个科研项目。

针对西方政界、军界、学界和媒体制造的"中国威胁论""中国军事不透明"等国际舆论热点，作者提出："中国国家军事战略意图究竟如何？"为此，作者选取两个相关联的媒体事件：中国2015年5月26日发布《中国的军事战略》（简称《白皮书》）和美军参谋长联席会议7月1日发布 The National Military Strategy of the United States of America 2015: The United States Military's Contribution to National Security，目的是通过整体辩证的视角、跨文化对比的方法，分析和评价中美之间在军事战略方面的差异，澄清中国国家军事战略的性质和特征，并为国际安全秩序治理、国家军事战略建设、国防政策传播提供一定的理论依据和实践指导。

这里需注意，本研究没有套用西方以语言为依托、文本/语境对立为路径的方法；没有效仿"语言功能""意识形态""现实构建"的分析目标；没有采取"普世"立场和观念来审视现象；也没有将国家/国际政治与社会科学事业盲目分割的幻觉。

该研究强调：第一，研究对象是文本语境融合的整体交际事件（文件、主体、媒介、历史关系、文化关系）。第二，研究问题涉及各交际环节（国家军事战略的内涵、军事外交行为以及媒介使用）。第三，研究理论跨学科（国防理论、国际关系理论）、跨文化（中国文化、西方文化、人类文化）、跨历史（历史演进）。第四，研究结论是综合性、对话性和建设性的。

通过对两国国家军事战略（简称"战略"）内涵、军事外交行为和国际传播方式的对比分析与综合判断，作者指出：（1）中美战略内涵根本不同，以至双方无法也不应以己度人（中国战略是国家性的、不结盟型的，而美国战略是全球性的、国际同盟型的；中国战略是自卫型/性的，而美国是进攻型/性的）。（2）中美战略外交根本不同，形成国际军事战略的道德隔阂（中国秉持和平友好、合作共赢的姿态，而美国坚持全球霸主、国际对立的态势）。（3）与"中国军事不透明"的论调恰恰相反，中国战略高度透明；而美国透明度远不如中国（执行国家自卫型战略的中国承诺多项行动禁区，而采取全球霸权战略的美国宣称"根据需要"采取单边行动）。（4）中美"国家安全观"大相径庭（中国包容世界，而美国分裂世界）。（5）中国热忱希望国人世人了解理解中国战略（首次就国家军事战略发布国防白皮书；多家国家机构、新闻媒体、学术团体参与传播；多种媒介技术和方式宣传、说明和解释《白皮书》）。

在综合上述结论的基础上，作者建议：（1）中美两国（高层）就国家军事战略展开认真细致的对话与批评，以弄清相互的本质特点、差异和优劣，以找到能够相互对话的新基础和新路径。（2）中国需通过各种传播渠道（政府、媒体、学界）向世界说明中国战略（包括中国文化和安全观），以消解指责与胁迫。（3）国际社会有必要就"普世价值""国际规则""美国领导""军事透明度"等展开讨论，以达成国际共识和准则。中国可以牵头并提供论坛平台。（4）就国家军事战略的国际传播展开讨论，以树立行为准则和评判标准。（5）中国学习相关国家的军事战略话语，以更好地促进国际安全沟通，保障国家安全。

总之，该研究采取了中国立场（包容和谐、文化多元的价值观），关怀中国、国际军事战略问题，运用中国理论与方法（文化、历史和话语视角），全面考察话语实践（内涵、行为和媒介），综合辩证评估材料，提出增进世界和平、消解国际冲突的话语策略。

结语

西方主导的话语分析，或更广泛的交际学，不能适应文化多元、世界分化的现实状况和需求，更无助于学术的文化创新。文化话语研究是社会科学领域中兴起的学术思潮、模式和平台。为了追逐学术文化多元化、本土化和学术创新，一群来自交际学不同领域的学者，正努力构建民族文化的话语研究范式，探索解决民族话语和人类话语的问题，产出了一系列重要并将引领未来学术发展的成果。当代中国话语研究是文化话语研究的一分子，也是它的具体文化实践。前者与后者共生共建，推动话语研究乃至交际学朝着促进人类文化和谐繁荣的方向发展。

讨论题

1. 应该如何实现东西方交际学、话语分析的交流合作？可以采取哪些策略？
2. 在西方主流的交际学、话语分析之外，有哪些东方话语研究的传统，有哪些地方值得学习借鉴？
3. 社会科学中有哪些传统、思潮、理论可以助推文化话语研究的发展？

第三章 东方话语研究

第一章里我们从多元文化的角度,揭示了交际学的西方中心主义倾向及其学术局限和文化后果,指出:这种学术不仅不能全面反映人类文化多元竞争的交际实践,而且如果盲目套用,反而给人类文化造成伤害。作为回应,第二章提出了整合交际要素、包容多元文化的新思潮、新范式、新平台——文化话语研究。为了推动文化话语研究的发展,实施文化话语研究的任务,本章将提出建立"东方话语研究"的构想。其中心要旨是,面对新世纪的挑战和机遇,又由于西方交际学的霸权,具有文化自觉的交际学者,尤其是发展中世界的同行,有必要、有可能、有条件,在文化话语研究的指导下,通过交流与合作,建立统一战线,形成关怀东方世界现实,顺应东方发展需求,消解学术秩序不平衡的新话语体系。

构建文化创新体系:"东方话语研究"

本书的序言、第一章和第二章从不同角度显示,当今世界的秩序仍然由超级大国及其同盟系统所部分掌控,这一秩序既不平衡也不公正,中间充满的是分裂、压迫与对抗。与此同时,世界也出现了多极化倾向,原有的旧秩序有了松动的苗头。包括中国在内的新兴经济体从不同角度,运用各种形式,如"一带一路"

倡议、亚投行，为全球治理注入新动力。

然而，以普世主义为名、西方中心主义为实的交际学，不仅不能适应新时代的要求，反而成为人类文化和谐共存繁荣发展的障碍。传统西方学术对东方话语充满成见和偏见(Casmir 1975; Chomsky 1993; Cooks & Simpson 2007; Croteau & Hoynes 1994; Hawk 1992; Herman & Chomsky 1988; Pratt 1992; Said 1978, 1993; Tanno & Jandt 1994)，这一传统今天并没有改变。以中国作为对象的研究为例。近些年国际期刊关于中国大陆话语传播的研究论文，往往从西方中心主义出发，以陈旧（冷战时代）偏见来审视当代中国话语现实。如果对东方话语的忽视和误读不尽快消解，那么日益复杂的全球化将会带来更多的文化隔阂甚至冲突。非洲语言学家King'ei（2000）指出，"如果研究者不能理解和使用某个特定群体的各种口语表达，如成语、俗语、谚语、格言、绕口令、神话、传说以及诗歌等，就不可能真正地理解当地的政治经济活动、社会组织与文化价值观"。同样，在讲到西方对南美洲的臆断时，Brody (1994: 253)说，要了解当地对于文学体裁的划分和使用，帮助我们更好地理解这样一个事实，即西方对说话和歌曲的区分，与南美的口语习俗没有任何关系，而西方对散文与诗歌的传统区分，也只适合北美的口语习俗。

因此，国际交际学界有必要进行反思，以化解危机，创新前行。这里，一个决定性的动力，应该来自学界中具有文化自觉意识的，特别是身处欠发达、发展中、第三世界/第四世界、南半球的国家和地区的学者群体（Shi-xu, Prah & Pardo 2015）。也只有当他们作为主体，在文化话语研究的指导下，形成统一战线，才有可能开启交际学话语秩序改革的进程。亲身体验是理解本土话语的最重要资源。

这个研究团队的事业必须有自己独特的对象。它应该是非西方、欠发达、发展中、第三世界/第四世界、南半球社会的话语实践，让我们称之为"东方话语"。但同时，还必须注意东方话语的全球语境，包括其中的"西方话语"，以及东西方话语体系所形成的全球话语秩序，因为两者相互依存，相互作用。

这一学术革新的方向和目的，一方面是探索和总结东方话语的共同性、差异性以及在全球语境下的实践规律，助推东方社会的发展繁荣，增进国际学界的理解共情；另一方面是构筑具有东方民族特色的学术身份和地位，与主流交际学界展开平等对话批评，推动全球交际学的创新与应用，服务世界人民的自由与进步。

这里，有必要解释本书中所使用的"西方/东方""发达（超级）世界/发展中（欠发达）世界（南半球）"等类似词语的概念，因为学界中既有滥用，也有误解，往往还有歪曲。必须强调：这里的"东方""西方"等，不是地理的概念，不是国家概念，不是种族概念，也不是二元对立的概念。恰恰相反。首先，它们指的是文化政治意义上的不同范畴：一方面，在帝国主义、殖民主义历史基础上建立起来的西方世界，在超级大国主导下，继续占据全球秩序的主导地位；而另一方面占世界总人口百分之八十的社会，仍然受排挤、歧视、剥削和压迫。这样的世界秩序既不平衡更不公正。因此，树立这样的概念正是出于揭露、改革的目的。其次，它们是整体辩证、全球性的概念。这里，"东/西方"等是相互依存，相互作用（竞争、对抗、渗透、转化、合作等）的关系，对立而统一。它们既没有外部清晰的边界，也没有内部统一的格局，自主而开放。正是它们的"阴""阳"互动，推动事物变化发展。因此，坚持这样的概念，正是为了东方身份的回归、文化和谐的实现、人类进步的可能。

那么，在东方话语范式的建设和实践中，研究者应该在聚焦东方话语实践的同时，也关注是谁在分裂人类，宣扬一个"自由/民主/正统"的西方，诋毁一个"专制/独裁/邪恶"的东方；谁在称霸控制世界；西方的权威、标准、知识、真理是如何被制造的；东方社会的声音、身份、权力是如何被忽视、剥夺的；人类面临的共同利益、威胁是什么；不平衡不平等的东西方秩序如何治理改革；东西方如何讨论和建立共同的价值，实现合作共赢的目的。

还需要强调的是，"东方""西方"内部并非铁板一块。东方融合了（文化意义上的）亚、非、拉的不同传统与现实，另一方面又与西方文化形成复杂的关系；同样，亚洲还可以细分为（文化意义上的）中国、印度、日本等不同的文化模式；同时又与非洲范式、拉美范式存在某种联系。

当下社会科学领域中确实存在"去文化"的论调：提出因为"西方""东方"内部不统一，外部不分明，是虚构的、二元对立的概念，所以应该放弃这些术语。然而，在实质和效果上，这种行为就掩盖了当今国际秩序中的文化不平等和不公正，以及背后的霸权主义，同时又否认了东方社会受支配压迫的现实，而最终继续维持巩固当代西方文化的统治地位。

东方话语研究，将是文化话语研究范式引领下，东方文化圈里最高层次的文化实践，它关怀其中每个亚文化圈的心声和他们共同的利益。在这个意义上，它也是成为对西方中心主义交际学的一种交往者、挑战者（Shi-xu, Prah & Pardo 2015），呼唤学术的平等，促进思想的繁荣。

构建东方话语研究的基础

关于构建东方范式的外部原因——学术的和社会的——序言、第一章和第二章都提供了不同角度的说明。在这一节里，我们将从理论上分析东方话语的异质性，及其独特的语境，作为重建东方范式的基础。

所谓东方文化，也即欠发达、第三/四世界、发展中国家、南半球、亚非拉社会圈的文化，相对于"世界一超"主导的、西方、发达、北半球社会圈。作为整体的文化实践形式，东方话语具有许多共同特性，既有外部的，也有内部的。不难想象，东方话语的事实情况极为复杂，这里我们只能概括地描述。

第一，东方世界，作为一个文化政治实体，有着共同的历史遭遇：都在帝国主义、殖民主义、冷战和新殖民扩张的秩序中，长期并继续受到西方强国在政治、经济、外贸、科技、教育、安全等领域的歧视、排挤、支配、压制、剥削。

第二，在这种不平等、不公正的历史条件下，东方社会都面临着相同的发展困境。具体表现包括：工业化水平低、文盲率高、贫穷、饥饿、内战、自然灾害、人口失控、经济和科技资源匮乏、主权威胁、民族分裂，等等。

第三，由于共同的历史遭遇和当下困境，东方各民族群体，都抱有共同的企盼与理想——和平、民主、自由、平等、发展与繁荣。正由于此，他们采取各种战略和行动，争取实现民族复兴，努力改革国际秩序，合作建设发展项目（Ziai 2015）。

第四，东方文化在国家、家庭、个人、性别、年龄等一系列问题上，有着特殊的概念和价值观。比如，与西方崇尚个人主义的价值观相反，东方文化讲求谦卑、集体意识，把与他人、社会、自然的和谐关系当作社会行动和交往的最高准则（Asante 1998, 2005；Beier & Sherzer 2002；Chen 2009, 2004, 2006；Fanon 1986；Freire 1985；Krog 2008；Orewere 1991: 56；Shi-xu 2007）。这种原则直接反映在言语生产和理解上（见Asante 1998；Brody 1994；Chen 2004；Urban 1991）。比如在亚洲，话语往往是通过一种友好的言语方式表达"客气"（Feng 2004；Gu 1990），给对方留有"面子"或余地（Jia 2001）；在非洲，人们使用的Shona语，就是将保持平衡人际关系视为首位（Asante 1998: 193-6）；在拉丁美洲，人们最重要的言语特点就是通过对话形式传达对他人的认可和肯定（Urban 1991: 135）。

　　第五，在交际符号的选择上，同样也有着特殊的体验和诉求。东方社会的母语，大多并不是英语，也不是欧洲殖民者强加给他们的语言。由于殖民主义压迫的历史影响，他们感到外来语并不能充分表达它们的需求，而本国语又在国内和国际上遭到双重的歧视（Basso 1990；King'ei 2000；Nodoba 2002；Orewere 1991；Preuss 1989；Sherzer & Urban 1986；Urban 1991）。另外，他们大部分交际行为有着特殊的符号和使用形式，象征意义独特而丰富（Cooke 1972）。以尼日利亚语为例，当地居民的交际还包括神话传说、音乐与歌曲、步伐与舞蹈、种族标志、陶器与木雕、鸟类与昆虫，等等（Orewere 1991: 55-6）。这种特殊交际符号的选择和使用，尤其值得我们注意，因为我们的研究方法以及成果发表都是以英文为媒介的发（Lauf 2005）。

　　第六，极不容忽视的是东方文化话语内部存在着政治、经济、贸易、社会、教育、宗教等其他方面的不平衡、不统一。以上两点已经反映这一特征。这种文化的多元性、差异性、复杂性，恰恰也同样是东方话语研究的目标，以取得精准的认识，探索创新的可能，筹划联合的战略。

第七，极为重要却通常被忽视的，东方话语有着独特的语境：其相对应、依存、互动的西方话语。一方面，西方社会无论在政治、经济、科技、教育、卫生、安全领域，还是在日常生活领域，都处于优势主导地位。仅以国际传媒为例，美国和其他欧洲强国完全掌控了国际市场和传媒舆论(Reeves 1993: 1-22)。国际应用语言学学会（AILA）认为，由于历史原因英语在国际交流中衍生出了语言霸权主义（Carli & Ammon 2008）。根据联合国教科文组织的统计，每100个国际性出版物中，有85种是从发达国家流向发展中国家的。另一方面，美国/西方为维护巩固其全球统治地位，不断排斥、离间、压制、诋毁东方世界，抬高自己的"民主""自由"，妖魔化异己国家和民族，是其惯用伎俩。这种分裂歧视话语对东方社会发展自然带来负面影响（Casmir 1975；Chomsky 1993；Cooks & Simpson 2007；Croteau & Hoynes 1994；Hawk 1992；Chomsky & Herman 1988；Pratt 1992；Said 1978；1993；Tanno & Jandt 1994）。

综上所述，建立东方话语研究范式，除了外在的学术和社会语境因素，还有着深厚且独特的现实依据。在这一层次上，这些依据既有历史的也有当下的，既有内在的也有外在的，既有精神的也有物质的，且两者往往相互渗透串联。

构建东方话语研究的条件

构建以东方为内容、目标的新范式，不仅有现实基础，同时也有资源、优势、空间，而且这些可以转换为东方话语研究的路径、特质和保障。

第一，古老的东方有繁多的智慧，不仅影响着当今的社交实践，而且可以成为学术创新的资源。特别是东方的思想方法和世界观，可能对话语研究的范式建立工作有重要的启发意义。比如，亚洲文化、非洲文化的宇宙观都是"万物合一、和谐相处"。即，在本体论上，它们都将宇宙万物，从自然到人类，视为一个整体，其因子相互依存、相互联系、相互渗透、相生相克。由此，在价值观上，它们又崇尚世间万物的和谐统一（Asante 1998；Ayisi 1972；Chen 2004，2006）。在中国哲学里，这种世界观被称之为"和""天人合一"（Zhang 2002）；在非洲哲学里（Tavernaro-Haidarion 2018），Zulu语中的ubuntu（与人相系为之善）一词同样反映这种宇宙观。这种以和谐为核心的社会、自然本体论以及价值观，彰显人与人之间、人与自然之间的相互关系，激励人们关心他人，与他人分享，并寻求与自然的和谐关系。这与西方占据主导地位的二元对立思维截然相反。美国前总统布什曾说道："在反恐问题上，我们不是朋友，就是敌人。"

如果将该思维方式、世界观、价值观应用到交际学、话语理论以及研究实践中去，就可以看到东方话语实践不仅与历史经验息息相通，而且与西方话语语境密切相关；就会懂得为什么必须将交际的各相关要素（主体、言语、媒介、历史、文化等）联系起来做综合解读；就可以衡量人们的话语实践——这种批判工作，正是我们今日新自由主义充斥、充满对抗和分裂的世界所急需的；就能够领悟为什么研究者应该对自己的观察和判断采取审慎谦逊的态度，而非做"非朋友即敌人""非民主即独裁"的简单定论。

第二，东方民族关于语言使用的理论、研究方法以及使用规则，对构建东方话语研究模式有着重要的指导意义。其中有些概念、思想、伦理可能已经在现代化、全球化进程中被遗忘或舍弃，但有些仍然影响着当今的社交实践，有些则可能为当代研究范式的重塑提供有效的借鉴。比如，中华传统语言理论中的一个核心思想是"言不尽意"（《周易·系辞》）。它不但指出了语言形式承载表达意义上的局限，而且同时也揭示了人们通过语言生成和理解意义的潜力和空间。因此也催生了超越语言的概念，如"意境""神韵""弦外之意""道"等。而正是由于中华文化中语言与意义的张力，中国人又创造了独特的传意和释意的概念和计策，如"象"（"圣人立象以尽意"，《周易·系辞》），"虚静"（"出生虚静，为一若寂"，《恒先》），"虚一而静"（《荀子》），"虚实相生"（"不以虚为虚而以实为虚"，《四虚序》），"依经立义"（《文心雕龙·辨骚》），"顿悟"（《六祖坛经》），"听其言而观其行"（《论语》），等等（Cao 2008；钱锺书 1999；周光庆 2002）。无独有偶，在印度，从美学和文学中衍生出了"dhvani"的概念，先由韵论派代表人物Anandavardhana提出，后被Bhartrihari（Dissanayake 2009）完善：语言是意义的深邃暗含，诗意的委婉表达。有学者提出了交际学的文化特性与本土观念：如亚洲言语准则中的"明辨"（Lu 1998）与和谐；在一些非洲国家里，人们认为言语未及的比宣之于口的更为重要（Medubi 2009）；在拉美等国，听者也活跃于言语活动中（Bustamante 1997: 4；Lenkersdorf 2006；Fish 1982）；礼仪语言（McDowell 1992）和含糊的表达（Hill 1992）也都是话语中重要的文化特征。

东方的这种语言与意义概念和理论，与西方"语言即意义管道"传统（见第一章）截然相反。它迫使西方传统话语理论突破语言藩篱；东方话语理论必须拥抱整个交际事件，包括各相关要素。也因此，东方话语研究方法又必须采取多视角、跨学科、跨文化、"大数据"、不断进取的原则。这也要求研究者必须深入目标文化，通过与亲身"对话""体验"，以求得真知。

第三，同样值得庆幸的是，东方学术圈有许多学贯中西的交际学者——这种情况完全不同于西方学术界。在反殖民主义、反霸权主义、反扩张主义、反种族主义浪潮推动下，他们不断增强文化自觉、文化反思意识，努力挣脱对西方中心主义学术的依赖，探索植根本土放眼世界的东方话语研究视角和路径，并已取得可观的成果。一些工作揭露学界内部殖民主义、冷战和专制主义（如Bustamante 1997；Cesaire 2000；Fanon 1968；Halloran 1998；Irogbe 2005；McQuail 2005；Miike 2006；Pennycook 1998；Said 1978, 1993）。其研究表明，西方学术研究无论在出发点、实质还是在研究方向上都有着西方中心主义的优越感，并且逐步将第三世界的学术研究排除在全球化的进程之外。也有一批工作提出了话语研究界内部进行对话的要求和方法（Cao 2008；Shi-xu 2005；参见：陈国明 2004；陈平 2006；钱冠连 2002；曹顺庆等 2001，曹庆顺 2004；申小龙 2001；司马云杰 2001；汪凤炎、郑红 2005）。学者们主张，话语研究者必须首先尊重和学习研究对象的文化传统，然后与其进行批判性对话，以达到学术创新和文化间的相互包容。同样非常值得注意的是，有越来越多的专注第三世界议题的话语研究（Batibo 2005；Berardi 2001；Pardo 2008；Prah 1998, 2002, 2006），它们从本土出发，审视其面临的问题、关注热点和人民的期待。比如说，在非洲语言传播的研究领域里有一个议题反复出现：在殖民时期被欧洲人强行划分疆域的非洲各国，对本土语言的保存、发展和标准化方面的关注，在未来一个时期内都将对非洲的经济发展、文化教育和科技进步产生至关重要的影响（Batibo 2005; Prah 1998, 2002, 2006）；媒体应当顺应非洲的文化特点来帮助非洲逐步发展（Banda & Oketch 2009）。当然，在非洲局势平稳、人们得到公平对待之前，人们需要首先尊重和接受这种语言和文化的多元局势。这些工作为东方话语研究的建设打了前哨。

另外，已有相关的平台、机制、组织，为东方话语研究建设提供良好的发展基础。一是两年一期的国际研讨会，International Conference on Multicultural Discourses（http://hzdiscourses.hznu.edu.cn/xshy/gjhy）；另一个是国际期刊 *Journal of Multicultural Discourses*（ESCI收录，https://www.tandfonline.com/toc/rmmd20/current?nav=tocList）。还有一个是International Association of Multicultural Discourses。此外，还有一些其他网站可以成为东方话语研究平台的一部分：

亚洲（网址最后查证日期为2021年7月）

Asian Communication Research:

http://acr.comm.or.kr

The Asian Research Center for Religion and Social Communication (ARC): https://www.asianresearchcenter.org

Southeast Asia Research Centre:

http://www.cityu.edu.hk/searc

Asian Media Information and Communication Centre:

https://amic.asia

Asian Communication Resource Centre (ACRC) Fellowship Award: http://asiancommunicationresourcecentrefello.blogspot.com/2008/11/asian-communication-resource-centre.html

Research Institute for Languages and Cultures of Asia and Africa:

http://www.aa.tufs.ac.jp/index_e.html

Association of Southeast Asian Nations:

https://asean.org

South Asian Association for Regional Cooperation (SAARC):

https://www.saarc-sec.org

非洲（网址最后查证日期为2021年7月）

CODESRIA (Council for the Development of Social Science Research in Africa):

http://www.codesria.org

African Studies Quarterly:

https://asq.africa.ufl.edu

South African Communications Association:

https://sacomm.org.za

African Studies:

http://www.columbia.edu/cu/lweb/indiv/africa/cuvl/langs.html

African Studies Center:

https://www.africa.upenn.edu

African Union:

https://au.int

拉丁美洲（网址最后查证日期为2021年7月）

Latin American Association of Linguistics and Philology:

http://www.mundoalfal.org/

Inter-American Program:

https://www.international.gc.ca

Latin America Integration Association:

http://www.aladi.org

构建东方话语研究的策略和原则

工作生活在欠发达、发展中国家的学人有必要、有权利，也有责任，建立一个适合东方文化的新范式，以重塑自己的学术身份和价值，平等地与相关国际学界交流，最终为人类的相互理解和支持提供东方智慧和情怀。

然而，范式构建应该采取什么策略，应该执行哪些任务？换言之，发展中世界交际学、话语研究的学者，具有文化批判意识的发达世界学者，应该进行哪些课题研究？而且，在实践过程中，他们必须坚持哪些原则？

- 要大力揭露、抵制和批判任何形式的殖民主义、民族中心主义和文化专制主义，不论在理论上，还是在应用上，或是在交流方式上。同时，也要摆脱文化自卑和文化依赖。由于历史的原因，当今西方中心主义和霸权主义仍然是国际学术的大环境，因此，建立东方话语研究范式的首要议程是与此进行斗争（参见Fanon 1986）。
- 要挖掘、借鉴、弘扬东方文化精髓和学术遗产。相关内容上文已有提及。它们既是范式民族性的代表，又是塑造民族性的工具。在西方中心主义统治和盛行的语境下，东方的智慧、价值、技术处于危机的状态，有必要大力发掘并使其现代化，因而在理论发展和研究实践上为东方话语研究的建设提供基础条件。

- 要探寻东方文化话语研究的新概念、新范畴、新理论、新方法。这是新范式的立足之本。第一章里显示,西方的交际、话语概念过于片面、孤立,范畴过于普世化,理论过于个人主义,方法过于简单化。新范式建设的核心工作是提出一套创新的学术体系。

- 要深入探究东方话语的特征、性质和规律,包括东方文化圈的情感、期望、焦点、难点。这也意味,要理解东方文化的历史、传统、习性、现状(见Chasteen 1993; Gottlieb & La Belle 1990)。与此同时,还要掌握与东方语境相联系、相互动、相竞争的西方文化,以及双方所形成的全球话语秩序。做不到这一点,就很容易误解、歪曲甚至歧视他们的话语。

- 要发掘东方话语与世界其他文化话语的相似、相交、相同之处,并探讨促进交流合作的路径。东方话语的最大困境就是西方话语的排挤、压制、甚者妖魔化。那么,一项有益的工作便是从东西话语体系中找到相连处、共同点、互补区,以唤起认同、合作的可能。

- 要在国际学术舞台上发出东方的声音,展示东方的身份。可以运用国际会议、国际期刊、国际出版、国际教学、国际科研合作等平台,将具有东方特色的学术成果带到国际领域。特别是在信息技术竞争和革新时代,必须努力用好新媒体这一重要手段。

- 要将研究的现象、问题和目标,牢牢锁定在解决东方的难题、困境上。追随西方主流的意旨、趣味,于东方的现实需求无补,也不可能推动东方理论方法的发展。研究者应该将注意力放在东方话语实践上,就未知的、有争议的、被曲解的方面展开研究。

- 要采取文化圈内和文化圈外的比较方法和互动视角,以实现准确、深入、有益的描述、分析、解释、评价、建议。文化(话语)的特质和规律,不能只从内部挖掘;与外部比较是一种有效的策略。同时,因为东西方话语又是相依存、相作用的关系,诠释和衡量这种关系,也是认识东方话语的必要手段。
- 要汲取西方学术传统中的有益之处,来丰富东方话语研究,促进东西方学术交流。诸如言语行为理论(Austin 1962)、话语权力批判(Foucault 1980)、解构主义(Derrida 1976)、后殖民主义研究(Said 1978 1993)、文化研究(Williams 1981)、性别研究(Spender 1980)、种族批判理论(Nakayama & Kingek 1995)等,都对东方话语研究的建设有重要的启发和拓展作用,有些可以成为有力的工具。
- 要团结西方学界中有文化自觉意识、对东方社会同情友好的学者,加强与他们的合作,以增进东方话语研究的实力。东方话语研究的建设事业面临着来自文化圈内和圈外的双重学术和文化挑战,东方学者们难以单凭自己的力量完成这一历史重任。这种联合也有益于东西话语秩序变革。

在进行上述行动中,还必须符合一些基本要求或原则。第一,以文化和谐共存为指针。这就要求新范式在视野、内容、形式、目标上,立足本土、放眼世界;传承历史、把握当下、指引未来;包容多元文化,反对文化霸权,促进文化繁荣。在新自由主义膨胀、新殖民主义扩张、逆全球化趋势蔓延的条件下,这种

"多元文化主义"立场是及时和必要的（Shi-xu 2006）。

第二，以彰显民族文化身份为标准。即，东方新范式必须显现自己独立的文化身份、声音、形象。那么，应该将东方民族丰富的文化遗产和智慧，包括他们的哲学思想、价值理念、生活方式，充分地挖掘和展现出来。只有范式能够展现东方文化主体性、思想意识、民族经历、人民期望，才有可能在国际学术领域得到广泛认可。

第三，以东方文化发展为导向。这意味着，新范式必须面向东方各民族的现实问题，而不是无选择地对话语现象描述或解释，目的是要为改变东方文化被排斥、支配、压迫的状况，以创造出对东方文化的解放、自由、繁荣有益的视角、理论、方法。

第四，以文化平等对话为原则。建立东方话语研究新范式，不是排斥或摈弃西方学术，更不是树立新的学术霸权统治。恰恰相反，应该树立一种文化包容、和谐、互鉴的基本立场，使之成为全球学界能够共同遵循的标准。只有这样，才能实现真正的学术创新与繁荣。

结语

当下所谓普世的交际学模式，不过是被夸大、普遍化了的西方中心主义系统。它既有学术缺陷，又有文化后果。这样的话语体系，只能是让世界学术变得更加贫瘠，而且最终只能让人类文化更加分裂，直接受影响的是东方世界。为解构学术霸权、阻止人类分裂、扶持东方文化发展，在文化话语研究的框架下，建立东方话语研究新范式，势在必行。具有文化自觉意识的交际学学者，有必要、有责任，投身这项事业，以有效地服务于东方世界的发展，解构西方交际学的文化霸权，推动交际学通过文化多元对话实现学术创新。

本章指出，构建东方话语研究新范式，不仅有现实基础，也有多方资源，且有有利条件。因而，本章提出了实现目标的一系列具体策略任务，并为其定立了相关行动原则。

东方话语研究，是在文化话语研究的指引下，最广泛直接地服务于东方民族的范式，它的建立与发展，也必将推动各种下属话语研究模式的展开。

讨论题

1. 东方话语研究的发展和建设，有哪些优势和挑战？
2. 如何将东方话语研究更加紧密地与时代发展大势结合起来？特别是如何与第三世界的发展事业联系起来？
3. 东方话语研究对于外部（与西方主流话语研究）、内部的文化矛盾应该如何处理？

第四章 中国话语研究

在第一和第二章里我们看到,西方主流话语分析存在一系列局限和毛病。其根本原因在于,学者们以普世的立场看待和描述研究对象及相关联系[话语、语境(包括社会、心理、文化)],而且以二元对立、机械思维分析世界(把一个纷繁复杂的世界简单地切分为两半:话语/语境,话语/社会,话语/认知,表征/现实,在两者之间建立因果关系),并在研究上拔高前项(聚焦语言、文本),降低后项(将其用作解读前项的工具)。不仅如此,在此过程中将自己置于有利地位:客观中立、正义高尚(因而能够将对象判定为"虚假""有害""错误")。换言之,西方主流话语分析,完全没有人类交际文化多元、竞争的概念。无论中国/东方/发展中国家的话语,还是美国/西方/发达国家的话语,都同处于统一、平等的泛文化体系之中,一味用西方的眼镜看世界,制造的永远是偏见。

为重构被西方中心论抹杀的人类交际的文化性,为提供判别文化身份、文化关系的有效途径,为增进话语研究的文化对话与创新,第二、第三章分别提出了文化话语研究和东方话语研究的新构想。沿着这一思路,本章将勾勒出一套话语研究的中国模式,作为文化话语研究的子系统以及在特定文化语境下的具体实践,但同时也是为中国学界更好地认识中国(话语),为世界学界更好地理解中国(话语),提供分析框架。

建立中国范式的必要性

进入新世纪以后，随着综合国力的不断增强，中国逐渐走近世界舞台的中央，这引起了世界的兴趣和关注，但也带来了不理解、误解乃至曲解。一些国家和团体表现出焦虑和担忧，或进行无端指责乃至诋毁。在美国/西方主导下的全球话语体系中，"中国威胁论"自20世纪90年代以来经久不衰。在此条件下，中国如何提升自己的话语效力，让中国更清楚地认识自己，让世界更好地理解中国，成为亟需解答的问题。与此同时，包括中国在内新兴国家的崛起，使原有"一超"国际格局出现了多极化，世界迎来了百年未有之大变局。中国如何参与国际秩序治理，能够为人类做出怎样的贡献，同样是摆在中国面前的新问题和新挑战。

学术层面上，更直接的问题是：关于当代中国话语，有怎样的研究状况？它给我们带来了什么信息？让我们先看国际学界，将焦点放在近年来国际期刊关于中国大陆话语传播的研究论文上（且不包括用中国语言现象验证西方"普世"理论或"纯"语言现象分析的论文）。这里我们会发现这样的规律。理论上它们设定，"中国政府总是为自身权威而操纵媒体、左右国内/外舆论"（Chang & Ren 2017；Hinck et al 2016；Li & Rune 2017；Lin 2015；Sun 2010；Wang 2017）；"中国政府与人民/民主分离对立"（Esarey & Xiao 2011；Gleiss 2016；Han 2015；Nordin & Richaud 2014；Zhang 2013）；"中国话语与正统话语有差异"（Callahan 2012；Hartig 2016）；"中国图谋称霸世界"（Gong 2012；Lee 2016；Zhang 2013）。在研究现象和问题上，便聚焦政府如何"控制"媒体（Gong 2012；Lin 2015；Li & Rune 2017；Sun 2010；Zhang 2013）、"摆布"人民，或反过来，人民如何

"反抗／托举"政府(Esarey & Xiao 2011；Han 2015)，或中国如何"坑害"美国、"愚弄"世界(Hinck et al 2016)。方法上，套用西方工具和模式，或凭借孤立个案，或拘泥只言片语，或依托"内容分析法"，以偏概全(Wang 2017)。结论便不奇怪：中国媒体与"国际媒体"存在鸿沟(Sun 2010)，人民有各种"反／托"政府声音(Esarey & Xiao 2011；Han 2015)，中国给美国挖"陷阱"(Hinck et al 2016)，政府/元首有操纵媒体的各种策略(Lin 2015；Li & Rune 2017；Wang 2017)，政府有掌控世界的"企图""局限"(Gong 2012；Zhang 2013)等观点成为批评、质疑、诋毁中国的主旋律。

从文化话语研究视角看，这套西方学术话语体系，不仅罔顾中华文化、历史变迁、细节全貌，而且仔细分析会发现，支撑这一"奇葩"体系的是一套隐秘的"公理"："美国/西方代表的国际秩序是正道，不应改变"，"中国是国际社会的另类"。按照这样一套逻辑推导出来的"中国知识"，与 Said (1978, 1993) 所揭示的"东方主义"话语，或与 Orwell (1949) 在其《一九八四》所展示的"东亚国"，本质上并无区别，不过是新瓶旧酒，陈词滥调，只是在效果上强化了西方对中国的偏见。

在这样一个西方学术主导，并曲解中国的话语秩序下，显然需要一个坚持世界文化多元平等和谐共存立场、全面深入理解中国文化的学术队伍，通过不懈而有效的研究努力，厘清当代中国话语的历史进程、当代身份和地位、未来发展前景和趋势。特别在进入新世纪后，学界出现了开拓性的工作和成果，提出植根本土放眼世界的当代中国话语的探索方向或学术体系，并付诸研究实践(Chen 2009；Jia 2001；Shi-xu 2005, 2009a、b, 2014；Shi-xu, Prah & Pardo 2016；Wang & Chen 2010；施旭 2008b, 2010；曹顺庆，支宇 2003）。他们的工作为消解西方主流的偏见，构建植根本土放眼世界的中国话语理论，奠定了重要基础。然而，由于西方学术文化长期在世界的强势扩张，包括在中国的影响，这项新民族学术思潮和运动显然是不够的。改革开放以来，语言学界、外语学界、新闻传播学界，如同整个社会科学界一样，形成一种追随英美西方的势力，偏信、盲从或依赖西方（白人、男性）学者以完成教学、学术任务，而随之失去民族文化的身份、视角、价值观，也疏于对东方/亚非拉/发展中世界学术的关怀。也由于我国学界所处的特定的历史发展阶段，更由于长期以来国际人文社会科学所处的文化不平等的话语秩序，总体来说，我国的本土化研究不足，西化却有余。话语研究及其教学工作的中国化也因此受到严重制约。比如，一篇探讨中国文化心理的中文期刊论文，所引用的学者全部为外国人。另外，国内、国外相关文献未有充分系统梳理评判。长此以往盲目承袭西方学术俗套，无视中国视角和现实需求，只能加深误解甚至导致误判，终而失去中国和世界发展的良机。反过来，坚持民族文化、历史、现实和学术视角，则可能也可以更加准确地把握当代中国话语，推动合作共赢，开创世界未来。当然，我们也必须看到，西方话语分析是社会科学领域中一门发展迅速、影响较大的新学科，且具备中国语言文化研究传统所未具有的独特视角，其中许多概念、范畴、方法、目的等，在中华学术中没有直接的对应物，如"语篇""连接""连贯""语境""表征""言语行为"等，或对于现实构建、权力行使的分析。连"话语"一词也是从西文中的"discours（e）"翻译过来的。中国学术要发展，要与世界交流，当然必须与此进行对话，而对话的必要条件，是具备自我民族文化身份。

因此，大力推进当代中国话语的研究，构建、发展和传播具有中国民族风格的学术范式,是当前中国社会科学界面临的一项重要使命任务。

建立中国范式的可能性

当代中国话语,如同当代东方话语中的其他体系,虽然与西方话语有共性和联系,但它有自己的特殊的物质和精神条件,涉及文化传统、学术资源、历史遭遇、国际语境、本土实践。这种文化话语的特性不是以西方为中心的泛化了的"普遍"理论和方法所能涵盖和阐释的。

换言之,创立中国范式,我们起码有三个客观条件。第一,当代中国话语有着独特的传统文化,这不仅包括中华民族五千年积累的物质和精神财富,比如中国的疆土和物产、艺术和习俗、儒释道思想和规范;同时也包括受西方列强凌辱的历史经历和记忆。这一段独特的中国历史与当代中国话语有着紧密而复杂的联系:前者可以成为后者的资源、参照、标杆、影响、动力、永续的传统等。

而且关于话语的思想方面,中国历史传统中更有独到的资源。《易经》中有"书不尽言,言不尽意";《论语》中有"一言可以兴邦""一言可以丧邦""言而有信";南朝文人刘勰在《文心雕龙》中提出了近乎现代学术中"话语"的"文""文章"的概念;关于文章又有"隐秀""风骨""变通"。

第二,当代中国,尤其是改革开放以来的中国,有着独特的实践经验(罗岗等 2019)。当代中国话语体现了中国特色社会主义的政治制度,本身有特殊关切的事物和问题、特殊的世界观、特殊的言说方式。具体地说,从中国文化、中国历史、中国现实、中国学术的角度去看，就会发现，当代中国话语有其时代特征、行为原则、交际策略。其实不难看到，一方面，中国在巨变，并在（逆）全球化的激荡中改变世界。四十多年的改革开放，使中国成为世界第二大经济体；中国倡导的"一带一路"建设，连通欧亚非大陆人民；中国提出构建人类命运共同体的倡议，得到多项联合国决议文件的采纳；中共十九大报告作出中国特色社会主义进入新时代的重大判断，提出一系列新思想、新举措。另一方面，五千年延绵不断的文化传统在新时代里勃发生机。当代中国提出的"和谐""以人为本""人类命运共同体""总体国家安全观"等，无不与中华传统中的"和而不同"原则、"整体""辩证"世界观等思想有关。

第三，除了内在的特点之外，中国话语又有着独特的国际和全球语境，该语境以美国/西方主导的全球话语体系为核心特征，与当代中国话语形成重要而复杂的关系。中国不（再）是孤立的话语主体。在此语境中，美国电话电报、康卡斯特、沃特迪斯尼、二十一世纪福克斯、查特通讯、汤森路透、哥伦比亚广播电视公司、维亚康姆等欧美传媒公司掌控国际媒体市场；美联社、合众社、路透社、法新社四大通讯社，以及英国广播公司、美国全国广播公司、纽约时报是发展中国家媒体的主要信息源。同样，教育科学领域里，尤其是英美出版集团于吞噬商业利润的同时，向发展中国家灌输西方"普世"议题、概念、理论、价值观。但另一方面，在（逆）全球化、多极化、信息化的秩序变化中，中国正成为这一过程的重要参与者，在世界改变中国的同时，中国也改变世界。尽管西方强国仍操控着全球话语体系，分裂世界，压制包括中国在内的东方发展中世界，但是，中国正在积极以自己的主张和自己的行动，推动国际社会朝着更加平衡的方向发展。

换言之,当代中国话语的独特内容、性质和规律可以从内部看,也可以从外部看。粗略地说,自近代以来,到解放前,中国话语大致贯穿了丧权、屈辱、探索、抵抗、纷争的特点。新中国成立后,中国话语基本经历了以阶级斗争、改革开放、和平发展为特点的历程;或者说,中国话语从革命,到建设,进而走上复兴之路。而外部总体是一个美国/西方长期主导的语境,排挤、歧视中国。进入新世纪以来,这种国际语境出现了多极化,并且有了中国走近世界舞台中央的机会。也正是在这种新时代的语境下,中国学界有了越来越强的文化反思意识和建立具有中国气派的学术范式的志向。

建立中国范式的文化优势

文化话语视野下构建中国范式,除了现实和学术基础之外,更有突出的中国文化优势,与西方文化形成差异关系,包括博大精深的中国思维方式、世界观、人生观、道德、智慧。通过挖掘、阐发、重构,这些资源可以成为构建中国学术范式的重要指针、工具、技术、标准。

第一,中国文化传统具有独特的整体观念。中国传统文化中有"道""一""天人合一""太极""阴阳五行"的概念。这些都是说,宇宙、宇宙中的万物,无论大小,有各种联系,都是一个整体(参见:高晨阳1988;孙国华1998)。从这些具体的中国概念,我们可以引申出中国人的思维方式,即从宏观的、全面的角度去认识事物,注重宇宙的统一,追求万物的联系。这种观念和思维推动了中国文字乃至中国科学的创造(吕嘉戈1998)。

那么，如果将其运用到话语理论的构建，便可以看到交际实践的全貌，进而建立整体性的话语理论。这样也就可以克服西方"原子论"的弊端，即因为不断切分世界，而造成顾此失彼的后果，最终超越西方话语分析的"本本主义"（文本至上）。

第二，中国文化传统具有独特的变易观念。中国传统文化里的整体世界，不是静态的，而是不断变化发展的。这种滥觞于《易经》《老子》《易传》的变易观，可以说是中国人世界观的核心内容（杨晖 2011：106）。从这种具体的中国概念，我们可以引申出中国人的思维方式，即动态地、发展地、历史地看世界。如果将其运用到话语研究范式创立中去，当代中国话语就必须放到历史的场景、未来的发展中去认识。这样就可以破除西方话语传播学界对于（变化着的/了的）当代中国（话语）的刻板印象、成见俗套。

第三，中国文化传统具有独特的辩证观念。中国传统文化中有对世界朴素的辩证认识，如五行说、有无说、阴阳说。结合当代哲学的辩证唯物主义，我们可以看到，事物不是孤立的、绝对的、静止的；相反，它们之间存在相辅相成、多元统一、相生相克、运动变化的复杂关系。如果将其运用到话语研究范式创立中去，可以帮助我们正确认识和积极利用研究主体与研究对象、语言与语境、此与彼、真与假、东与西、研究结论与社会责任等"你中有我、我中有你"的复杂关系。这样就可以有效避免西方文化惯用的二元对立思维。

第四，中国文化传统崇尚包括语言使用在内的社会道德。众所周知，"仁"（《论语》提到109次）、"尚中和合""平天下"（"正心、修身、齐家、治国、平天下"，《礼记·大学》）是中国传统文化中人生最高境界。除了这些更加普遍的原则外，还有许多关于语言交际的原则。举几个例子：

> 有德者必有言，有言者不必有德。《论语·宪问篇》
> 礼之用，和为贵。《论语·学而》
> 非礼勿视，非礼勿听，非礼勿言。《论语·颜渊篇》
> 巧言、令色、足恭，左丘明耻之，丘亦耻之。《论语·公冶长》
> 君子不以言举人，不以人废言。《论语·卫灵公》
> 君子欲讷于言而敏于行。《论语·里仁第四》
> 与朋友交，言而有信。《论语·学而》
> 言忠信，行笃敬。《论语·卫灵公》

这些语言道德在当代中国社会仍然具有极强的生命力。与西方个人主义的语言观相比，可以看出中国文化传统追求利他/她、诚信、贵和尚中的本质和特点。如果将这样的中国文化道德纳入当代话语理论构建中，不仅可以丰富和拓展西方以"我"为中心的理论，而且更为中国社会，甚至世界，提供检验和指导话语实践的伦理标准。

建立中国范式的传统优势

"当代中国话语研究"作为一种新的学术潮涌、范式，汲取借鉴了、并可以继续汲取借鉴相关的中国学术宝藏。这里扼要描述几个具有重要（潜在）意义的学术传统。

先秦语言哲学 在我国先秦时代（公元前221年以前）就有了关于语言的伦理性、社会性以及功用性的论述。先秦诸子百家的"名""实"之争，是中国认识语言与世界关系的起点。关于"正名"的讨论，可以解释中国两千年来语言使用的政治性质；

关于"道"的认识，可以解释中国话语生成和理解方式的特性和规律。《易经》《庄子》《墨子》《荀子》《论语》等经典之作虽然只有部分涉及语言，然而其中博大精深的语言思想，不仅具有重要的历史地位，而且可以成为去西方化、实现现代转型的宝贵资源。举两个例子。

一个是关于语言使用的整体辩证的观点。《论语》提出、或暗含了关于语言与人、与行、与德的内在联系的观点，与西方话语分析的二元对立思维、"本本主义"形成鲜明对比：

1）言/人关系

不知言，无以知人也。《论语·尧曰篇第二十》

君子一言以为知，一言以为不知。(《论语·子张》)

君子不以言举人，不以人废言。《论语·卫灵公》

2）言/行关系

始吾于人也，听其言而信其行；今吾于人也，听其言而观其行。《论语·公冶长第五》

先行其言而后从之。《论语·公冶长第二》

言忠信，行笃敬。《论语·卫灵公》

3）言/德关系：

有德者必有言，有言者不必有德。《论语·宪问篇》

君子欲讷于言而敏于行。《论语·里仁第四》

古者言之不出，耻躬之不逮也。《论语·里仁第四》

君子耻其言而过其行。《论语·宪问第十四》

与朋友交，言而有信。《论语·学而》

另一个是关于语言意义的生成和理解的观点，即所谓的"言不尽意"。"言不尽意"（《周易·系辞上》）、"言有尽而意无穷"（宋·严羽《沧浪诗话·诗辨》）的思想，在刘勰所著的《文心雕龙》（《隐秀》篇："隐也者，文外之重旨者也"）中得到充分的表达和传承。老子在《道德经》中有"道可道，非常道"，说明了语言与意义的隔阂困境。但这并不是说人们应该就此放弃对语义的追求。庄子提出，"言者所以在意，得意而忘言"。由于言与意的这种矛盾，在话语生成和理解方面，中国传统文化也创立了相应的对策（曹顺庆等 2001）。"圣人立象以尽意"（《周易·系辞》）、"以少总多"（刘勰《文心雕龙·物色》）、"虚实相生"（虚境指由实境诱发和开拓的审美想象的空间，通过实境来实现，实境要在虚境的统摄下来加工。两者结合成为意境独特的结构方式）、"依经立义"（《文心雕龙·辨骚》："诗人提耳，屈原婉顺，离骚之文，依经立义"）、"顿悟"（原指佛学中通过正确的修行方法，迅速领悟佛法的要领，从而指导实践而获得成就）、"虚静"（《道德经》《管子》《庄子》中，指在认识外界事物时，一种静观的精神境界）、"读万卷书行万里路"，等等。这种言义关系的认识和方法，倘若融进当代研究框架，将不仅突破西方语言学、话语分析拘泥文字、文本的局限看法和简单做法，而且帮助人们更加深入地理解中国话语的意象性、社会（对话）性、动态性、实践性特点。

中国文论 另一个极具中国精神的学术传统是文论。这包括《文心雕龙》《典论》《沧浪诗话》《人间词话》《管锥编》等经典著作。还有散落在整个文坛中的关于言、象、意、道、文气、神韵、意境、风骨、顿悟等概念和范畴的论述。比如，"意境"，最早见于王昌龄的《诗格》，它不是指一般的知性思维或心意情感，而是指作品中呈现的那种情景交融、虚实相生、活跃着生命律动的韵味无穷的诗意空间，是语言所表达的"道"的"意义"。因为强调言外之意，它本质上是与"道"相同的。"风骨"指对文学作品在内容（或"情"）和文辞方面的整体的美学规范或要求。"神韵"指一种理想的、韵味深远、天生化成、体现出清空淡远的艺术境界。通俗地说就是传神或有味。"文气"既是描写作家的气质、个性，又是指作家创作个性在文学作品中的具体体现（曹丕《典论·论文》中提出的"文以气为主"的著名论断）。文气说强调创作主体心理结构的先天性、稳定性和个性差异。近一二十年来，比较文学界通过与西方文论对话批评和对中国文论挖掘反思（曹顺庆等2001；曹顺庆2004），提出了一系列新的中国文学话语生成和理解的规则，以及进一步发展创新的路径。这些都是我们可以借鉴利用的宝贵资源。

中华传播学 在20世纪，经过与美国传播学的接触，海外华人学者也逐渐形成了以中国传统文化为基点的中华传播学体系（Jia 2001；Lu 2000；Xiao & Chen 2009；陈国明 2004）。这里，学者们通过中西比较和反思，发掘了反映中国人的世界观、价值观、思维方式的交际传播规则和方式，并且塑造了具有中华文化特质的交际概念、理论、方法和原则。他们提出了一批中国传统文化中与交际传播相关的概念（如传、播、扬、流、布、宣、通、递）和中国文化中与交际传播相关的现象（如缘、面子、关系），这些都是在创新过程中值得考虑的资源。

汉语修辞学 虽然现代学科意义上的修辞学出现在公元前5世纪的古希腊，但是先秦时代的儒、墨、道、法家等也建立了独特的修辞理论。首先，中国传统上有许多关于修辞的训言，像"修辞立其诚"（《周易》），"君子不以言举人，不以人废言"（《论语》），"言之无文，行而不远"（《左传》）。再者，

第四章 中国话语研究

继20世纪西方现代修辞学的产生,我国出现了大量系统全面的修辞学著作,如陈望道的《修辞学发凡》、郑子瑜的《中国修辞学史稿》、袁晖的《二十世纪的汉语修辞学》。另外还有许多文献,根据汉语和汉文化典型现象(如对偶、排比、顶针等语言形态,重亲情、尚权威的文化心理),结合现代修辞学、语言学、文体学和风格学中的概念,提出了一系列汉语修辞的手段、功能、方法、原则及规律(Guan 2000;Lu 2000;陈汝东 2004;申小龙 2001;沈开木 1996;邢福义 2000)。由于这些领域辩证依存、相互渗透,因此相关文献信息可以相互对照印证,对构建当代中国话语研究体系有着启发、支撑和补充的作用。这里也需要指出,中国语言学,尤其是现代学术,大多拘泥文献、句法、文字、音韵,缺乏对中华民族精神和主体性关照,让中国语言失去了"灵魂",必须加以纠正。

可喜的是,近些年来,随着我国学界的文化反思和文化复兴大潮,在引进、消化西方各类话语分析、交际学(包括传播学)之后,越来越多的学者开始揭露、摒弃学科中的西方中心主义倾向,探索具有中国特色的新领域和新路径,也陆续建立了相关机制和平台(科研项目、学术会议、研究中心、公众号、网站),出版了大量著作和文章,创立了学术集刊,如《当代中国话语研究》。这里,学者们描写、分析、辨义、解释、评判当代中国话语实践,筹划建设、发展中国话语体系的战略和策略,为构建当代中国话语研究新范式创造了良好的条件。

中国范式构建的原则

构建话语研究的中国范式,是一种文化学术行为,在特定的中国和世界语境中进行，而且这项学术活动将产生具有社会影响的成果，那么我们应该设立一定的行动要求和原则、一定的成果标准。

构建新范式应该以揭示当代中国话语特点和规律为目标。关心中国语言生活的语言学、话语学、修辞学、传播学学者，应该注重探索当代中国话语的文化特质、内涵、语境、规律等，这当然更应是新范式的构建目标，以使研究成果能够指导中国的实践，也帮助国际学界更好地理解中国话语，进而推进人类交际理论的前行。因为这是范式构建的（理论）核心内容。为此，在实证研究层面上，可以去分析反映中国和世界重大现实问题的话语现象，发掘其特点、揭示其缘由；也可以通过跨文化视角，刻画中国人的交际观念、原则、策略、条件。在理论研究层面上，可以去发掘中国文化要素［如历史、哲学、心理、政治、社会、国际语境（包括其他文化话语体系）］与中国话语的关联；可以去揭示中国传统学术思想对当代理论构建的启发意义。

构建新范式应该以民族需求为指针。作为中国社会科学发展的一部分，构建当代中国话语研究范式，必须肩负起社会责任和使命。中国有自身特殊的社会境况、发展需求、民族理想。因此必须从中华民族自身需要出发，帮助解决中国的问题，这包括厘清中国话语体系的优势和短板，助力中国社会的高水平、可持续发展，促进中国与世界各民族的交流合作（比如帮助中国更好地认识其他文化的话语体系），等等。也只有这样，才能使我们的研究实现社会和人类价值。

构建新范式应该以民族特色为标准。揭示中国话语（体系）特性，服务中国需求，构建具有中国特色的学术范式，应该以展现彰显民族特质为基础、路径、要求。没有民族特色的学术范式，便无法深刻认识该民族话语的特点，适应其需求，也就失去自己的民族身份。构建当代中国话语研究新范式，作为东方文化范式建设创新的一部分，不应该一味追随西方学术圈的志趣和价值观，而应在吸取其精华的同时，通过对民族历史的反思和与民族现实的结合，努力创立具有民族印记的概念、范畴、理论、方法，乃至整个学术系统。

构建新范式应该具有全球视野。人类进入21世纪后，中国与世界的（命运）联系更加紧密，全球化加快深入发展。在新时代新语境下，中国问题也是世界问题，世界问题也是中国问题。而构建中国范式的重要动机之一，是与国际学界、特别是占主导地位的西方话语、传播学界展开交流对话，以促进人类交际（话语、传播）学的繁荣发展。因此，这项工作应该在问题意识上关怀人类的困局，在价值取向上维护人类的福祉，在研究路径上借鉴国际学界的优点，在学术目标上推进跨文化交流创新。这样的新范式不仅可以促进中国学术的繁荣发展，进而有效指导中国话语实践，也可以帮助国际学术界更加全面、准确地理解中国的话语，消除偏见和歧视。

构建新范式应该便于国际对话。构建具有民族特色的学术范式，作为一种特殊的文化体系，一个重要目的就是让中国学者能够以自己的民族文化身份和声音，实现和推动跨文化对话。那么，它应该在知识论、理论、方法和问题方面具有文化开放、包容的特质和特点，运用多元文化的视角和准则，充分掌握和使用先进传播手段和渠道，运用易于对方理解的语言和能够被对方接受的方式，从而实现文化不同的话语体系之间的有效交流。

中国范式构建的策略

如果人类交际既是历史的产物，又同属文化多元统一的全球体系，那么中华民族的交际实践就可以作为具有特定历史关系、文化关系的话语体系来发掘、阐明和发展。由于这种特殊属性和复杂关系，运用历史的视角、跨文化的视角，坚持植根本土、胸怀世界的立场，也就必然成为认识中国话语体系、建立相应的研究系统的基本路线。

在这条基本路线上，还需要采取具体的行动和工具。从上述相关中国和世界学术背景、中国文化和学术传统、中国现实需求、研究范式文化创新的基本要求来看，我们面临的是一项宏伟而艰巨的事业，要求运用一系列相互契合的方法和手段，并在实践中不断改进。

解构西方中心主义。国际主流话语分析，乃至整个交际学，不仅话语行为上体现文化霸权，而且话语表达上存在文化偏见。这里，换言之，基本是西方中心主义的场域。那么，我们可以通过跨文化比较、历史追溯、种族分析、性别分析等方法，拨开其中所谓的"中立性""客观性""科学性""普遍性""正义性"的面纱；凸显被遗忘、被排挤、被边缘化的文化学术传统和思想；提出一套国际学术多元、包容、平等、创新的交流原则和策略，作为我们一项重要的任务和相关研究方向。该策略不仅可以帮助消解西方学术话语体系，而且为中国范式构建提供参照。

展开跨文化交流、批评和学习。相关国际学界，不论西方还是东方，都有不同的智慧和优势。进行跨文化对话与学习，是构筑和提升民族学术身份的有效工具。现代话语分析乃至交际学的发源地在西方，积累了许多独特的思想和技术。同样，被忽视和

第四章 中国话语研究

压抑的东方学术传统以及当代实践，具有有益的体会和经验。特别是经过四十多年改革开放、向西方学习的中国学人，应该特别关注、学习发展中世界各民族，也包括中国少数民族的话语学术思想。这些研究工作不仅可以充实中国范式建设的内涵，也能够促进国际话语学术的民主化。

发掘、借鉴、创新中国文化和学术传统。 中国学术要发展，人类学术要繁荣，既不能闭关自守，也不该全盘西化。身处具有五千年璀璨文明史、正走近世界舞台中央、最大发展中国家的中国学人，不应再妄自菲薄。为有效地研究、指导当代中国话语，并能与世界其他学术传统进行平等对话，必须建立一套既植根中华文化，又放眼人类世界的中国话语研究体系，而实现这一目标的根本性、基础性工作，是充分挖掘、融汇具有生命力的中国文化智慧和价值，积极创新中国传统学术，以使新范式能够精准描述、解释中国现实，充分服务中国需求，有效回应国际语境挑战。

紧密结合具有全球意义的中国话语实践。 当代中国四十多年改革开放的独特经验是人类发展的宝贵财富。只有民族的，才是世界的。人类文化是一个多元统一体。构建中国话语研究范式，必须深深植根于中国现实和中国实践。尤其是在全球化深入发展、逆全球化暗流涌动、中国日益融入世界的时代，我们的范式构建工作必须以这种更加宏大而具体的视角和胸怀，重塑民族身份和立场。

实行话语研究的多学科融合。 显而易见，我们的研究对象和要回答的问题（完全超出传统话语分析、媒体分析的范围），不仅关系到话语不同要素，以及它们之间的复杂关系，而且涉及该话语所发生的具体生活领域（如政治、经济、外交、国防、科学、艺术），因此必须采取多学科融合的进路。这意味着，研究者必须跳出传统单一的学科窠臼，学习和吸取各相关学科的知识和技术。学科的融合也必将带来更加广泛而深刻的学术影响力。

最终，当我们将文化传统、学术积淀、时代特征、国际经验、多元学科有机结合时，新范式才能获得强大的生命力。

当代中国话语研究的系统框架

下面我们将根据前文提出的中国视角、目标、原则和策略，呈现"当代中国话语研究"学术体系。这项任务的根本性质，就是展示具有民族身份和立场的研究体系，揭示当代中国话语的基本规律和特点，指明中国话语研究的方向和路径，创新中国学术和人类知识，助力中国繁荣发展、人类和平进步。

格局上，"当代中国话语研究"是"文化话语研究"的有机组成部分——两者辩证依存，也是该新思潮、新范式的具体文化实践，同时，也是中国社会科学领域里的一套新的话语体系。作为一个完整的话语体系，一方面要有学术思想体系和表述系统，另一方面又要有相应的团队、活动、平台、资源系统（施旭2018a、b）。以下重点陈述前者，后者在结尾简述。

内容上，作为一个完整系统的学术研究框架（参见Crotty 1998；Littlejohn, Foss, Oetzel 2017），"当代中国话语研究"有四个子系统："话语哲学""话语理论""话语方法"和"话语问题"。

构建中国话语研究范式，将给本研究领域以及人类文化带来一系列益处。第一，新范式将使中国话语学者获得民族身份和声音，成为国际学术圈中富有主体性和活力的一员，推进人类学术民主化。第二，新范式可以更加全面更加精准地透视和评价中国话语，让中国更好地认识自己，让世界更好地理解中国。第三，新范式还可以以自己的视角、理论、方法、问题意识去拓展、丰富、深化当下主流学术传统，促进人类学术创新。当文化平等的学术对话与批评得以开启时，话语研究势必促进人类的相互理解和共同发展。

当代中国话语研究的哲学系统 本研究框架的第一部分，也是最基础的部分，是关于当代中国话语的哲学框架。哲学有不同类型，区分可以根据研究功能（例如本体论、知识论、价值论），或范围广大的内容（如宇宙哲学、自然哲学），或范围狭小的内容（如道德哲学、美学哲学、语言哲学）。这里将简述关于当代中国话语的功能系统，即本体论、知识论和价值论。

主流的话语分析和传播学很少明确地讨论其哲学基础以及背后的思维方式。这往往是因为研究者认为它们都是普世的、天经地义的。然而，事实上被隐去的部分恰恰是西方二元对立思维所催生的客观主义/主观主义、实证主义/反实证主义、结构主义/后结构主义等极端性假设。

我们将从中国整体、辩证的思维出发，因而化解，或者说超越二元对立的界限和局限，从而提出"三位一体"的当代中国话语研究哲学系统，即本体论、知识论、目的论。换言之，该系统将为当代中国话语研究分别解决三个基本问题：一、当代中国话语是什么，有什么本质特点？二、关于当代中国话语的知识是什么，有什么本质特点，如何获得？三、进行当代中国话语研究是为了什么，有什么作用？这些问题的答案将指导理论系统、方法系统和问题系统的建立与运用。

第一，关于**话语本体论**。我们的研究对象，"当代中国话语",从第二章"文化话语研究"就可以看出,是由多元交际要素组成的社交实践——对话主体、言语行动、媒体模式、目的效果、历史关系(包括传统话语)、文化关系(包括西方话语),它们有区别、相依存、互影响,是全球文化多元体系中的一支。作为一个体系,与其他文化体系相联系、相依存、相作用;同样,又与历史传统有着复杂的关系。

上述观念,不仅符合当代中国社会全面、联系看事物的体验和习性,更有中国传统文化中的整体思维方式和宇宙观的渊源(高晨阳 1988;孙国华 1998)。在中国传统文化特别是其古典哲学著作(如《易经》《论语》《老子》和《庄子》)中,宇宙万物都是一个整体,有着不同联系,构成复杂关系(相互依存、相互贯通、相互对立、相互转换等),这种关系推动事物不断变换发展。在这种观点看来,没有任何事物是孤立或静止的。从另一角度来说,中国本体论强调多样性中的统一性,统一性中的多样性,以及宇宙万物的动态关系。《易经》以太极符号和阴爻阳爻组合来代表万物的统一性和万物变化的形式与过程。

此外,话语与现实,话语与意义,话语与自我的关系问题,自两千多年前先秦时代也已有解答:(1)语言不是简单地反映现实,它构建和改变现实("一言可以兴邦,一言可以丧邦",《论语·子路篇》);(2)语言意义是不确定的,而是在主客的对话过程中发展的("言有尽而意无穷",《沧浪诗话·诗辨》);(3)语言最重要目的是立德,特别是为维护社会和国家的和谐("和为贵",《论语·学而》)。

这些思想不同于西方自柏拉图、亚里士多德、笛卡尔以降"分一为二"思维下的话语观、传媒观。在西方的话语分析看来,自觉或不自觉的,明确的或隐约的,客体与主体、客观与主观、文本与语境/社会、话语与认知/社会、真与假、对与错、好与坏，如此等等，通通是分裂的，而且往往为的是彰显前者，虚化后者。同样，在西方传播学里，媒介与使用者、内容、文化等也是分割的，目的是凸显前者的意义。

那么，在话语理论和方法建设上就不能见树不见林，刻舟求剑，搞"本本主义"：不能拘泥（书面或口头）文本（词句），或媒介（技术）；不能把语境作为理所当然的、剩余的文本阐释辅助工具；不能泛化，或抹杀人类不同文化间的差异与竞争；不能忘却或掩盖研究者与研究对象和研究过程的密切联系。相反，首先必须从整体性和完整性的角度去认识、阐释、评价当代中国话语，包括所有相关的交际变量、它们之间的关系、综合意义。其次，一方面要特别注意话语的文化关系和特性，另一方面要注意话语的历史过程和动态。再者，应该意识到自己作为研究者与被研究者的关系，并积极地利用这种关系（例如，不仅让研究服务现实需求，而且让研究成为提升自己的过程）。显然，这种话语本体论对话语认识论也有特殊的影响。

第二，关于话语知识论。关于"当代中国研究"的认识，这里也包括相关描述、解释和评价，不是"纯粹"的真理，不是"公正"的裁决，而是带有研究者立场的、具有文化烙印的、基于综合分析的阐释性、对话性知识，因而是暂时的、开放的、有目的性的。通过理性（观察、实证分析）和经验（理论、直觉）并用而获得，并（应该）在与同行、与实践的（"主、客观"）对话中得以推进。这种观点反映了或突出了研究者谦逊、进取的态度，与西方主流的话语分析、交际学那种客观、自信的态势形成反差。

西方主流话语分析、交际学一般以基础主义（Rorty 1979）和普遍主义为出发点：知识和道德都有外在、不可动摇的实质，因此在真理和伦理标准上持"自信"立场。这就是为什么批判话语分析的实践者，几乎从不考虑、反思自身（包括其文化背景、权力利益）在研究过程中的存在与影响，对关于文本"结构"、语境"事实"、"普世"价值（如"人权""民主""正义""平等"）的知识确信无疑。

"客观知识"和"普适伦理"在中国传统文化中是没有地位的（冯友兰 2005）。首先，根据中国的整体世界观，研究者与研究对象、评价者与评价对象是相互联系、不可分割的。庄子（《庄子·天下》）问道，为什么同样站在一棵大树上，人会感到害怕而黑猩猩不会？人们无法将自己（的认知、情感）与眼前的世界分割。第二，如前所述，在中国人的世界观中，宇宙的本质是变易。那么可以说，意义、伦理、或研究结论也是不固定的，而在一定条件下会发生更迭。第三，中国哲学认为，实践以外的"知识""美德"是无意义的，讲求的应该是（有用的）"良知/智慧"。王阳明的"知行合一"，便是对知识/道德与实践统一重要意义的表达。

在中国理论、方法和问题系统建设上，就应该采用主动、辩证、多角、循环、对话、反思和实践策略。主动，要求有选择地、有立场地研究问题；辩证，要求全面地、联系地思考和解决问题；多角，要求运用多种方式方法；循环，要求反复不断地探索；对话，要求相信和依靠研究对象、与同行交流学习；反思，要求保持谦逊的态度，时刻注意消解偏差、弥补不足；实践，要求"接地气""读万卷书行万里路"，通过不懈的努力创立新意义。这样，客体与主体、客观与主观、研究对象与研究学者便有机、有效地结合起来。

第三,关于研究目的论。当代中国话语研究秉持明确的学术目标和政治立场,即消解西方学术霸权,建立中国话语研究(者)的民族身份,提升中国话语研究的国际地位,促进人类学术思想的交流与创新,助力中国社会繁荣发展,推动人类文化共同进步。

西方话语分析、交际学(包括传播学、修辞学等)通常采取普世主义(泛文化主义)立场,宣称运用中立、理性、普适、统一的标准,生产客观、公正的知识和评判,却忘却了自身的文化偏见,也掩饰了自身的文化霸权。这样的目的论显然受到西方基础主义和普遍主义的影响,且与其社会经济条件有关。

中国古典哲学不追求"纯粹"知识或"普适"判断,而是对知识的态度持实用主义,关注的是知识对于国家、社会、人的利好。儒家提倡学以致用、经世致用,更普遍的是中国知识分子"忧国忧民"的传统(Davis 2009):即《岳阳楼记》(范仲淹)所表达的"先天下之忧而忧"。

对于当代中国话语研究的理论、方法、问题系统的建设和运用来说,就要求话语研究者保持和提升民族、国家、文化的责任感和专业精神。具体地说,就是要使研究事业为中国社会的需求和利益服务,为更广泛的人类福祉服务。比如,将当代中国话语研究造就成为帮助国际学界认识和理解中国社会的途径,促进中国高质量、可持续发展的手段,拓展和丰富人类知识的工具。

当代中国话语研究的理论系统 理论是特定哲学原理指导下,关于研究对象性状的认识和理解,这些认识和理解往往以特定的概念(以及概念间的联系)、运动规律的解释、行为的准则的形式出现。"语言是一个表征系统,由表征影像和语音的符号组成",是一种概念性理论;"人的行为由个人大脑决定"(一种心理学理论），"人的行为与社会环境有关"（一种社会学理论），都属于解释性理论；"与人交往应以和为贵"，是一种评价性理论。

本节的目的是，在上文提出的目标、原则、方法指导下，联系提出的话语哲学框架，提出一系列关于当代中国话语特点、原则、规律、价值观、策略的命题，作为构成当代中国话语理论框架的重要部分，并在此基础上提出发展中国话语体系的战略（目标）和策略（任务）建议。

理论的提出，应该具有问题针对性，为解决特定的问题服务。本章要提出的理论（命题）正是要回应从本书开端至此所揭示的一系列当代中国话语所面临的现实挑战和理论困境，内部需求和外部压力。

为了保障本节论证的逻辑性，并强调理论构建的必要性，这里重述构建当代中国话语的理由。首先是学界对西方理论的盲从。一味承袭西方学术俗套，无视中国视角、立场、现实，只能加深误解，导致误判，失去中国发展和国际合作的良机。第二是中国视角带来的益处。如果从中国文化、中国历史、中国现实、中国学术的角度去看，就可以准确地把握当代中国话语有其特殊的国际语境、时代特征、行为原则、交际策略，而且由此可以建立民族学术身份，提高国际学术地位，推动跨文化学术的交流与创新。第三迫切需要总结的新经验、新现实，破解其中的密码。不难看到，中国在巨变，并在（逆）全球化的激荡中改变世界。一方面，经过四十多年的改革开放，中国已成为世界第二大经济体，综合国力显著提高。另一方面，中国领衔成立"亚投行"、共建"一带一路"，连通欧亚非大陆人民；中国提出"构建人类命运共同体"的倡议，得到国际社会多方响应。尽管西方大国仍

第四章 中国话语研究

然操控着全球话语体系,分裂世界,压制诋毁包括中国在内的东方国家,但是中国更加积极地以自己的声音和行动,推动国际秩序朝着更加公正的方向前行。

"当代中国话语",指1978年改革开放以来,在中国大陆发生的各行各业的话语实践。这里必须强调,它并没有固定的边界:中国话语与国际语境密切相连;中国话语可以关于世界、对话世界;中国话语的意义(也)在于世界的理解和回应;当代中国话语反思、扬弃、再创历史传统,想象、前瞻、形塑未来发展。只是本章理论关怀的重点,是作为中国话语主体的当代中国社会,无论是政府,还是团体或民众。

显然,当代中国话语有多重方面、层次、节点,因此以下命题涉及的点、面各有不同,而且性质也各有不同。有些是关于全面、整体的,有些是关于特殊方面或场域的;有些是描述性的,有些是解释性的,有些带有评价性质;有些涉及相关概念,有些涉及相关价值观;有些关于物质层面,有些关于精神层面。这些命题是最终形成全面系统有效的当代中国话语理论体系的组成部分,希望也是最核心、最重要的部分。

(1)以"国际霸权秩序"为语境。当代中国话语的重要方面,是其特有的国际语境。具体地说,作为交际实践和一种文化体系,当代中国话语处于西方大国霸权话语秩序中一支被压制但正在崛起的力量。这一语境关系,恰恰是西方主流话语、交际、传播理论忽视或掩饰的:它们将中国话语看作自给自足的"另类"。

放眼全球话语实践应该看到,这里是一个长期的、持久的不对称、不平等秩序,充满了文化间的互依、互动、互嵌、竞争、压迫、抵抗、合作等复杂关系。总体上,超级大国及其盟友系统占据了垄断、支配、剥削的地位，拥有全球最强的传播网、最大的覆盖面、最多的信息量。而中国，作为东方话语一部分，处于话语场劣势，往往被排斥、曲解、诋毁；但另一方面，由于近年来（新兴国际地区）话语体系的多极化形成，这种文化的（无）秩序也出现了逆转迹象：以中国话语为代表的东方力量呈上升趋势。中国以及其他新兴国家和团体的不断进取与开拓，撼动了"一超"主宰的局面，开始为扭转全球话语秩序，带来了新的希望。中国推动并积极参与的"一带一路""亚投行""金砖五国""上海合作组织"等机制，为中国的可持续发展、世界的和平与繁荣创造了新契机、新空间、新渠道。未来，从中国哲学传统看，这种文化博弈的话语秩序可谓是"三十年河东，三十年河西"。从人类发展历史看，应该是沿着文明的道路螺旋式上升。具体地说，文化多元，合作共赢，和平民主，可能逐渐成为扭转、替代"新冷战""美国优先""逆全球化"话语体系的新想象、新声音、新主题。

在当代中国话语的实证研究上，一方面应该持续分析、揭露和批判这种国际的、全球的文化霸权语境及其背后的秩序，另一方面关注这种语境对于中国话语的影响和中国的对策经验及教训，包括其全球传播能力的发展。实践方面，中国应该把握这一全球话语秩序的转折机会，不断强化中国话语体系，联合亚非拉，呼唤人类和平和谐发展的理想，持续削弱霸权主义，以实现人类话语秩序的民主化、多样化。

（2）以"天下融通"为世界观。当代中国话语通常以整体的视角、联系的方式，去发掘、认识和理解事物的整体、全面、联系的特性和特点。因此，中国人会谈及、讲求、强调、利用这些特性和特点，用以说明事实和解决问题。这是中国人的心理，也是一种智慧,更是看待事物、讨论问题、解决困难的一种话语策略。如果以二元对立思维为基础的西方话语、传播理论为视角,就很难看到和理解中国话语的这一特征。

中国传统文化中有"道生一,一生二,二生三,三生万物"、阴阳的概念,表达了中国人的整体世界观。这就是为什么中国话语中常常显露集体主义精神、家国情怀,在社交中呵护"关系""人情";也是为什么中国人会有"天人合一"的理念与表述,在生活中敬畏自然、环境;同样,这也是为什么近年来,在逆全球化、保护主义、"美国优先""中国威胁"、新自由主义等排他性话语盛行条件下,中国提出了"总体国家安全观""合作共赢""亚投行""一带一路""构建人类命运共同体"等一系列包容性的新想象、新倡议、新话语。

那么,在当代中国话语的分析中,应该更多关注这一话语策略的使用:其具体语境(应对的问题、场合、来源)、表述方式,目的与效果,分清这一策略使用的文化差异以及社会意义。实践上,毋庸置疑,应该更好地发挥整体思维的优势,强化以此为特点的中国话语体系,为推动人类合作共赢、共享安全与繁荣服务。

(3)以"动态变化"为常态。当代中国话语,如同传统中国话语,不是静止不变的,而是在不断变化发展,无论其实践(的各个环节),还是其体系,或是在全球话语体系中的位置与地位。以西方话语分析、交际学为基础的中国问题研究,不仅往往以普世面目出现,而且惯用陈旧、固定、歧视的眼光和尺度,结果要么忽视或无视中国话语的变革与进步,要么将任何变化都看作是表面的或虚假的。而中国的这一动态变化的理论观点可以帮助纠正他们的偏见,引导他们不断关注中国话语的动态发展以及历史和文化在其中的作用。

易,变,运动,是中国人对宇宙本质的认识。Cheng(1987)指出,中华传统文化认为宇宙的唯一永恒特性是变化;而变化是通过阴阳的互动所形成的(参见Chen 2009)。经过短短四十多年的改革开放,中国话语主题从"阶级斗争"转向"经济建设""和谐社会/世界",走向"新时代"。一反几十年形成的国家、精英主导大众媒体的"常态",普通民众和各种社会团体可以通过空前多元顺畅的渠道向政府或相关部门提出批评和建议。中国报纸、期刊及其他传播平台出现了井喷式增长。新媒体、社交媒体的出现,使得普通公民可以在公共空间发声并得到迅速广泛传播。中国向世界提出了"构建人类命运共同体"的新理念、新表述、新倡议,并受到国际社会的赞誉和响应。

当代中国话语的变化有一定的规律性,可以用三个相互关联的解释性命题来表述。第一,通过与传统"对话"。中国有漫长而灿烂的五千年历史,而且沿着这条历史的话语本身蜿蜒起伏,色彩斑斓,这就昭示,当代话语不仅有着改革(扬弃、拓展、扭转)传统的丰富资源,而且有着创新的主体性、能动性、反思性。进入改革开放时期,中国反思了"文化大革命"的严重后果,因而放弃了"以阶级斗争为纲"等主题,开启了"经济建设"的新主题。改革开放时期,由于经济发展带来了社会矛盾,中国又提出了构建"和谐社会"的主题,而该和谐思想与儒家传统的"贵和尚中"话语是不能分开的,但又不同于建立在儒家等级观念之上的和谐理想——当代"和谐"是以社会主义平等原则为基础的。

第二,通过内部子文化的互动。中国文化当然不是内部均同的。不同的利益集团,它们生成、构建各不相同的子文化(话语),并相互影响:外来务工人员话语,民营企业话语,政府话语,学术话语,少数民族话语,性别话语,(新媒体)网民话语等。由于信息技术、媒体事业的高速发展,中国普通民众越来越多地和有效地成为当代中国话语的主体。作为独特的中国社团、技术的产物,这些子文化话语之间的互动,同样是中国话语(体系)变迁的推动力。

第三,通过与"外部"文化的互动。在纵向的历史运动和向心的交叉运动之外,当代中国话语还与其他异质文化话语进行横向交汇与碰撞,进而产生变革。这一点当今必须特别重视,因为世界更加对立、冲突更加激烈、趋势更加无常。同时,这里既包含挑战,也蕴含机遇。以中国人权话语为例,其形成和发展与西方大国在该议题上的霸权话语是分不开的。改革开放之初,关于"人权"讨论只是少量地局限在政治语境里,而且往往以负面形式出现。但由于美国国会的历年《人权国别报告》都要对中国说三道四;更不用说西方大国政府、媒体常常借"人权问题"挑战中国的其他利益,中国政府和社会(包括学术团体)开始讨论人权问题,该议题逐步成为许多协会、研讨会、网站等公共舆论的内容,进而以积极正面的形式被写进党章和宪法。

当代中国话语研究的一项重要任务,是记录、阐释、评价当代中国话语的变化——理清其过程、形式、意旨、原因,追溯其历史渊源、文化影响等。这里,特别是要挖掘和刻画中国出现的新主体、新话题、新概念、新范畴、新方略、新符号、新媒介、新渠道、新目的等,以及构成、支撑、统筹这些话语要素和成分的"话语体系"。在话语实践方面,中国应该在当下深化改革开放的进程中,积极推动各类话语体系的建设和发展——创新团队、理念、范畴、表述、规则、机制、平台、空间等,使其成为服务国家战略、助推人类理想实现的重要而有效工具。

（4）以平衡和谐为最高原则。当代中国话语的最高价值原则，是一种社会道德性要求：建立、维系、巩固和谐社会关系，即所谓的"贵和尚中""平衡和谐"。这可以说明大到中国的国家政治和国际政治话语，小到日常人际交往。这与西方话语分析、交际学强调理性、自我的主流理论观点形成反差：交际、传播、话语、修辞追求的最高目标是"理性/真理"、自我目的（说服或控制他人）的实现。显而易见，如果用这样的理论去分析中国话语不仅可能忽视其"礼"性的特征，甚至会得出负面的评价。

众所周知，贯穿中国历史的主线是儒家传统，而其中的"和"，连同相关的"和为贵""和而不同""礼""仁"等社会教义，是指导人们行为的最高准则（孟庆茹 2019）。可以说当今政治话语里的"和谐""和谐社会"（以及保护"弱势群体"等）、外交话语里的"和谐世界""多元文化""合作共赢""不冲突、不对抗"等思想是中国传统文化的现代化表达。这里需要注意的是，传统中的"和"是建立在社会等级制度上的，而当代中国话语中的"和"更含有多元、包容、平等之意，可谓是"平衡和谐"。

对于话语研究来说，眼光应该投向社会和谐关系的话语构建、维系、提升、运用。同样道理，也应该关注话语如何制造、加剧、或转化社会矛盾、分裂。实践上，同样应该注意运用、提倡这样的原则，以提高社会的和谐程度，实现共同的目标，同时也检查、理解、评判、提高社会中的话语现象，达到同样的目的。这一原则十分重要而且急需，特别是在个人主义、新自由主义、保护主义、分裂主义、霸权主义日益蔓延的今天。

（5）以"言不尽意"为意义生成与理解策略。这就是说，中国人往往不明确、全面地表达意义，也不完全依赖可观察的符号去理解意义（或者说不在符号与意义之间画等号）；换言之，中国话语的意义不完全确定，也不完全固定，需要交际双方的"想象"（见下文）。西方话语分析、交际学强调可观察的语言形式/交际行为是意义载体的观点，认为话语/交际的意义或多或少是直接的、固定的，因而将前者作为关注的重点、方法的核心。这与二元对立的传统思维一脉相承：将语言形式/交际行为和相关语境分成两种截然不同的事物，然后以拔高前者为目标，降低后者为附属品，为描述、阐释、解释前者所用。

　　据中国古代经典，语言与意义的关系是不对称的，意义无法通过语言来机械地表达或理解。《周易·系辞上》有："书不尽言，言不尽意。"《老子》说："道可道，非常道；名可名，非常名。"庄子的《外物》说："言者所以在意，得意而忘言。"这些都反映了中国传统文化对语言的谨慎认知和警惕态度。同时，由于这种言意关系，中国人又创造了许多间接表意、释意的策略：春秋笔法、微言大义、立象尽意、依经立意、以少总多、虚实相生、寻象求意、逆意立志等（参见曹顺庆等 2001；刘金文 2008）。

　　时过境迁，随着社会的发展、价值的变化、科学的要求，特别是由于（多）媒体技术的发达等，传统的"言不尽意/得意忘言"话语策略发生变异。但是，中国人对于语言和意义关系的非确定性、非相通性的根本观点和体验，没有改变。今天我们常说："言有尽而意无穷""弦外之音""此时无声胜有声""沉默是金"，如此等等，都表达了中国人对于语言有限而意义无限的体验。因此，"虚实相生""声东击西""锣鼓听音"，仍然是克服言意不对称困境的基本路线。间接、含蓄、形象、直观，甚至缄默、笼统，是当今中国话语表意策略的重要特点；寓言、诗句、成语，是中国话语中常见的语言形式。

中国话语的言意不对称理论，让研究者超越机械、孤立、片面、静止地理解、评价话语的方法，鼓励研究者不断探索、创造话语的意义，这也包括总结"言不尽意"话语策略构成方式、语境、效果，以及与中国话语原则（即"平衡和谐"）的关系，使研究更加贴近中国现实、服务中国需求。对于实践来说，一方面应该弘扬这种中国话语智慧和艺术，另一方面要注意帮助国际社会理解这一中国话语策略。

（6）以"辩证思维"为困境"钥匙"。在遇到困难、冲突、阻碍、僵局、危机、灾难或其他"坏事"的时候，中国人往往提起、讲求、强调、利用事物的联系性、两/多面性、复杂性、变化性，作为说服、鼓励他人避免矛盾、接受建议、克服困难、排除阻碍、突破僵局、应对危机、化解灾难、发掘转机的一种策略。而同样条件下，西方人可能更加直面问题，或者说直接地处理问题本身，而不考虑其他相关的方面，比如将自我与他人、我们与他们、民主与专政、真理与谬误、好与坏、对与错截然分开，这无不是二元对立思维的结果。在2001年9月20日举行的美国国会联席会议上，时任美国总统乔治·W·布什（George W. Bush）向全世界宣言："在这场反恐战争中，您要么与我们在一起，要么与恐怖分子在一起。"

从文化心理的角度看，中国人不认为事物非白即黑，非好即坏；相反，往往看到事物的复杂性、两面性、转化性（汪凤炎、郑红2005）。中国人常讲，"你中有我，我中有你""塞翁失马，焉知非福""天下无不散的筵席""以柔克刚""良言

第四章 中国话语研究

逆耳",等等。因此,他们不喜欢将事物说得真假分明、对错分明,避免简单化、绝对化。相反,往往提出事物积极的一面。该辩证策略可以有许多具体的话语表达形式:(a)避免使用极端的词语和陈述方式;(b)突显可能被忽视的人或事物的反面或相关方面;(c)保持中庸、中立;(d)自我批评等。例如,中国人在批评一个人的错误行为时,可能先会考虑指出这个人值得称赞的一面或者是强调这个人整体良好的品格。在灾难面前,中国人会在灾难中看到幸运和光明。为了分析冲突,他们也可能(建议)检查自己扮演的角色。看几个例子:

2008年5月23日,温家宝来到设于四川长虹集团培训中心院子里的北川中学临时学校,充满感情地对同学们说:"希望大家要面向光明的未来,昂起倔强的头颅,挺起不屈的脊梁,燃起那颗炽热的心,向前,向光明的未来前进。"随后,温总理走进高三(一)班,在黑板上写下"多难兴邦"。(《人民日报》2008年5月24日)

秦刚说:"拉萨事件过去了,我们的国家会更好,西藏会更好。但是拉萨事件留给中国广大民众一个遗产。它就像一面镜子,照出了国际上有些人的真实面目。它也是一部教材,一部反面教材,教育了中国民众,有些西方媒体标榜的所谓公正、客观到底是什么?拉萨事件是一件坏事,是一件不幸的事,但如果说它能够变成一件好事的话,这是其中之一。"(外交部官网2008年3月27日)

在此间二十九日举行的2008中国中部创新经济与企业融资高层论坛上,中国风险投资研究院院长陈工孟认为,金融是一把"双刃剑",此次金融风暴中虽然有"危",如果此次金融危机的泡沫继续,对中国的破坏力非常大。但也有"机",他个人认为,此次金融危机对中国证券市场的调整将产生积极的影响。此外,通过此次金融风暴,中国可以从华尔街吸纳一些优秀华裔人才来华创业。(中人网"专家指金融风暴机遇 中国可从华尔街吸纳人才",2008年10月31日)

第六章中我们将会看到,中国人如何运用辩证策略来化解与欧盟的贸易争端。第七章中我们将看到,当西方宣称"人权"具有普遍性时,中国指出西方的观念抹平了其背后特殊的文化史。

在一些具体场合下,这种辩证话语,也可以反映一种"不偏不倚""恰到好处"的处世之道,即所谓的"中庸之道"。

从中国"辩证"话语理论出发,研究者可以去分析人们处理矛盾、纠纷、难题的特殊交际方式。尤其值得审视的问题是,在困难、危机或复杂的情况下,人们的话语是否注意发掘、运用这一策略,具体是怎样的形式,效果如何,以及他们是如何进行辩证统一地言说的。话语实践中,应该以辩证思维方式作为一种处事智慧,通过对事物的正反面、联系、变化的讨论,排除困难、解决问题。

(7)以"权威"为真理、道德象征。在特定的问题或领域上,不同文化的权威,有不同的涵义。当代中国话语语境下,"权威"是特定社区或领域里判别事物真伪、好坏、对错等能力的象征。这里的权威,可以基于职位、资历、年龄或身份;可以是期待尊重、敬畏的依据,也可以是给予尊重、敬畏的标准;因为既可以作为利用的工具,又可以作为理解的依据,具有建构性和理解性的两面。相比而言,如果说西方话语更加偏重以证据、

第四章　中国话语研究

逻辑、知识为基础的理性权威，那么当代中国话语则更加偏重以职位、资历、年龄、身份为基础的"礼"性权威。

中国这种权威概念，受到了儒家等级观念的影响，并依然具有划分社会等级的力量。自古以来中国人就有"名不正，言不顺"（《论语·子路》）、"人微言轻"的训言。因此，为凸显某种事物的真实性、正确性、合理性、公正性，人们习惯性地把"权威"人物（的言辞）当作真理或道德的"化身"。

当然，这种情况在当代中国社会已经得到改变，特别是由于现代媒体、互联网和全球化进程的发展。作为权威象征的职位、资历、年龄、身份，在评判真理、道德方面，逐渐失去重要地位，但仍然发挥着作用。2008年5月12日下午两点，汶川地震时为什么学校学生伤亡众多以及为什么比唐山大地震死亡人数少，记者都要问专家；关于非典是否与老鼠有关，专家说的"有可能"，也可以成为新闻：

> 汶川地震的搜救工作正在争分夺秒地进行，全国人民的心为灾区揪紧。由于地震发生在学校上课时间，灾难中死伤的师生人数众多，人们在扼腕叹息之余也不禁存有疑问：为什么学校楼房在地震面前如此脆弱？为此，记者走访了工程抗震专家、中国科学院周锡元院士，请他来解答相关的问题。（中经网2008年5月16日，"抗震专家释疑：汶川地震为何校舍倒塌多"）
>
> 专家分析指出，相比唐山大地震，汶川地震死亡人数相对较少，主要是因为唐山地震发生时间是夜间，大部分人睡觉了，汶川地震主要发生在白天。另外，唐山地震主要发生在市区，而汶川地震主要是在山区或者说农村人口密度不是

很大的地方。（中新网 2008年05月18日 专家详解汶川地震破坏性为何强于唐山地震）

　　昨日，包括世卫组织驻华官员在内的多位非典权威专家接受早报采访时称，目前还不能肯定广州非典疑似病例所感染的病毒来源于老鼠，但也不能排除这种可能。……中国军事科学院一位不愿透露姓名的专家说："老鼠的问题，我觉得有可能。"军科院另一位非典研究专家曹务春也向记者表明，目前不能否认人与野生动物之间存在传播链，但"中间是否存在第三方媒介，比如苍蝇、跳蚤，这缺乏根据"。专家们表示，到目前为止，还不能对广州病例及其传染源作出判断。……复旦大学公共卫生学院院长姜庆五教授也认为，还没有确切的证据证明病毒的来源就是其他动物，更没有直接证据证明是来自老鼠，同样也不能肯定广州非典疑似患者身上的病毒来源于老鼠，"现在这一切还只是科学家的推测"。中山大学公共卫生学院教授陆家海也表达了类似的观点。（《东方早报》2004年1月5日）

　　权威话语研究，对于当代中国社会来说十分重要，因为权威影响真理的裁定和道德的评判，而权威话语滥用的后果可能是灾难性的。那么，研究目标应该特别放在话语过程中谁在利用权威，是哪方面的权威，代表哪个机构和谁的利益，如何使用权威，谁奉其为权威，以什么为依据，某权威话语与其他说理方式的关系如何，等等。而对于话语实践来说，应该提倡少用、慎用权威，而更多地注重客观地、实事求是地、多角度地处理矛盾。

　　（8）**以"面子"为社会关系资源**。面子，在当代中国话语中占有举足轻重的价值和作用。这是说，面子是人们展示光鲜自我的一种社会需求,因此也是保护他人面子的一种社会要求。人们常说,"中国人最讲面子"。而西方学者认为,"面子"(face)是人类共有的一种需求(Brown & Levinson 1987; Goffman 1959, 1967)。

那么问题关键在于,什么是"面子"?社会学、心理学、文学、交际学、经济学都有关于"面子"的研究(例如Brown & Levinson 1987; Goffman 1959, 1967; Jia 2001; 黄光国 1988)。最早的系统分析可以追溯到Hu(1944)。学者普遍认为:

- 面子是一种文化心理现象;
- 面子是一种社交交流活动中的现象;
- 面子是一种社会资源,因此需要保护和被保存;
- 面子是自我,包含前台的和后台的自我。

然而,"面子"的内涵远比这些语句表达得要多,而且定义更没有统一标准,尤其是从文化和历史的角度看。比如,西方社会学、语用学中的"面子"概念(Brown & Levinson 1978; Goffman 1959, 1967),通常指表达积极自我形象和保护个人行动自由的需求。

中国人对"面子"的理解和用法大有不同。总体来说,中国人心目中的"面子",主要是因为道德、友情、资产、个人能力或社会成就的高水平,而赢得他人尊重、敬佩的一种需求。因此人们会努力通过话语获得面子、维护面子。不仅个人有面子的需求,组织乃至国家也有面子的需求。因为包括对他人维护面子的期待,面子不是自给自足的,而是社会关系性的;因为人人有满足面子需求的义务,面子又可以成为赢得他人尊重的社会资源。

面子还有"正面的/台上的（给别人看到）"和"背面的/台下的（别人看不到的）"，两者辩证联系。显然，中国话语中的面子具有多重性质和方面。中国人的面子观不仅比西方人的更加复杂，而且占据更重要的位置。作为一个神圣的社会情感（黄光国1988），人们可以为之付出沉重代价（Jia 2001）。

面子在当代中国话语中有多种生成、维持、使用方式。实证研究中，应该注意分析谁在做面子工作，以什么内容作为面子的依据，面子如何使用，与背面的面子呈何种关系；同时，通过对面子实践的分析，洞悉社会心态。实践上，当面子作为一个象征珍贵价值的文化和社会符号，如同上面描述的权威，人们应该谨慎、适度并批判地运用，同时还应该帮助其他文化群体去了解。

（9）以民族主义为思想/行动指南。这是当代中国话语特定场合下的重要特点：中国的民族主义，作为一种特殊的民族情感、情操，同时也作为一种思想、行为的社会准则及价值观，是牵引政治、经济、外交、科技等领域话语实践的重要因素。西方文化，尤其是西方媒体和学术界，往往将中国的民族主义与德国纳粹主义、日本军国主义混淆，将其当作极端的民族主义，甚至当作是反西方的，这如果不是出于对中国文化传统和历史的无知，就是别有用心。

中国从有载历史的炎黄崇拜、屈原《离骚》，到近代五四运动，贯穿了一个民族主义文化传统。尤其是中国近代集体历史记忆——1840年帝国主义闯开中国大门后，中国人民遭受了一个多世纪的欺凌和耻辱——更加深刻地影响当代话语实践。而今，世界仍不平等、不公正：以超级大国为首的西方阵营继续推行世界霸权。由此，如同许多其他后殖民主义社会一样，中国人民始终秉持一种民族认同感和反帝反殖斗争精神，把民族主义、热爱祖国、捍卫国家主权作为当代话语的重要主题之一、克服困难的一种精神力量（参见费孝通2003）。

下面一篇题为《不要妖魔化民族主义》的文章摘录显示，中国话语有多种策略倡导和捍卫民族主义，会列举其必要性和优势，揭露强国诋毁弱国的民族主义。该文的标题及其他部分也告诉我们，中国的民族主义话语的相关背景必须被揭示出来，即西方文化话语一贯贬低和压制非西方国家的民族主义。例如，他们长期把民族主义视为对西方的一种威胁，并将其等同于狂热的法西斯主义或纳粹主义。更全面地看，这种相对立的文化话语体系，必须放在殖民主义、帝国主义和新扩张主义的世界历史语境下去理解；同时，中国的民族主义话语有助于抵抗西方话语霸权。

> 中国的民族主义……其构成要素包括爱国思想、民族认同、中华文化的自豪感、复兴民族的抱负，以及对分裂祖国势力、外国侵略者和反华势力的反对和抗拒等……当代中国依然需要民族主义。民族主义是一种积极进取的思想意识和精神力量，能够激发民族自尊心和民族自豪感，强化民族与国家认同，能够号召、动员、凝聚本民族的力量向着伟大的理想迈进……国际秩序中的强国不喜欢弱势国家搞民族主义，甚至不遗余力地诬陷、打压他国的民族主义，这是必然的。因为弱国的民族主义会阻碍他们的霸权。这就是他们自己在大搞扩张性民族主义的同时却对他国防御性民族主义进行妖魔化的原因所在。（《环球时报》2015年1月19日）

话语研究上，应该注意发掘民族主义话语的语境领域（政治、经济、外交、国防、科技等状况怎样？）和具体场合，对话的主体（是怎样的个体、集体？），具体表现形式和内涵，等等。话语实践上，一方面应该在国内和国外有力澄清、解释中国的民族主义（话语）的特质、特点、作用、目的，特别是从历史和文化传统角度出发，另一方面，要努力使其成为中国发展、繁荣的精神源泉。

（10）**以文采为修辞优势**。在当代中国话语的修辞中，文采，与西方语言使用相比，是一个较为突出的审美要求，通常也是感动人、受感动的重要手段和因素（参见钱冠连 1993）。尽管不同的领域和目的会有不同的美学原则，但西方话语一般更加重理性、重逻辑、重表真，这些诉求可能凌驾艺术之上。

这里讲的修辞，指语言的表意方式。文采，指语言的优美使用和审美效果。中国话语自古以来注重声音美、文字美、意境美。古训中有"言之无文，行而不远"（《左传·襄公二十五年》），"文质彬彬"（《论语·雍也》）。虽然前文所谈的语言使用的道德要求（平衡和谐）一定程度上同样可以引起审美效果，但是中国话语对汉语形式（节奏、音韵、词汇、章法）和意境（言象关系、言景关系、言意关系）有着特殊的要求：文字工整对仗，音节整齐匀称，声调平仄相间，意境情深意长（比如通过诗句、成语、典故，达到含蓄、诙谐、放飞想象的境界）。李白、杜甫、鲁迅、钱锺书、朱自清都是话语艺术实践的典范。

2003年12月，温家宝总理访问美国时，对于记者关于中美贸易摩擦问题，引用杜甫的著名诗句"会当凌绝顶，一览众山小"作为回应。一方面没有直白地回答具体问题，另一方面却的确又给予了一种回应，而且以此喻示，在对待中美贸易问题上应该高瞻远瞩。这样一句充满意蕴的古典诗句，艺术地、给人充分想象空间地，且巧妙回避具体细节地做出了回应。

现在的广告以改变成语的词语搭配和替换同音字的方式，既达到宣传的目的又实现幽默的效果，如"随心所浴"（热水器）、"百衣百顺"（电熨斗）、"骑乐无穷"（自行车）、"默默无蚊"（灭蚊器）、"咳不容缓"（止咳药）、"无胃不至"（胃药）。

首先，值得研究的是中国（文化）美学原则在当代中国话语中的实践方式，或者说两者之间的关系，进而建立当代中国话语美学理论。第二，应该探索当代中国话语美学原则，及其在当代社会进程中的发展变化。第三，研究目标还应该有具体话语实践的美学评判，分析文采的得与失。话语实践方面，应该大力借助、弘扬中国语言丰富的特殊优势，提升中国话语的品质和效力。同时，还要帮助世界更好地理解中国话语的美学特点。

当代中国话语研究的方法系统 即关于方法论。所谓方法论（methodology）是指一定理论预设下的研究方法系统，由两部分组成：（1）原则性方法，即创立、选择、使用技术性方法的总原则、总策略；（2）技术性方法：为回答研究问题所需的范畴、工具、手段、程序等。技术性方法可以根据研究阶段分为两大类：（a）材料收集方法（背景材料、焦点材料的搜索、观察、整理等），（b）材料解析方法（例证的描写、分析、解释、评估、以及研究反思等）。

话语研究方法必须与一定的"话语"定义相关联（比如，作为语境的历史关系、文化关系属于"话语"吗？本系统的话语定义及内涵已在第二章中声明）；必须对应于一定的"话语意义"概念（"言外之意"可能吗？上一节理论系统已经予以肯定）；必须有一定的主体性原则（话语意义由研究对象决定，还是由研究者决定，或是由两者共同决定？前文哲学系统已经提出对话共建的观点）。显而易见，方法论与特定的研究对象、哲学、理论、目的、问题等有紧密联系，往往受后者决定和支配，也应该如此。

这里陈述当代中国话语研究的目的，这样方法论的设计才有方向：（1）综合描述、诠释、解释、评价作为交际事件的话语，包括其内容、形式、性质、规律、意义（效果、后果）。（2）挖掘话语意义生成和理解的交际策略（包括语言、媒介使用策略）。（3）解构话语，比如：（a）揭露文化霸权主义；（b）揭露"公理""真理""普遍价值观"的两面性；（c）揭露隐秘的社会不平、不公正，等等。（4）提出话语（体系）建设、改革、发展的策略建议。

在呈现我们的方法系统之前，首先作一中西传统的对比。西方社会科学方法论，可以说经历了从传统的基础论（foundationalism）到解释论（interpretivism）的转化。基础论认为：第一，社会科学调查的对象是一种主观世界之外的客观存在。第二，科学家们能够拥有中立、透明的方法，以获得真知。基础论对话语分析最为典型、持久的影响就是这样一种观点："语言"及其"结构""策略""过程""层次"，都是客观事实。

而解释论认为：社会科学作为一种生产知识的社会活动，与生产者有关，与历史和文化有关，因此必须采取本质上属于对话性、关联性的研究方法。①

---

① "解释论"不是内部统一、外部清晰的体系，它是对一系列方法论分支的总结，这些分支分别来自西方社会科学的各个体系，而这些体系的一个共同点就是它们都注重研究过程。解释主义最早可以追溯到狄尔泰（Dilthey）。之后产生的分支有：后结构主义和后现代主义（如Derrida；Foucault；Lyotard）、社会构建主义（如Berger & Luckmann；Gergen）、女权主义（如Spender；Stanley & Wise；Butler & Scott）、现象学（如Husserl；Heidegger）、诠释学（如Gadamer）、批判理论（如Adorno；Horkheimer；Habermas）。

然而，具有讽刺意味的是，解释论的转向并没有带来与其他文化，尤其是对非西方文化的方法论传统的对话和互动，更不用说去运用非西方的方法了。其实，各种西方方法论范式少有将自己置于全球的、具有历史文化性质的权力话语体系之中；而是继续维护、巩固西方学术在社会科学国际交流体系中的统治地位。

目前国际主流话语分析的方法论，可以追溯到西方修辞学、科学主义、结构主义语言学等。这种方法论，根据研究对象（定义）、目的和理论的特点，可以分为三种变体：（1）语篇方法论：即是将语言使用的形式和内容（"语篇"）作为研究对象，将语篇认作意义的载体，其理论基础是语言学。比如语篇语言学（De Beaugrande & Dressler 1981）；（2）语篇（+语境）方法论：将语言使用作为研究对象，语境作为解读语篇意义的（附属）工具，其理论基础是语言学加上经验式语境分析法。比如话语分析（Van Dijk 1985）；（3）批判方法论：将语言使用作为研究对象，语境作为批判语篇的辅助手段，理论基础同样是语言学，加上经验式语境分析法，但同时以研究者采取的价值观/政治立场为标准（Fairclough 1989）。但无论哪一种，都同样从普世主义角度出发，缺乏（多元）文化意识和文化自觉。它忽视主观意识以及话语的文化多样性和研究者的创造力，同时掩盖了专业人员的权势地位。另外，它还抑制了跨文化对话的需求，从而垄断了"真理"。这些表现在对非西方的交际、话语、修辞理论和方法的漠视，更表现在对人类交际文化多样性、竞争性的忽视和对全球交际秩序不平衡的无视。为人类话语研究的繁荣、主流研究方法论的拓展，方法论转型势在必行。

而突破口在于多元文化对话与创新。中华学术传统可以为这一变革提供宝贵资源，更可以成为中国方法框架构建的重要基础。

周瀚光（1992）写道，"中国古代的科学方法具有以下六个显著的特点：（1）勤于观察；（2）善于推类；（3）精于用数；（4）明于求道；（5）重于应用；（6）长于辩证。从孔子、孟子、荀子、董仲舒、朱熹、刘勰、杨雄、许慎，到戴震、王国维、胡适、钱锺书等——他们在语言、文学、经典的理解、领会、解释、鉴赏、批评方面，给我们留下了极其丰富和宝贵的遗产：言不尽意的言意关系理论；学以致用、经世致用、修身进德的学术目标；熟读精思、释词析句、虚心涵泳、反复涵泳、切己体察、以意逆志、知人论世、通首贯看、逐层推摧、得意忘言的方法技术。显而易见，这些强调整体、辩证、直觉、道德、实用的策略和原则，可以帮助研究者修正、超越西方拘泥言辞文本、漠视听众效果、免于语境调查、二元对立、学科单一的方法论。

的确，研究方法绝不应教条、刻板，不应文化封闭，不应抛弃优良的传统。纵观我国的学术发展史，横观国内外各种学术的经验，当代中国话语研究方法的构建应该把中西结合、古今融汇作为基本原则（陈光兴 2006；汤一介 2010；周光庆 2002；周裕锴 2003）。换言之，应该既植根本土，又放眼世界。这意味着，一方面，要吸取中华传统学术的精髓，关怀中国的现实；另一方面，要向其他文化的方法论学习，包括与上文提到的西方方法论进行对话批评。不仅如此，因为话语要素（关系）的整体性、多元性和复杂性，构建的策略也需要考虑这些因素。更重要的是，为有效开展当代中国话语研究，促进中国学者民族文化身份的认同与建构，肩负起世界大国、最大发展中国家引领学术潮流的责任，中国学界也必须努力实现方法系统创新。根据这样的要求和方略，下面我们呈现当代中国话语研究的方法系统、原则性方法和技术性方法。前项包括五条策略。

（1）**整体全面地研究话语**。西方话语分析、交际学方法论的标志性特点是"本本主义"、二元对立、普世主义：即研究对象局限于文本，目的是阐释文本；将语境与其割开作为辅助阐释文本的线索、工具；阐释的概念、范畴、理论，虽然源于西方，却往往当作普适方法。结果往往是刻舟求剑，见树不见林，甚至误判误导。

"不能谋全局者不能谋一隅，不能谋万世者不能谋一时"。我们提倡整体全面地研究话语，这就是说，不能只顾及所说的话，而不注意谁说的、用什么媒介说的；不能只顾及一时一地的言语，而不注意他时他地的行动（应该"听其言而观其行"《论语·公冶长》）；不能只从言语生成的角度去考虑，而不注意从言语接受的角度去考虑；不能只从研究者的兴趣、观念出发，而不注意研究对象的概念、感受、诉求。按此原则，相关的实施方式包括：（长期）实地调查、多语境材料收集、（大）数据统计、（多方）比较研究、综合判断、人类关怀、全球视野。

以当代中国人权话语研究为例。可以将当下的话语与历史上相关话语进行勾连与比较，以发掘其变化、判定其目前的性质和特点。还可以从文化对比的角度，去认识其本质、衡量其价值。也可以从多语境角度去搜集不同主体、类型的材料，以获取较为代表性的材料。另外，还可以从全球人权话语发展的角度，去发掘中国声音对于人类人权话语的贡献。第七章里，如果只看当下的中国人权话语，可能看到的只是中国社会积极保护人权；但如果从整个中国历史的角度去看，便会发现，旧中国没有现代意义的人权概念，因此不讲人权；所以，中国在人权问题上已经取得积极的、实质的进步。

（2）**辩证联系地研究话语**。西方中心主义、二元对立、本本主义引导下的方法论,首先将研究者包装成文化中立的、全知普世的;接着将世界万物截然一分为二:好/坏,对/错,真/假,文本/语境,言说/理解,语言/传媒,话语/社会,话语/认知,民主/独裁,聚焦一边,虚化另一边;最后便可以从容自信地"批判"某一词/句/篇,或"赞扬"某一词/句/篇。

对于当代中国话语的研究,必须采取更加复杂缜密的路径:与前面的原则一脉相承,研究者将所有相关的因素联系起来,不仅分析各种相关因素,而且审视它们之间的关联。这包括,注意话语活动中各因素的不同性质与特点,对比它们之间的差异,挖掘它们之间的依存、渗透、转化关系。显而易见,这也意味,跨学科、多学科的融合成为必然。

比如,要研究杭州城市形象的国际化传播,以发掘其中的经验和教训,那么,相关的文字与声像,节会与影视,旅游与餐饮,自然与人文,市民与政府,现代与历史,传播与接受,如此等等,都不应"分而治之",而在可能的条件下尽可能地联系起来解读。毕竟,话语研究应竭力发掘问题事物的联系性、两(多)面性、动态性、复杂性等。本书第五章里,如果只看杭州出现的城市品牌名称("生活品质之城")、新景名(如新西湖十景景名),那么只能理解其文字意义;然而如果将其与命名主体联系来分析,便会发现,这些新名词还反映了杭州城市发展的民主化变化,因为命名主体主要是普通民众,而不像过去他们完全无发言权。

(3)**理性/客观与经验/主观并用**。西方主流话语分析、交际学的方法论基石是理性、客观(基础主义、二元对立),因而重视对可观察现象的实证分析,不承认主观经验、文化多元的价值,所反映出来的是普世主义立场。

在中国两千年的学术体验中，直觉、经验被认为是宝贵、有效的工具。从中国传统的整体思想和辩证思维角度看，这就很容易理解：人的直觉、经验来源于客观实践。因此，在中国学术传统中，积累了许多偏向"主观"的解读策略，如"以意逆志"[①]、（反复细读的）吟咏、（以吾身入乎其中的）体察、（厚积薄发的）顿悟、（创造性的）妙悟[②]、"寻象以求意""体物而得意"[③]。

当代中国话语研究采取综合的立场，即：为全面、准确、高效地解读过往话语、筹划未来话语，理性/客观、经验/主观两种工具可以，也应该，有机结合起来，使之成为真正科学有效的原则性方法。这就是说，一方面要运用具体事实、数据，进行系统、严格推理，以得出可靠的结论；另一方面，也要酌情利用经验、体会、理想、想象，提出推测性认识和观点，以得出敏锐而全面的解答。这种综合性策略，不仅可以帮助研究者完成"今人读古人""男人读女人""中国人读外国人"的任务，而且也是适用于话语研究中的妙策。

那么，为有效实施这一方法，研究者必须首先深谙相关文化，包括其符号、范畴、概念、语言、思想、社会、历史，同时，要树立自己的研究立场、目标、原则；此外，还必须不断拓展、不断深化自己的文化经验。没有深厚的文化体验，难以有效实现这一目标。

---

① 即用自己的想法去揣度别人的心思。出自《孟子·万章上》："故说《诗》者，不以文害辞，不以辞害志；以意逆志，是为得之。"
② "妙悟"出自《涅槃无名论》，指超越寻常的、特别颖慧的觉悟。南宋文学家严羽的《沧浪诗话》将这一禅学感念引入诗论，认为"禅道唯在妙悟，诗道亦在妙悟"。其实，妙悟就是一种艺术直觉。
③ 指详述事物后才可领会它的深层含义。

第六章中,在中欧贸易纠纷话语问题上,如果用实证方法会得出这样的结论:欧盟话语充实而严谨,而中国话语言简而意不赅("坚决反对""是不公正的"等)。但是,如果研究者懂得世界外贸史(西方具有百年经验积累)并了解作为发展中国家的中国加入世贸不久,那么就会发现其实双方是处于不平等的话语秩序之中。第九章、第十章分别关注的是未来中国社会科学的国际传播和未来人类智能话语的建设发展。因为未来的话语无法准确预测,除了已有的知识之外,我们只能利用想象和理想,才能最大程度地筹划好行动目标与任务。

(4)本土/全球视角兼顾。主流话语分析、交际学的方法论坚持运用西方中心主义框架,解读、评判不同文化(包括东方)语境话语实践,不仅忽视本土视角,偏离本土关切,而且本质上是追逐学术的世界霸权。

而本土/全球视角兼顾的方法,有全新的要求。"本土视角",是指关注中国文化语境下的话语特点,助力中国文化发展目标(民族复兴)实现,运用中国(学术)文化智慧;"全球视角",是指关怀人类面临的话语问题(比如涉及安全威胁、共同发展),坚持全球化立场,广纳不同文化学术传统,促进人类和平与发展。"全球化立场"包括:遵守中国所认同的国际公约,尊重其他文化(文化民主化),支持人类文化共同发展。兼顾本土与全球视角,要求辩证地处理"本土"与"全球"两极关系,使其有机统一。

比如,在第五章里可以看到,在短短的一二十年内,杭州提出了多种与经济有关的城市品牌建设目标。虽然这些举措"顺应"中国社会发展需要,但是忽视了联合国教科文组织"保护环境"和"保护传统文化"的原则。因此,我们提出一种"折中"

的建议：减缓经济品牌建设速度，加大环境、传统保护力度。

（5）**表达清晰易懂，结论谦逊开放**。作为方法论的有机组成部分，当代中国话语研究对其成果的展示也有特殊的要求。这些要求包括，符合国际人文社科界的一般性标准：以全球学术语境为参照，阐述方式明晰易懂，论点有依据，评价有标准。同时，还需要以中国学术特有的谦逊的态度表达自己的观点：因为世界和意义在变化，因为研究者的局限，需要通过与实践的对话和与同行的交流不断推进、创造中国话语的意义。

技术性方法包括一个开放的工具系列：概念、范畴、手段、程序、标准，等等。根据上述的话语研究的原则性方法，我们根据交际/话语要素/变量构成，列出下列当代中国话语研究的基本问题类型，作为指导研究的"算法"：

对话主体：谁（不）在说话？说给谁听？各自社会身份以及相互社会关系如何？

言语/行动：（不）说什么？如何说的？为什么不那样说？（没）做了什么？

媒体/时空：（不）用什么（传统/新兴）媒体？如何使用的？交际时空把握如何？

目的/效果：有什么目的？产生怎样的效果？有何后果？

历史关系：上述各变量，或整个话语体系的历史发展过程如何？

文化关系：上述各变量，或整个话语体系与其他文化话语体系形成何种关系？

根据上述原则性方法、研究目的、材料性质，研究者还必须具备相应的技术性方法，分两类：（A）材料采集方法（田野调查、材料收集、资料整编）；（B）例证解析方法（描写、分析、解释、评判等）。这些技术性方法贯穿于学术研究的各个环节：观察、材料（素材、资料）收集、研究（解读、分析、评判等）、学术交流。这些是松散、多元、灵活的来自不同学术传统的、或临时发掘的具体研究工具。它们包括研究程序、手段、计策、范畴、标准等。 此时，根据课题的具体情况，语言、修辞学、交际学、社会学、心理学、文化学，以及涉及特定社会领域问题的学科（公关学、外交学、国防学）的概念、理论、方法，都有可能被调动起来（参见秦伟 2000）。

当代中国话语研究的问题系统 当代中国话语，作为一个特定文化语境下的体系，当然有其特殊的问题需要回答和解决。因此，当代中国话语研究作为文化话语研究下的子范式，必须形成自己独特的问题意识，并建立一个指导性框架，以使研究工作较为精准有效地实现子范式所设定的目标。

研究问题意识的形成和实践，与相应的文化及学术环境有密切的关系。西方（中心主义）文化传统以及（发达）现代经济社会条件，使得西方学术偏重"客观""自我""普世"知识。在西方主导的国际学术秩序中，问题的注意力集中在西方社会；关于非西方的问题研究，主要还是印证西方的理论，满足西方的旨趣。

然而，研究者在问题发掘选取上不（必）是被动的，应该具有文化政治意识。这里特别需要强调的是，当代中国（话语）与西方有着巨大的差异，存在独特的问题，既有挑战、也有机遇。这里是一个拥有14亿人口的大国，处于发展水平较低且不平衡的社会阶段，肩负着维护世界和平、促进人类进步的大国责

第四章 中国话语研究

任，却面临西方（超级）强权操纵不平等、不确定的国际秩序，在追逐民族伟大复兴的梦想，同时又遇上了百年未有之大变局。因此，当代中国话语研究新范式必须树立自己特殊的问题意识。而且，上面的哲学系统已经声明，本范式的目的是"学以致用"（关心"有什么用？"的问题）。令人欣慰的是，四十多年的改革开放，为学界提供了空前优越的研究资源条件。在这样一个新时代，学者们应努力超越西方中心主义藩篱，肩负起一个世界大国、最大发展中国家的学术使命与职责：让更多的人，花更多的精力，去研究更多的发展问题。基于这些多重因素的考虑，以下现象及其相关问题（类型）构成当代中国话语研究问题系统的内容；这些议题之间往往有内在联系，但这里为了突出重点将其分开：

（1）**发展话语**：这是最重要的议题，因为"发展"是中国乃至整个第三世界的本质特征，也是它们的亟需破解的问题：中国发展什么，如何发展？这也是范围最大的议题，可以化解为许多分议题：如教育问题、就业问题、医疗问题、贫困问题、弱势群体（妇女、农民工、留守儿童、残疾人等）问题、区域不平衡问题、城市问题，等等。

（2）**行业话语**：这是涉及中国社会经济发展的一个关键议题：不同的行业（包括企业、事业）、职业、机构、组织，等等，如何推进中国发展？比如，政治话语如何深入人心，与百姓形成良性互动；商务和贸易话语如何促进经济增长；新闻话语如何提供准确有效信息；文学话语如何丰富人民的生活，等等。

（3）**民族话语**：这关系到国家安全和中华民族的和谐关

系。在全球化不断加深，国际格局复杂变化，各族人民交往日益繁多的条件下，关于中国各民族文化传承、交往、发展，关于中华民族与世界文化的交流与合作，都应该是当代中国话语研究关心的重点问题。

（4）**安全话语**：这是关系到中国发展利益、世界和平的基础性问题。尤其是在世界"一超"将中国当作首要竞争对象，"香港问题""台湾问题""新疆问题""西藏问题""南海问题"持续发酵的情况下，有急切的必要去探讨相关话语问题。比如，（前台、后台）谁在制造香港"问题"，在说什么、做什么，传播的手段如何，目的是什么？产生什么后果？国安法可以给香港带来什么？当然，安全话语，还可以涉及许多传统和非传统安全领域。

（5）**危机话语**：当今世界局势的不稳定性和不确定性在日益增加：公共卫生、大气环境、核武竞争的隐患都是决定人类生存的严峻而紧迫问题。突如其来的新冠病毒全球大流行（更不用说之前的非典、甲型H1N1流感、汶川大地震、2008年金融危机），以及由此导致的全球经济和国际政治危机，再次昭示，当今比以往任何时候，都须加紧研究危机事件与对策，尤其是从话语角度。从这里，可以触及人们的信息认知、防范意识、应对措施、交流协作，等等。

（6）**跨文化话语**：进入21世纪以来，（逆）全球化进程深入发展，国际格局深刻变化，大国竞争前景扑朔迷离，全球秩序治理危机加剧，中外交往日益频繁，中国大国责任担当不断上涨。总之，文化霸权与反霸权斗争是当今世界秩序的基本特征和趋势。在这种情况下，有急切的必要，去全面深入把握文化竞争话语的特点和规律，有效解构文化霸权话语，强力构筑反文化霸权话语体系，都是当代中国话语研究的重大、重点任务。

（7）科技话语：（自然、社会）科学是当今国际社会竞争的高地。科技的领先（如人工智能，5G），更是各国争先恐后的发展目标。科技话语可以成为助推器、催化剂，其研究变得十分重要（施旭、别君华 2020）。这里，如何提升科学信息的传播与接收的水平，如何从话语传播角度管控科技发展，如何构建中国科学的民族身份、提升其国际地位，等等，都是亟待研究的问题。

（8）媒体话语：特别是新媒体、融媒体，也是社会发展的决定性工具，再联合日新月异的信息技术革命，更是如虎添翼。作为人类交际（文化话语）的组成部分、核心手段和最有效形式，媒体话语给当代中国话语研究提出了新问题：当下的中国媒体话语，有哪些潜在的发展领域和方向，存在什么障碍；中国如何运用新媒体、融媒体，改变世界话语秩序的不平等、不公正。

结语

近几个世纪以来，西方学术界，如同西方主流社会，惯于歧视和歪曲东方文化（Said 1978, 1993）。研究中国话语的现代传播学，西方话语分析主流，并没有放弃殖民思维，不仅没有产出新知，还依然不断老调重弹（施旭 2018a、c）。在强势的西方中心主义话语影响下，中国学者也染上了"失语症"。

本章提出，中国学界不仅有必要，也有可能、有基础、有条件、有义务，构建植根本土、放眼世界的中国模式，作为重新发掘、分析、辨义、解释、评价当代中国话语实践的框架。这不仅将为中国学界认识当代中国（话语），为世界学界理解当代中国（话语），提供新视角、新模式、新标准、新技术，而且将为中国学界建立民族身份，为国际学界文化多元对话创新，提供新依据、新条件、新资源。为此目标，本章呈现了一个全面、系统、开放的哲学、理论、方法、问题的研究范式。

很显然，该学术体系需要与时俱进，不断完善，不仅因为中国话语以及国际语境始终变化，而且目前的不足之处也需要更多的努力加以弥补。当代中国话语研究体系需要更多的跨文化、跨时代、跨学科、跨语言合作，需要更多的传播学界、中文学界、外语学界等不同领域同仁参与，让该新兴学科更加强劲地向前发展，助推中国社会科学走向世界的中央。

讨论题

1. 当代中国话语应该怎样定义？为什么？
2. 当代中国话语与东方世界以及西方世界的话语有怎样的关系？
3. 要提升中国话语的能力，重点应该做好哪些方面的工作？
4. 中国如何提高与世界交流的水平？

第二部分

让中国认识自己
让世界理解中国

第五章 城市发展话语

尽管城市研究呈现欣欣向荣的局面，但是由于学科本身非常年轻，欠缺历史观念、文化意识、话语视角、实证调查。本章有两个目的：（1）根据中国城市发展自身的特点和需求，结合当今全球化、信息化的态势，提出中国城市发展，尤其是城市形象传播（促发展）的话语理论；（2）以此为依托，对中国杭州城市品牌传播话语作较为全面、系统的调查与评估，揭示其发展的特点、规律、优势、缺陷，为城市发展的话语实践提供启示和指导。

话语对城市发展的作用

发展，是发展中世界的主题，也是（最大）发展中国家的重大课题。发展的重要内容和目标之一，是城市的发展。当下，经济全球化、信息数字化，一方面为城市发展带来机遇，但另一方面也带来挑战。为实现自身和国家发展目标，为加强在资源、资金、人才、市场上的本土和全球竞争力，城市，尤其是主要城市，通常作各种安排、组织各类活动，包括城市品牌定位、营销、管理，以提升城市形象。这些城市形象塑造实践，主要是通过话语，特别是在今天数字网络时代，是通过新媒体话语实施和实现的。

城市建设、城市发展、城市营销、城市管理、城市形象、城市品牌、城市传播等相关问题（我们将这些都纳入"城市研究"名下），已成为社会科学中的热门议题，国内外都一样，这主要是因为城市竞争已成为当今世界的突出特征，是未来世界的重要趋势。国外研究主要集中在理论问题（Casadei & Lee 2019；Hospers 2020；Kavaratzis 2004）和西方城市问题（Florian, Mommaas Van Synghel & Speaks 2002；参见：Larsen 2018）。在国内，理论想象趋强，实证调查偏弱。大多文献从商学、管理学（包括营销学、公关学）、传播学的角度提出实践建议（刘娜 2010；唐子来，陈琳 2006；吕璟 2015；王萍萍 2015；张益铭 2019），少数的实证分析聚焦个别城市、个别节会、个别手段，做出个案分析、内容分析、定量分析（曹金焰 2005；陈尚荣，孙宜君，刘慧 2015；董宇澜，张蕾，陈涛 2018；何春晖，陈露丹 2018）。

尽管城市研究在进入新世纪后呈现欣欣向荣的局面，但是总体全面地看，由于学科本身非常年轻，欠缺的是历史观念、文化意识、话语视角、实证调查。比如，相对于迅速发展的信息技术，城市建设研究，包括城市形象、品牌传播研究，对于新媒体的使用和作用、与传统媒体的融合、未来发展的趋势等问题，都缺乏系统深入的调查分析。大多研究文献只顾及共时的当代城市形象，忽视历时的动态变化。下文中会看到，作为城市发展话语主体的普通市民人数不断增加，本身就构成城市的社会变迁。许多研究文献以（西方模式的）产品营销（product marketing）和公共管理（public administration）为出发点（即竞争、管控），忽视不同文化、历史语境下城市建设的特殊传统与诉求。从下面的分析可以看到，中国主要城市的形象传播，除了具有传播本市亮点的功能，还兼有代表本地区、本省、本国（本土文化）乃至全球发展利益的义务。尽管研究文献注意到本城内部认同目标，但是在与其他城市关系问题上，基本采取单向度的竞争、传播导向，因而忽视了城市建设中不同城市、不同文化间互补、互鉴、交流、合作关系，更谈不上全球视野。这一点可以从一篇高引论文的观点看出：

> City branding is understood as the means both for achieving competitive advantage in order to increase inward investment and tourism, and also for achieving community development, reinforcing local identity and identification of the citizens with their city and activating all social forces to avoid social exclusion and unrest. (Kavaratzis 2004：70)

所以，城市建设的理论与实践之间，尚存重大且复杂的差距（参见Hospers 2020：22）。学界亟需拓宽视野，明确立场，深入系统研究城市建设实践，以期提出切实可行的战略目标和行动策略。基于上述城市研究（Urban Studies），包括城市形象（商业产品）营销学、管理学进路的批判分析，结合中国城市发展的特点和需求，并考虑当今世界全球化、信息技术革命的发展趋势，"城市发展话语研究"势在必行。

有鉴于此，本章的目的，是根据中国城市发展自身的特点和需求，结合当今全球化、信息化的态势，提出中国城市发展，尤其是城市形象传播（促发展）的话语理论，以此为依托，对中国杭州城市品牌传播话语作较为全面、系统的调查与评估，揭示其城市发展的特点、规律、优势、缺陷，为本城和其他类似城市发展在话语实践上提供启示和指导。

所谓"话语"是指，在特定历史、文化语境下，人们运用语言及其他符号通过一定的模式进行的社交活动。因此，话语由多元要素组成，包括"对话主体""言语/行动""媒体/模式""目的/效果"，以及贯穿这些要素的"历史关系""文化关系"。话语可以根据社会领域或议题来分，如"政治话语""广告话语""农民工话语"；也可以根据社会（阶层）区分（精英话语、平民话语）或文化（民族、传统）区分（中国话语、西方话语）。其重要功能特点是构建现实和行使权力。话语成功与否取决于"话语体系"，即构成、支撑、引导特定群体话语实践的（物质的）交际体制（如主体、设备）和（精神的）交际规则（概念、价值、理论、策略）。

本章将选择杭州作为城市形象传播研究的案例，因为杭州是中国历史名城和旅游目的地之一，具有代表中国的意义（相对于传播力更强、闻名于世的北上广，像杭州这样的城市经验更亟待发掘）。而且，杭州是经济、社会、文化发展成绩突出的城市，2009年全市生产总值为5098.66亿元，[①]到2018年，全市生产总值达到13509亿元，在全国重要城市中排名第九。[②]杭州也是中国东部沿海省份浙江的省会，因此对中国其他类似城市和发展中国家类似城市的发展具有示范意义。另外，杭州有多处景观成功入选世界非物质遗产名录，还是2016年G20峰会的举办地，因此，其城市建设发展与形象传播实践分析，具有较为突出的全球意义。

当我们将视线从城市（建设）研究转向城市（发展）话语研

[①] http://tjj.hangzhou.gov.cn/art/2010/2/1/art_1229279682_3486669.html，访问时间：2021年7月。

[②] https://www.sohu.com/a/304472815_120113054，访问时间：2021年7月。

究，不仅可以推进关于城市（建设）的概念创新，而且也可以拓展、充实和丰富相关的理论。而将城市实践的实证研究聚焦到中国名城杭州，全面、系统、细致分析、评价其发展话语，总结其中的优点与不足，无疑会对杭州，对可比的中国其他城市，乃至发展中国家类似城市的建设实践，具有一定的启发和指导作用。

城市研究的"城市发展话语"转向

从文化话语研究（Shi-xu 2014; Shi-xu, Prah & Parodo 2015）的角度审视，关于像中国这样的国家城市建设研究、城市形象研究，首先应该将其放在发展中/第三世界"发展"语境下进行，因为它们的社会是以"发展"（development）定义的，即以发展状况的评估、发展期望的目标、发展坚持的原则、发展面临的问题为特点（Irogbe 2005; 王志平 2007）。而作为世界最大发展中国家的学者，又有责任、有义务去特别关注发展中国家的典型问题，并在学术范式上引领发展问题的研究。这既是一种挑战，又是一种机遇，因为至今发展研究（Development Studies）在议题、理论、方法上基本还由西方学术所主导，包括城市（发展）研究（Mönks, Carbonnier, Mellet & De Haan 2017; Thelwall & Thelwall 2016）。

我们提出中国城市研究应该以发展观念为引领，其中一个重要意图，是希望在研究体系上（包括在哲学、理论和方法上）体现中国特色，也是为拓展丰富"城市（发展话语）研究"。为此，我们的理论和实证研究将坚持以下特殊原则（施旭 2008a; Shi-xu 2005）：

- 本体论上：城市发展话语与城市建设实践，以及相关城市、国家、历史、文化乃至世界是一个相互连结、多元统一的整体；
- 知识论上：关于城市发展话语的认识，是一个文化对话、意义探索的过程；
- 目的论上：城市发展话语研究是推动城市研究创新的一种路径，是助力城市发展的一种工具；
- 研究理论上：强调城市发展话语要素的多元性、联系性、历史性、文化性，话语的现实构建性，话语的权力影响性；
- 研究方法上：强调多元并用（联系言语与行动，兼用定性与定量，结合经验与实证），坚持本土和全球立场（价值）；
- 研究问题上：解决实际问题、回应现实需求，填补（东方、中国）学术空白。

上文简约提示，本章的重要目的之一，是勾勒出一套关于中国城市建设、发展、形象、传播、品牌，即"城市发展话语"的文化话语理论体系。换言之，建立一个城市发展话语的模型。

第一，城市发展话语研究，将学术目光突破西方"城市研究"的局限，伸向广大的东方发展中国家和地区的城市发展。如果说"城市建设"，是世界普遍的城市定位、计划、设计、建造、运作、管理、营销、传播、交流等实践活动之和。那么，"城市发展"则指发展中国家城市建设的特殊目标、路径及其实践。相对来说，关于后者的研究是城市（建设）研究中的薄弱领域。这里，城市发展，不仅仅是为了城市建设，是城市建设的有机组成部分，更是欠发达或发展中民族和国家的特殊城市实践，同时也是新兴国家城市参与国际格局变化和世界秩序改革的努力过程。它代表了发展中世界城市实践的总方向。

第二，城市发展的一个十分重要的方面和手段，是塑造、维护、提升其城市形象。这是因为城市需要以独特的身份、良好的面貌，与其他地方、城市区分开来，一方面以吸引投资、人才、（产品、服务）市场，另一方面提供市民的认同感、幸福感，比如在预期寿命、教育水平和生活质量方面。尤其像在杭州这样的中国主要城市，城市形象的建立和建设，还有助力国家总体发展和参与世界治理的要求和功能。举办G20峰会的杭州，举办金砖国家峰会的青岛、厦门，举办世博会、进博会的上海，便是例证，更不用说首都北京。城市形象是多功能的，不同层次的城市，有不同的目标要求。

第三，城市形象，有塑造者与利益攸关方（一般指城市之外的）相连和互动的两面。一面是作为城市的主动性身份面貌定位，突出地体现在市政政策（文件）中，它决定城市发展的具体目标、路径和特点，具有指导、引领、影响作用。另一面是对于该城市身份面貌定位的被动性感知和反应，集中地反映在城市形象的接受和交流上（Kavaratzis 2004：66），它决定城市外相关利益攸关者的反应行动。这一特点从根本上说明城市形象的重要性。

第四，城市形象塑造的主体构成，复杂可变，不仅可以是城市的政策制定者、设计者、建造者、管理者、营销者，从下面的实证分析中可以看到，市外的城市活动（比如旅游）参与者也可以成为城市形象（定位、感知）的描绘者、传播者。从这样的主体构成上看，城市形象是他们共同构建形塑的产物。

第五，城市形象的塑造、维护、提升、表述、再现、扩散，要依托和通过"传播"。城市传播，有多种媒介和模式，尤其对于像"城市"这样庞杂的传播主体和传播对象来说。典型的传统方式包括电视、电影、广播、报纸、书籍。移动网络数字时代，突出而高效的手段便是新媒体：网站、社交平台、搜索引擎、音频、视频、虚拟现实、增强现实，等等。但城市传播途径远不止传统和现代媒体。建筑、景物、节会、展览、民俗、艺术、雕塑、餐饮、商品、（室内室外）广告、体验（旅游、集会、节事）等也是城市形象传播的形式。在当今全球化、信息化条件下，这些传播方式或多或少具有全球意味和影响。

第六，城市形象传播的内容，就"形象"来说一般是内涵可塑、边界模糊，但是，全球化、信息化、商业化时代，城市间竞争加剧、管理加强，众多城市运用"（城市）品牌"作为具体核心内容和形式，来塑造、维护、提升"（城市）形象"。城市发展，依托于城市形象传播，而城市形象传播取决于城市的品牌传播。因为城市发展、其形象传播的意义最有效地体现在城市的品牌传播之中。Kavaratzis & Ashworth（2006：507）从地域营销的角度出发，道出同样的品牌建设逻辑：

> The application of place marketing is largely dependent on the construction, communication and management of the city's image, because, at its simplest, encounters between cities and their users take place through perceptions and images. Marketing therefore cannot other than be 'the conscious and planned practice of signification and representation' [...], which in turn is the starting point for examining place branding.

城市品牌通常是一个城市主体对于城市特性和特色的定位；一个城市可以树立一个或多个品牌，也可以将多个品牌安排成一定的结构顺序。与其说城市形象定位重要，不如说城市品牌定位更重要，因为后者更加具象，实践引导力和感知影响力也就更直接、更强。按上述传播方式，城市品牌同样具有不同程度的全球意义和影响。

最后，从"文化话语研究"（Shi-xu 2005，2014；施旭 2015，2018b、c）角度看，所有城市建设、发展、形象、传播、品牌的实践都具有"话语"的性质、层面和特点；反过来说，话语，包括话语体系，在城市实践的这些层面上都起着举足轻重的作用。然而至今，学界（且不论相关城市建设政策制定者），对此仍然缺乏系统认识和足够重视。作为话语变量的对话主体、言语/行动、媒体/模式、历史关系、文化关系，无论单一地或组合地，都可以左右城市发展的方向，影响其发展的策略、机遇甚至成败、意义的理解和反应，因为话语与城市发展两者有机相连，不可分割。不难想象，什么是城市发展，发展什么，如何发展，都需要作为交际实践的话语去选择、定义、描述、指导、号召、诠释、评价，等等。说得更具体一些，一个城市的品牌，需要有个人或团体去生成、表达、传播。品牌本身需要有特定的内容和形式，城市品牌的表达、传播需要运用一定的媒介、通过一定的模式，这种符号信息的传播具有某种目的功能，也会产生某种效果，而这一切都有一定的历史背景和过程。同时，这些城市品牌实践的各个环节和方面都与其他城市品牌实践乃至更广泛的语境具有一定的差异和互动关系。总之，建设一个城市的形象，塑造一个城市的品牌，要求讲好这个城市的"故事"。2008年5月杭州提出"迪拜是杭州的标杆"。一时间"建中国迪拜"成为杭州城市建设主旋律,要迅速做大城市,建首家七星级宾馆,等等;但在遭到民间强烈批评后,"建中国迪拜"最终被叫停。为了杭州申遗,必须递交申请书。设想,申请书在思维、价值观、表达和运用上若有不当,那必将影响其评审结果。同样,如果媒体把发展中国家描述得一团糟,那势必对它们的投资、旅游、外贸带来不利。因此,我们不得不从话语的新理论视角去重新研究(城市)发展的老问题和新问题。这些交际变量之间所形成的系统结构,便是城市形象全球传播的理论框架;原则上,这里每一前项,都是作为指针、目的,而每一后项,都是作为形式、手段;但同时,后一项在一定程度上也可以推动前一项的变革,比如,尽管中国城市发展指导、形塑城市全球化,但是城市全球化也可以反推城市发展(因此,顺向箭头大,逆向箭头小。见下图)。凭着该框架,我们可以去探寻、分析、评价特定的(如杭州)中国城市发展话语的具体实践情况。

国家战略⇨城市建设(国际多样化)⇨城市发展(东方/中国的城市发展,参与全球治理,构建人类命运共同体)⇨城市全球化(双赢,和谐)⇨城市全球传播(讲好中国故事,走出去)⇨城市形象(定位,吸引力、影响力、感召力)⇨城市品牌(数量,塑造/管理/营销)⇨传播路径(建筑、景物、节会、展览、民俗、艺术、餐饮、商品、科技、广告)⇨传播手段(各类技术:语言、新/旧媒体、造型、交通、网络、体验)

中国城市形象全球传播话语理论框架

杭州城市发展话语

根据上述城市发展话语的理论描述,下面我们对杭州的相关城市实践做一分析。研究分为两个相辅相成的阶段:材料收集与材料分析。第一阶段,以涉及杭州城市发展议题(如西湖景点建设、杭州城市品牌设定）为线索，以社会团体、政府组织、公众人物、媒体机构等为交际主体单位，以相关公共社会活动（如景点投票、主题会展）为现象框架，搜集相关的讲话、文件、采访、报道、广告等材料。同时，为厘清杭州发展话语的来龙去脉，还收集了相关的历史文献。这样的材料收集安排，是为了实现研究材料的语境多样化使数据充分可靠。

第二阶段，以话语的要素组成为出发点，将材料分析围绕下列具体问题展开：（1）杭州城市发展话语的主体有哪些，数量如何，有怎样的社会身份，不同社会群体之间有怎样的社会关系？（2）他们言语有怎样的形式和意旨，与（哪些）相关行动形成怎样的关系？（3）使用媒体、模式使用情况如何，包括交际的时间、地点有何特点？（4）产生了怎样的社会、经济、环境效果？（5）所有这些交际要素有怎样的历史变化？（6）这些交际要素有怎样的对外传播方式，形成怎样的文化关系？由于交际要素辩证相连，所以最后需要做整体综合阐释和评估。在价值判断上，因为本章特别关心杭州发展话语是否符合中国和世界相关道德与理想，将坚持下列标准：（1）中国文化"天人合一"的和谐观，（2）城市、国家平衡、可持续发展的目标，（3）国际社会公认的联合国教科文组织在世界遗产公约中关于"保护自然""保护传统"的要求（见 *Operational Guidelines for the Implementation of the World Heritage Convention*）。[①]本研究的材料收集和分析是以具体交际事件（如大型会展、群体活动、景点选取）为单位，但是，为了写作和阅读的方便和本研究的目的，文章将选择性地运用材料以回答上述问题。

---

① https://whc.unesco.org/en/guidelines/，访问日期：2021年7月。

对话主体

在这一节里,我们聚焦杭州城市发展话语中的社交主体。这里要探究的问题,不仅是主体数量,同时还包括主体的社会构成、相关成分的社会性质,因为说话者的人数和身份都有决定性作用,比如在城市定位、景点选取和命名问题上;也因为在一个城市发展中谁有发言权,本身就反映这个城市的社会情况;还因为主体的历史变迁也显示社会特点,下面的分析也将运用历史比较方法,尽管我们关心的是新世纪的杭州发展。而我们对这些问题的研究进路,将按照上面提到的,即以相关话语事件为单位。

三评"西湖十景"的参与者。众所周知,西湖及周围的景点是杭州城市的核心特征,景点选取和安排的话语权,是杭州发展话语主体的重要部分。因此,这里首先将三评西湖十景的话语活动作为破解杭州城市发展话语的典型示例。历史上西湖景点有多次变更。如在元代有"钱塘十景",在清代有"西湖十八景",但历史上最有影响的是南宋的"西湖十景",而近期影响较大的两次分别是在1985年和2007年。(见下表)

时间	历代景名	景点	语境
南宋 1239年	(老)西湖十景	苏堤春晓、曲苑风荷、平湖秋月、断桥残雪、柳浪闻莺、花港观鱼、雷峰夕照、双峰插云、南屏晚钟、三潭印月	南宋建都临安即杭州,当时达官贵人、学士文人,无不歆羡西湖之美丽。为了游乐观赏,尤其是画家因景作画,因画得名,于是便有了"西湖十景"之说。这十景最早见于南宋文人祝穆的《方舆胜览》。
元代 1271—1368年	钱塘十景	六桥烟柳、九里云松、灵石樵歌、孤山霁雪、北关夜市、葛岭朝暾、浙江秋涛、冷泉猿啸、两峰白云、西湖夜月	西湖又名钱塘湖,元人效仿宋代,元代有"钱塘十景"的说法。

第五章 城市发展话语

（续表）

时间	历代景名	景点	语境
清代1722—1735年	西湖十八景	湖山春社、功德崇坊、玉带晴虹、海霞西爽、梅林归鹤、鱼沼秋蓉、莲池松舍、宝石凤亭、亭湾骑射、蕉石鸣琴、玉泉鱼跃、凤岭松涛、湖心平眺、吴山大观、天竺香市、云栖梵径、韬光观海、西溪探梅	雍正年间，总督李卫浚治西湖，缮修胜迹，复增西湖十八景。十八景分布范围较广，遍及西湖山、湖、洞、泉、石、庭园等，内容既有自然风光，也涉及民间风俗，其中多数系由传统景点、景物发展而成，也有部分为当时新辟的景点。
1985年	新西湖十景	阮墩环碧、宝石流霞、黄龙吐翠、玉皇飞云、满陇桂雨、虎跑梦泉、九溪烟树、龙井问茶、云栖竹径、吴山天风	1984年《杭州日报》社、杭州市园林文物管理局、浙江电视台、杭州市旅游总公司、《园林与名胜》杂志5单位联合发起举办新西湖十景评选活动，全国各地约十万余人参加，共提供7400余条西湖景点，最后评选出10处景点。1985年9月起由杭州市园林文物管理局先后在10处景点竖立景碑、镌刻景名。
2007年	新新西湖十景	灵隐禅踪、六和听涛、岳墓栖霞、湖滨晴雨、钱祠表忠、万松书缘、杨堤景行、三台云水、梅坞春早、北街梦寻	通过历时8个月之久的、约有17万人参与、有多种投票方式（信件、电子邮件、网络、短信等）的三评"西湖十景"活动，10月杭州市委书记在第九届中国杭州西湖博览会开幕式上宣布。

下面，就以三次进行话语主体变化情况作一分析。

1. 1129年，宋代首都从北方的开封迁至南方的临安府（今杭州）。此时的临安府为上流社会的乐土，特别是经疏浚整治后的西湖景色更是美不胜收。皇家画院的画家因景作画，因画名景，他们的西湖景色图便成为"西湖十景"的根据和基础，因而也有了十景之名：苏堤春晓、曲苑风荷、平湖秋月、断桥残雪、柳浪闻莺、花港观鱼、雷峰夕照、双峰插云、南屏晚钟、三潭印月。

2. 1984年，杭州市政府机关、旅游社团和媒体机构在市民和全国游客中间展开了评比"新西湖十景"的活动。全国各地约10万人参与并提交了7400个景名。之后由公众人物组成的评审小组对提交的项目进行了筛选。1985年市园林与文物局在十景处立碑牌、镌刻景名。这次活动虽然由官方机构和企业组织、名流评选,但是,这次景点的选取和命名活动有大量民众参加,他们成为评选最终结果的基础主体。

3. 2007年进行的"三评西湖十景"与1984年的选景、取名,在话语主体上情况基本相似。在经过几年的城市整治之后,市政府和市委号召,在"和谐西湖""生活品质之城"主题下,进行"三评西湖十景"活动,请市民从145个新近修整的景观中挑选出10个新景点(不包括南宋和1985年选出的)。电话和网站随时开通,供公众询问、提建议。此外,市政府还邀请各学科、各行业的专家在征求公众和国内外游客意见基础上,提出自己的观点。在评选意见的参考比重上,专家占20%,公众占80%。值得注意的是,这次景点选取和命名有四个社会价值要求:(1)必须有意境;(2)必须反映时代风貌;(3)景名必须是四个字,而且琅琅上口;(4)景点布局必须平衡合理。17万左右的人员参加了评选,结果在三个月之后的西湖国际博览会开幕式上宣布。

西溪"三堤十景"的评选者。杭州西溪湿地景点的评选活动是民众参与景点选取的又一个典型例子。虽然在性质上类似"三评西湖十景"的活动,但它在参评人数上有了大幅增加,达到近24万,网络点击量破570万次。请看下列新闻报道(《都市快报》,2008年10月11日),以了解其中细节:

西溪三堤十景评选结果18日晚西博会开幕式上揭晓

【题】

第五章 城市发展话语

本报讯 截至10月5日，西溪三堤十景评选共收到选票238686张，网络点击率突破570万次，评选结果将在10月18日晚西博会开幕式上揭晓。

昨天上午，市领导和评审组专家再次聚到一起，召开专题会，对西溪三堤十景作最后讨论。

活动7月17日开始以来，每一步都广受关注，据测算，为期三个月的评选活动，至少为西溪增添20万的游客。

昨天会上，市委书记王国平高度评价了评选活动。"这次活动参与度之高，影响面之广，评选效果之好，都超过了预期。通过这项活动，西溪作为杭州改革开放的一项成果，展现在了世人面前。"

三堤十景确定后，每个景点都会有一个韵味悠长的名字。王国平说，景名出来后，今后景区的建设要以景名作为风向标，奋斗目标，加以完善，让景点和景名名副其实，形神兼备。

三堤十景确定后，和"三评西湖十景"一样，每个景点都将邀请国内一流书法家题名、立碑、建亭或刻石，争取明年将"三堤十景"推向社会。

这一次民众参与人数之多为历史所罕见，这里网络媒体起了至关重要的作用。

"生活品质之城"的选取者。在研究杭城发展话语主体的问题上，还有另一个突出的事例能够清楚地说明城市发展话语主体的深刻历史变化：民众为杭州城市定位、定品牌。长期以来这只是政府机构的工作，偶尔也有企业和非政府机构参与其中，但是在2006年发生了根本的变化。2006年8月，政府组建了由艺术界、文化界、社会学界和城市规划等方面的人士组成的专家组，向全国公开征集杭州城市品牌活动。全国2000多名参与者提供的4620个词条，通过社会征集、专家评审和市民投票多个环节，经专家组按照一定的标准通过几轮评估，选出10个候选品牌，然后由公众投票选出品牌。结果"生活品质之城"荣膺杭州城市品牌。

这一城市定位品牌选出之后产生了巨大的影响。2007年1月8日杭州市委和市政府正式公布这一结果，2月10日在中共杭州市委第十次党代会上，市委主要领导正式提出建设"生活品质之城"的战略。2月15日市委十一次全会通过了《中共杭州市委关于坚持科学发展 构建和谐社会 建设生活品质之城的决定》。这样的话语事件在杭州是有史以来第一次。市委、市政府举行的城市定位和品牌定位最终决策力量来源于全国的民众，当然也包括社会各界人士和专家。

城市重大工程的决策者。之前，在杭州的重大建设工程方面，政府（负责人）显然起着主导性甚至决定性的作用。这里举两个例子。2007年8月省委、市委、市人大主要领导人在召开的市区河道规划编制工作专题会议上提出，把杭州打造成为"东方威尼斯"。接着，2009年12月，作为杭州市"引钱江水入城"工程的关键工程，输水隧洞全线贯通。杭州市绕城公路范围内的所有水系，291条河道全部实现通航。在此基础上，由水上巴士、水上的士线路、自划船等架构起来的一个新的水上交通系统，成为城市综合交通系统的重要组成部分。2008年5月，杭州市政府提出"迪拜是杭州的标杆"。2008年后半年，"建中国迪拜"几乎成为城市建设主旋律。投资百亿的钱江新城按照迪拜帆船酒店模式，建造首家七星级宾馆。钱塘江上建两岸亮灯工程，于是杭州市区及周边房价持续飙升。2009年底，迪拜泡沫破裂，在强烈的

第五章 城市发展话语

社会批评声中"建中国迪拜"计划被叫停。

从上述例子可以看出，在进入新世纪的头十年，杭州多次出现由民众作为城市发展话语主体的大型事项，而且参与人数在叠加，他们的身份呈多元化，这完全不同于过去几百年来由达官贵人以及政府决定城市发展的局面。不过在重大工程项目上，政府似乎仍然是主导者，但民众能够发挥一定的作用。

言语/行为

除了对交际主体的社会分析之外，语言使用以及相关的行动情况当然也是极为重要的一环，尤其对于话语研究来说。对于城市发展话语重要的原因之一，是它们可以在一定程度上决定发展什么，不发展什么，发展成什么样，如何发展，等等。这里所说的言语和行动调查，当然不是简单表面的语义/内容分析法。从原则上说，我们的研究视野将全面、多元、综合、对比地考察相关语言表达和实际行动，以发掘表述的"言外之意"和行动的意图及效果。让我们来看下表：这里总结了杭州市从建国初期，经过改革开放，到新时代，各时期的城市品牌内容。（网址最后查证日期为2021年7月）

时间	名称	提出单位	报道内容	报道链接
1953年	以风景休疗养为主的城市	国家建工部和苏联专家穆欣	1953年8月，第一批苏联专家来到中国，支援中国城市建设。其中一位名叫穆欣的城市规划专家来到杭州，在他的协助下，编制了解放后杭州第一份城市建设总体规划，并且制作了杭州城市总体规划示意图。这份规划确立了杭州的建设应以"风景兼以文教和轻工业为主要内容"，城市的性质	https://hzdaily.hangzhou.com.cn/hzrb/html/2008-12/11/con-tent_557298.htm

（续表）

时间	名称	提出单位	报道内容	报道链接
1958年	建设以重工业为主的综合性城市	杭州市建设局	为"风景休疗养为主的城市"。1958年，杭州市建设局根据"大跃进"要求，对1953年的规划结构作了根本修改。1959年10月定稿的《关于1958-1967年的城市建设规划》，经杭州市委审查批准正式上报省委，省委同意这一规划。规划提出要"奋斗三、五年"，把杭州建设成"以重工业为基础的综合性的工业城市"。	http://ghzy.hangzhou.gov.cn/col/col1228962778/index.html
1979年	全国重点风景旅游城市	杭州市政府	杭州的总体规划提出，杭州的城市性质是"全国重点风景旅游城市，浙江省的省会"，产业经济方面重点发展丝绸工业和电子仪表等其他轻工业。	http://ghzy.hangzhou.gov.cn/col/col1228962779/index.html
1993年	国际风景旅游城市和国家级历史文化名城	杭州市政府	杭州市政府重新定位，它是国际风景旅游城市和国家级历史文化名城、长江三角洲地区的重要中心城市、浙江省政治经济文化的中心。	https://zjnews.zjol.com.cn/system/2005/06/27/006143804.shtml
1997年11月	东方文化广场	中国历史文化名城论坛	基于中国文化乃至东方文化最典型的现象在杭州都有十分突出的表现，中国历史文化名城论坛秘书长罗亚蒙教授建议杭州应当建成"东方文化广场"。	https://wenku.baidu.com/view/4754264ce518964bcf847cb2.html
2000年4月	天堂硅谷	杭州市委、市政府	加快推进城市信息化，是增强城市集聚辐射功能、综合实力和国际竞争力，充分发挥杭州作为长江三角洲副中心城市和浙江省政治、经济、文化中心作用的有效途径，在充分分析国内外经济、科技发展趋势的基础上，杭州市委、市政府把	http://tech.sina.com.cn/roll/2003-04-14/2255177854.shtml

(续表)

时间	名称	提出单位	报道内容	报道链接
			推进经济和社会信息化作为实践"三个代表"重要思想的重大举措,将"构筑数字杭州,建设天堂硅谷"列为新世纪初和今后一个时期的"一号工程"。进入新世纪以来,杭州市认真贯彻落实党的十五届五中全会关于"信息化是覆盖现代化建设全局的战略举措"的精神和省第十一次党代会关于建设"数字浙江"的重要决策,在城市信息基础设施建设、信息资源开发利用、信息技术应用、信息产业发展和信息化环境建设等方面取得了一系列成果,为实现跨越式发展奠定了基础。	
2001年七夕前夕	爱情之都	杭州市旅委	基于杭州的自然资源条件、文化氛围、整体城市风貌,杭州市旅委提出,以"解读白娘子爱情之谜,演绎人世间最美情怀——人间天堂、爱情杭州"为主要宣传口号,要把这座城市变成天下有情人向往的乐土——"爱情之都"。	http://zjnews.zjol.com.cn/system/2005/06/27/006143804.shtml
2001年11月13-15日	休闲之都	杭州市政府	在"2001中国休闲经济论坛"上,杭州市政府宣布将申办2006年世界休闲博览会,并打造杭州成为未来中国乃至世界的"休闲之都"。2006年4月到10月,以"休闲——改变人类生活"为主题的世界休闲博览会将在美丽的西子湖畔举办,自古就享有"天堂"美誉的杭州市"休闲之都"的形象将呼之欲出。	https://zjnews.zjol.com.cn/05zjnews/system/2005/06/27/006144012.shtml

（续表）

时间	名称	提出单位	报道内容	报道链接
2001年底	女装之都	杭州市委、市政府	杭州提出打造"中国女装之都"的目标，希望通过5年的努力，使杭州成为中国女装的设计、制造、销售中心，打响"中国女装看杭州"的品牌。	http://www.zj.xinhuanet.com/old/tail/women/t_women_02032911.htm
2002年3月26日	会展之都	杭州市规划局	被称作会展航母的杭州西湖国际会议中心位于杭州之江国家旅游度假区7号地块。西湖国际会议中心的兴建，为杭州打造"会展之都"添上了浓彩重抹。	http://news.sina.com.cn/c/2002-03-26/2322523754.html
2004年1月19日	学香港	杭州市政府	杭州市政府与香港特区政府2004年1月19日在杭州就双方互派公务员实习交流签署协议。市委常委、常务副市长盛继芳表示，杭州要学习香港的先进经验。	http://news.sina.com.cn/c/2004-01-19/22171626152s.shtml
2005年4月15日	中国茶都	中国国际茶文化研究会等10家机构	2005年4月15日晚，中国国际茶文化研究会等10家权威机构联合授予杭州"中国茶都"的仪式通过中央电视台和全国各大媒体的报道，传遍中国大地。"中国茶都"无疑又为充满生机和活力的杭州增添了一张"金名片"。	https://hzdaily.hangzhou.com.cn/hzrb/html/2008-12/18/content_563592.htm
2005年6月	动漫之都	杭州市政府	（杭州市政府）为进一步发挥杭州人文、体制、资金、人才、信息、科技、市场等优势，促进高新技术产业与现代文化产业发展，提升城市综合竞争力，打造"动漫之都"，制定杭州市动漫游戏产业发展规划……走出中国特色的动漫游戏产业化、规模化、国际化发展之路，建设中国的"动漫之都"。	http://www.hangzhou.gov.cn/art/2006/1/25/art_808802_2676.html

（续表）

时间	名称	提出单位	报道内容	报道链接
2007年1月8日	生活品质之城	从全国20余个省（区、市）的2000余位参与者	从2006年8月起，杭州市专门组建了由艺术界、文化界、社会学界和城市规划等方面的人士组成的专家组，向全国公开征集"杭州城市品牌"，经过社会征集、专家评审、市民投票等多个环节，从全国20余个省（区、市）的2000余位参与者提供的4620个词条中选出。历时5月，声势浩大的杭州城市品牌征集活动，在这一天有了最终结果，"生活品质之城"，成为杭州的城市品牌，包括经济生活品质、政治生活品质、文化生活品质、社会生活品质、环境生活品质"五大品质"。	http://news.sohu.com/20070114/n247596292.shtml
2007年8月24日	打造"东方威尼斯"	省委常委、市委书记、市人大常委会主任	省委常委、市委书记、市人大常委会主任在召开的市区河道规划编制工作专题会议上强调，要统一认识，加强领导，坚持"四高"方针，做好"河"的文章，扎实推进市区河道综合整治与保护开发工程，努力把杭州打造成为"东方威尼斯"。	https://hzdaily.hangzhou.com.cn/hzrb/html/2007-08/25/content_111359.htm
2008年5月8日	迪拜"杭州的标杆"	市委书记	市委书记通过在迪拜考察后，在杭州市领导干部迪拜培训班总结会上指出，"迪拜是杭州的标杆"，我们要认真研究、虚心学习，为杭州新一轮解放思想打下好的基础。	https://hzdaily.hangzhou.com.cn/hzrb/html/2008-05/20/content_176827.htm

（续表）

时间	名称	提出单位	报道内容	报道链接
2008年4月21日	创意杭州	杭州市委市政府	4月18日，市委、市政府召开打造全国文化创意产业中心大会，强调拓展新蓝海，培育新增点，倾力打造全国文化创意产业中心，并重点发展信息服务、动漫游戏、设计服务、现代传媒、艺术品、教育培训、文化休闲旅游、文化会展业等八大门类文化创意产业，构建杭州特色的文化创意产业群。	https://www.chinaxwcb.com/info/70447
2010年1月19日	美食天堂	杭州市委	城市管理被称为"天下第一难"，而户外广告和夜市整治工作则是难中难。1月19日上午，我市召开2009年度户外广告和夜市整治总结表彰大会。省委常委、市委书记、市人大常委会主任强调，要进一步抓好户外广告和夜市整治两项工作，打造户外广告系统建设的"杭州模式"，打响"美食天堂"品牌。	http://www.hangzhou.gov.cn/art/2010/1/19/art_809571_264288.html
2010年6月21日	中国书法名城	中国书法家协会	6月20日开幕的书非书——2010杭州国际书法艺术节上，中国书法家协会正式授予杭州市"中国书法名城"桂冠，这是我市在文化领域打响杭州文化名城品牌的一次新突破。	http://www.hangzhou.gov.cn/art/2010/6/21/art_812259_111869.html
2011年11月18日	全球十大休闲范例城市	杭州市政府	11月17日上午，作为第二届世界休闲博览会的压轴大戏——2011中国（杭州）休闲发展国际高峰论坛开幕，副市长出席并致辞。在论坛开幕式上，发布了"全球休闲范例城市研究"报告，杭州作为中国唯一一座城市被列入"全球十大休闲范例城市"。	http://www.hangzhou.gov.cn/art/2018/12/26/art_1256345_28409665.html

（续表）

时间	名称	提出单位	报道内容	报道链接
2012年3月12日	购物天堂、美食之都	杭州市人民政府	杭州馆的建立，是市委、市政府在京打造"购物天堂、美食之都"城市品牌的重要举措，它成功整合发挥了杭州名品的力量，将杭州企业从原有的单打独斗提升到抱团经营，为杭产品拓展国内市场，打造强势品牌搭建了有效平台，同时也为宣传杭州城市品牌、产品品牌、文化品牌提供了良好的窗口。	https://fashion.hangzhou.com.cn/2012/content/2012-03/27/content_4125603.htm
2013年2月17日	东方品质之城、幸福和谐杭州	中共杭州市委	2月17日下午，中国人民政治协商会议第十届杭州市委员会第二次会议在省人民大会堂隆重开幕。来自31个界别的近500名市政协委员，怀着饱满的政治热情、高度的责任感和使命感，信心百倍地步入会场。在为期四天半的会议中，他们将结合学习贯彻党的十八大精神，紧紧围绕中共杭州市委十一届三次、四次全会的部署，认真履行政治协商、民主监督、参政议政职能，为实现市委提出的"四个翻一番"、"四个高于"、"十个更好"目标和建设东方品质之城、幸福和谐杭州建言献策。	http://www.hangzhou.gov.cn/art/2013/2/17/art_809596_316344.html
2014年7月9日	中国茶都	杭州市政府	2014年中国（杭州）西湖国际茶文化博览会（以下简称"茶博会"）在各方的精心组织和通力协作下已圆满落下帷幕。7月9日下午，我市召开2014中国（杭州）西湖国际茶文化博览会工作总结会议。今年茶博会在整合全市茶文化资源，	https://www.txooo.com/Info/1774530.html

(续表)

时间	名称	提出单位	报道内容	报道链接
			弘扬茶文化，促进茶经济，发展茶旅游方面发挥了积极的作用，获得了丰硕的成果，成为打响"中国茶都"品牌，打造"东方品质之城、幸福和谐杭州"的"金名片"。	
2016年11月10日	峰会杭州	杭州市委	今年G20峰会，杭州展现了独特的江南风韵，更证明了杭州具备国际最高规格会议的接待能力。借G20峰会效应，11月9日在北京举行的第九届中国会议产业大会上，杭州发布全新的会奖品牌形象——"峰会杭州"，成为全国首个发布会奖目的地品牌的城市，也标志着杭州打造国际会议目的地全球营销正式启动。	http://hangzhou.zjol.com.cn/system/2016/11/10/021361673.shtml
2017年2月6日	国际会议目的地城市	杭州市政府	刚刚过去的1月，筹备已久的"杭州旅游经济实验室"正式挂牌成立。这是全国首个地方旅游数据分析研究平台，这也是杭州利用大数据，全面开启建设世界名城、打造"国际重要的旅游休闲中心"与"国际会议目的地城市"的重要探索。	https://tourism2011.nankai.edu.cn/2017/0224/c5954a56992/page.htm
2017年6月12日	社区文化家园	市委宣传部、市文明办	近年来随着杭州城市发展水平日益提升、国际化步伐日渐加快，一个散发着文化氛围的和谐宜居社区，成了每个市民的切身需求。在此背景下，一个全新的概念——"社区文化家园"应运而生。	http://zjhz.wenming.cn/jdxw/201706/t20170612_4495389.shtml

（续表）

时间	名称	提出单位	报道内容	报道链接
2017年8月26日	特色小镇	杭州特色小镇规划建设协调小组办公室	由浙江最早开始探索的特色小镇，如今已成为全国各地学习的榜样，而杭州作为特色小镇的发源地，经过近三年的探索实践，小镇创建取得了阶段性成绩。	https://town.zjol.com.cn/cstts/201708/t20170826_4878012.shtml
2018年12月26日	亲水杭城全民共享	杭州市城管委	今年以来，杭州市城管委深化城市河道治理，完成清淤30条56公里37万方，完成闸站提升改造14座，创建市级美丽河道17条，在此基础上着力推进治水成果全民共享，努力打造"亲水杭城 全民共享"城市河道品牌。	http://www.hangzhou.gov.cn/art/2018/12/26/art_1256345_28409665.html
2019年5月11日	全国数字经济第一城	杭州生活品质研讨组群	三大现象支撑起杭州的高质量发展。它们是：数字经济赋能传统产业、匠人匠心铸就杭州制造、原创研发驱动迭代发展。城市数字化，人人共享，万物互联，这是数字化的广度；产业数字化、数字产业化，数字驱动创新创业，这是数字化的深度；做好数字化高水平产品必须精益求精，需要工匠精神，这是数字化的精度。	https://www.sohu.com/a/313219312_100020953

通过比较，我们可以注意到，三十年来特别是进入21世纪以来杭州发展的内容是（1）种类繁多的风景（如：全国重点风景旅游城市）、产业（如：天堂硅谷）、生活（如：女装之都）、文化（如：动漫之都）和异国风情（如：东方威尼斯）。如果站在传统和现代文化的高度，把早期的发展内容与后期比较，我们还能看出，发展的重心从传统的风景旅游（2）转向现代化和地貌西

方化。从时间的推移来看，城市和某些方面的定位内容是（3）迅速变化的，特别是进入21世纪以来这种内容不断变化，有时一年多变（如2005和2007）。另外，值得注意的是，每一个发展的目标（4）在中国甚至世界都要是最高级别的中心（如"……之都""东方……""……中心"）。当然，这些表述不是绝对的，是从总体上而言的。

那么我们如何对这些内容及其内部结构进行评价呢？这还得回到先前既定的城市发展的标准："天人合一""保护自然和文化""社会、经济的现代化"（即"发展"）。据此，我们可以把近年的发展话语作以下判断：由于（1）"经济现代化""地貌西方化"成为垄断话语，而有关传统保护、自然保护的话语悄然消失；（2）杭州发展话语动辄用"大""首"；（3）发展目标变化过快；（4）种类过多而不连贯；（5）城市西化成为主导话语，等等。这种城市发展话语与"保护自然和文化"（包括"和""中庸"的文化）、"天人合一"的要求相差甚远，还可能成为发展的阻力，使杭州失去发展的重心和自己的特色。

如果对上述分析和评判仍不够充分的话，那么让我们检查杭州所要建立的品牌的具体内容，它们究竟有多少属于保护自然、保护文化的成分。请看2008年2月《中共杭州市委关于坚持科学发展 构建和谐社会 建设生活品质之城的决定》[①]中的内容：

> 作为品质之城的杭州有经济生活品质、政治生活品质、文化生活品质、社会生活品质、环境生活品质"五大品质"。

---

① http://www.cqvip.com/QK/89742X/200702/3000268948.html，访问时间：2021年7月。

经济建设：贴近生活、创新生活，形成丰富多样和文化科技含量较高的产业特色，提升经济发展质量。

文化建设：文化融入生活、提升生活，建设"文化名城"，形成雅俗共赏、融会于经济、环境中的文化形态，提高城市文化品位。

政治建设：立足生活、引导生活，形成民主制度健全、民主形式多样、公民参与广泛，生动活泼、安定和谐的政治局面，不断丰富市民民主生活。

社会建设：围绕生活、保障生活，破解"七大问题"、建设"平安杭州"，形成全体人民各尽其能、各得其所而又和谐相处的社会，提高社会的创造力与和谐度。

城市建设：服务生活、展示生活，形成城市布局合理、功能协调、形象优美、生态良好的市域网络化大都市，全面提升城市品位。

对于言语/行为这一范畴的分析，还有一个非常重要的方法即是检查"说的"和"做的"之间的关系。如果市政府发布了目标计划，那么问题可以是，是否透明，是否有市民关注，实施了没有，如何实施的？这里让我们聚焦有关杭州国际化的市政府的言语和行动。据报道，2016年杭州市委发布了《中共杭州市委关于全面提升杭州城市国际化水平的若干意见》；[①] 2017年8月8日杭州市政府发布了《2017年杭州市城市国际化工作行动方

---

① http://zjrb.zjol.com.cn/html/2016-07/12/content_2987754.htm?div=-1，访问时间：2021年7月

案》,① 其中提到发布《杭州国际化评价指标体系》。比如,这里的内容包括:"推进与国内主流媒体战略合作,做好城市形象推广和对外宣传""推进我市与国际国内主流媒体战略合作,加强杭州城市国际化宣传报道与形象推广"。那么,这些机构的关于国际化的"意见""行动方案"是否得到实施,得到怎样的实施?从网上信息我们发现,浙江大学经济学院联合杭州市发展和改革委员会(市国推办)2017年12月发布了《杭州城市国际化评价指标体系》。评价指标体系共分为经济开放、城市宜居、科技与创新、国际影响四个方面,杭州得分58.88分,排名在十个城市中位列第五。四大指标的排名情况分别为经济开放第六、城市宜居第六、文化与创新第四、国际影响第四。② 另外,2019年9月5日,在杭州国际日开幕式上,举行了杭州首份英文报纸 *Hangzhoufeel*(《韵味杭州》)正式出版仪式。该报纸每半月发行一期,以在杭外籍人士、短期来杭的外国友人和其他英语使用人群为主要服务对象,通过部分对外交流窗口单位定点投放,向更多海内外受众展示杭州打造国际名城的进程与成果。③ 2018年2月12日,杭州市委宣传部与中国日报社签署国际传播战略合作协议。④ 2019年10月8日,浙江省政府与中央广播电视总台签署深化战略合作协议,合力共建国家级短视频基地,推动媒体融合

---

① http://drc.hangzhou.gov.cn/art/2017/8/8/art_1568758_26876087.html,访问时间:2021年7月。
② https://www.sohu.com/a/208442705_169472,访问时间:2021年7月。
③ https://apiv4.cst123.cn/cst/news/shareDetail?id=354537066274488320,访问时间:2021年7月。
④ http://cn.chinadaily.com.cn/2018-02/12/content_35693897.htm,访问时间:2021年7月。

发展。①

从以上例子的分析和评价，我们还可以看出发展话语与发展的内在联系。一方面，发展话语内容将影响发展的内容。另一方面，话语的内容特点正是反映了当前发展本身的特点和发展自身的矛盾：在经济快速发展和人民生活水平提高的同时（无疑是应该追求的目标），西方的现代文明冲击着东方的传统文化。更何况，表述中没有充分反映上述提到的联合国教科文组织在世界遗产公约中要求的"保护自然""保护文化"的内容。因此更有必要慎重地把握发展话语的内容和内容的系统机构。

媒体/场域

除了语言使用及其相关行动，新旧媒体的使用，以及相关时空的把握，也具有重要意义，尤其是在信息技术、移动网络的跨越式发展的时代。这里我们主要关注的对象，是网络平台、手机应用、（长、短）视频、广播、电视、电影、（室内外）广告，目标是了解哪些政府组织、企业集团和媒体机构、运用哪些形式内容、展现哪些特点，以传播交流杭州品牌、优势、特点等。

例如杭州文化创意产业发展中心网（http://www.0571ci.gov.cn/），由中共杭州市委宣传部主管，杭州市文化创意产业办公室具体指导，杭州创意设计中心、杭报集团、杭州文广集团、杭州文投创业投资有限公司等主办。网站有文创资讯、信息公告、政策法规、展会活动、创意空间、创意精品、行业矩阵等板块；内容包括信息服务、动漫游戏、设计服务、现代传媒、艺术品业，

---

① https://zj.zjol.com.cn/red_boat.html?id=100190359，访问时间：2021年7月。

教育培训、休闲旅游、文化会展等方面的产业活动动态和资讯。

广告在公共时空中的（移动、未来）使用。近一二十年来，借助杭州的名胜、特产和大型节事会展，杭州创造并通过各种场域和工具，使用了许多不同的室内和室外广告。这些广告的内容包括杭州的城市徽标、节事会展徽标、品牌名称、景点、特产（包括纪念品），等等；另外，也有反映未来将要出现的内容。它们被安置在广泛的公共空间里，尤其是在人员流动大的地方，如大街、公交车站、地铁站；另外也有出现在移动载体上，如公共汽车。

杭州还有一种政府与民众有互动意味的展览、广告形式。这

里，政府的城建计划公布于众，欢迎民众了解情况或提出意见。

除此之外，杭州还有传统媒体平台。如《钱江晚报》《都市快报》《杭州日报》；杭州电视台、西湖之声、交通之声、交通经济、浙江城市之声等。

目的/效果

话语研究的一个十分重要的目标是阐释话语实践有什么目的

或意图，评估它产生了怎样的效果和后果。而对于本研究来说，更有实际意义的是后者问题。下面作几点综合性观察评判。本章开始提及，除了对发展话语各变量的分析，我们研究的另一个目的是对这种话语按照一定的标准（本土的和全球的）进行评价。

话语带来的经济变化。上面提到的各种城市大型活动诸如展览、节会、旅游项目给城市带来的重要利好之一就是经济收入。这当然符合国家、城市、社会的发展目标。举几个例子。一、落户杭州的世界休闲博览会带来了可观的现代服务业和区域经济效益（张建春 2011：284）。二、西湖景区自从取消门票后，杭州的旅游得到意想不到的综合收益。仅2016年，全市接待游客14059.1万人次，实现旅游收入2571.84亿元。[①] 三、2008年"三堤十景"选取活动在三个月内就增加了150%的游客和750万元收入。[②] 四、第十八届杭州西湖国际博览会（2016年10月）期间举办包括G20杭州峰会文化主题展在内的会事33项，实现贸易成交额108.74亿元，吸引内资、外资共286.33亿元。[③] 又如，第二十届杭州西湖国际博览会主题展（2018年10月）期间举办四个展项，现场成交达5000万元；意向订货额达5亿元。[④]

话语带来的社会变化。我们还可以从历史的角度看到，1985年以前，不论是杭州西湖景点的选取和命名，还是城市品牌的定位，都由少数社会精英或政府机构主导和决定，而1985年后发生

---

① https://www.askci.com/news/chanye/20170220/16414991092.shtml，访问时间：2021年7月。

② http://news.sina.com.cn/c/2008-10-09/023414546306s.shtml，访问时间：2021年7月。

③ http://www.hangzhou.gov.cn/art/2016/11/1/art_1236589_2651923.html，访问时间：2021年7月。

④ https://www.xh-expo.com/leisure/leisure_1.html，访问时间：2021年7月。

第五章 城市发展话语

了根本变化：在许多城市重要事件中，普通民众明显有了参与权和发言权。用话语研究的术语来说，就是他们由城市发展话语的局外人成为对话主体，特别是在三评西湖十景后，杭州发展话语的主体内部还出现了多种群体身份：除了政府之外，绝大多数是普通市民，还有非政府组织、媒体单位及其他社会组织。可以说，对话主体的数量增加和身份多元化，本身就是城市发展（话语）民主化的体现。

话语带来的地貌变化。在杭州景观的变化上，仅仅从新西湖十景和新新西湖十景的出现，就可以看出民众作为城市发展话语主体，所产生的力量和影响。见下图①。

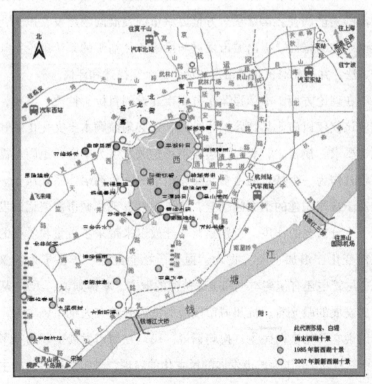

---

① http://travel.sina.com.cn/china/2010-11-17/1456147278.shtml，访问时间：2021年7月。

杭州城市的地理发展——景点的选取、形成、分布、命名乃至景点构建的完善，因为有普通民众的参与和影响，可以说与人民意志紧密联系，开始融入了人文、民主的性质和意义，形成了地貌与民意的有机融汇。那么，从中华文化崇尚的"天人合一"价值观来看，百姓在杭州城建历史中从无话语权到有话语权的事实说明，杭州城市的建设与发展正朝着"天人合一"的理想进步。

结语

城市研究尚缺乏全面系统深入的理论分析，也弱于对非西方城市的实证调查。本章从东方世界城市的发展问题出发，以文化话语研究为指针，提出城市发展与话语（传播）的系统理论框架和方法，并以此对杭州城市发展话语作个案描述和评估。

在理论方面，本章强调东方城市建设的目标、性质、路径，不应该仅仅以商业品牌营销为参照，还必须兼顾本土文化传统和现实要求，换言之，要以社会经济可持续发展为中心，也因此需要将其作为一个特定的由多元要素组成的文化话语体系来认识。在对于杭州城建的个案问题上，我们观察发现，城市发展话语发挥了十分重要的作用，特别是改革开放以来带来了数量和质量的积极变化：增加了经济收入、提升了社会民主、丰富了地貌景观，尽管也还有偏离本土和全球价值的地方。具体地说：（1）从历史发展的眼光看，杭州城市发展的话语开始有大批市民参与，所以说它开始走向民主；换句话说，民众在城市发展上开始有了话语权；（2）作为城市发展的民主化的表现，城市发展话语的主体还呈多元化；（3）这种民主化、多元化的话语趋势促使了杭州景点的增多和平衡分布，因此就促进了城市的发展；（4）话语的民主性、多元性、人文性融化于城市的地貌变化之中，实为天人合一的具体表现；（5）杭州城市发展的话语内容丰富且有变化，绚丽多姿，充满活力；（6）信息技术、移动网络媒体蓬勃兴起，为城市发展、话语竞争，提供了有力的手段，杭州采取了一系列相关举措，但尚有巨大潜力；（7）我们也可以看到，有一些话语的情况与这些目标有抵触甚至背道而驰。发展话语的内容变化过多、过快，可能使发展失去重心和系统性，因而对发展的和谐不利；过分强调现代经济和城市西化，而忽视自然和传统文化的保护，最终会导致发展的失败和城市个性的丢失。

我们希望本研究模式还能够运用到其他类似城市，以增进我们对东方、中国城市发展话语的认识。当然，本研究模式还有许多方面需要拓展深化。从上述经验看，一方面是在视野上可以扩大，比如，发现发展话语内部主体的反应、感受和认同（杭州市民如何看待和运用上述分析的话语现象？）以及外部利益攸关者的接受和反应状况；又比如，揭示中国/杭州城市发展话语与西方话语体系之间的文化关系。另一方面是在方法上加以丰富，比如对其他类似的城市（无论国内还是国外）进行对比研究，这样可以发现各自的优缺点，找到可以相互借鉴的地方。

讨论题

1. 杭州应该和哪些中国和世界城市进行话语比较研究，为什么？试以某些城市做实证研究。
2. 中国城市全球传播，除了"品牌"作为一种策略之外，还可以有哪些内容作为手段？
3. 中国城市全球传播，主要瓶颈和突破瓶颈的方法有哪些？

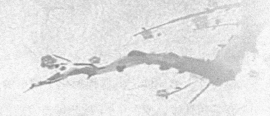

第六章 贸易摩擦话语

随着中国经济的迅速崛起，对外贸易的不断增长，以及全球化的复杂前行，中国与其他国家的贸易摩擦也逐年增多。近年来，特别是由于国际经济和政治危机，事态有着进一步升级和恶化的趋势。眼下的中美贸易摩擦便是集中表现，而且这次的争端给中国和世界带来的危害更加巨大（常亚平 2006；周金凯，孙娜 2018）。

国际贸易冲突，学界通常是从经贸、法律、外交、语言或国际政治的角度分析，而且这里往往以特定国家为出发点（程德钧 2002；Guo 2004；郝亚威 2008；Hsieh 2009；Malawer 2017；Melitz 2008；Roberts & Unnevehr 2005；Wilkinson 2009；刘佩 2015）。这种以单一学科为视角的研究，不免过于简单、片面，甚至没有抓住事物的本质特征，而忽视其中的文化作用，也很难抓住事物的要害。但另一方面，开始有学者运用更加开阔、多元的视角来分析贸易问题（吴鹏，黄澄澄 2013；杨诚，卢菊 2019；夏有为，黄婉婷，詹戈萌 2019；袁周敏 2014；周金凯，孙娜 2018）。

在本章里我们有两个目标。一方面，我们将提出一种新的理论观点：国际贸易争端更应该看作一种经济、政治、外贸、法律、社会等诸多因素交叉的"文化话语"现象，好似不同文化圈的商家或商务部门在"争吵"（参见：Mascitelli & Chung 2019；Grimshaw 1990；Ooi & D'arcangelis 2017），那么，在方法上应该运用一套全面的跨学科、跨文化的交叉研究体系,对其进行整体、系统、深入地探究。另一方面,可以此作为框架,对中国在2005—2012年的中欧贸易摩擦的话语实践做一实证分析,以发掘其特点和规律,包括导致、维持、激化、化解中欧贸易纠纷的话语因素,其中的话语优势和缺陷,为未来的中国外贸(争端解决)实践,特别是为促进中国对外贸易话语能力提升,减少、缩小甚至化解、防止贸易摩擦,提供一定的参考(参见:尹尊声 2003;赵秀丽 2008;朱静 2005)。

中欧贸易纠纷话语,是一个庞杂的文化竞争现象。而本章的焦点问题是:中国方面是如何运用话语的?具体有哪些话语特点、策略和规律?有哪些经验和教训?

我们将采取一套跨学科、跨文化、跨语言、定性和定量结合、分析和综合并用的进路。只有这样,才能对问题有一个全面、准确和实质性的把握。

希望通过对中欧贸易摩擦话语的特点、策略和规律的发掘、分析和评价,一方面能够帮助学界更好地理解中国外贸实践,包括其文化特性和价值观,推动国际贸易研究的理论和方法创新;另一方面,为我国今后的外贸话语实践提供有益和有效指导(比如筹划避免、缓解、转化双边贸易矛盾的话语策略),同时也为中外贸易纠纷研究提供一种典范性的研究模式。

关于外贸话语的基本理论预设

关于当代中国对外贸易话语,包括贸易纠纷话语,我们提出一系列的基本理论预设如下(参见:程德钧 2002;郝亚威 2008;薛荣久 2006)。

- 当代中国的对外（欧）贸易话语，特别是贸易纠纷话语，是改革开放以后出现的现象，它与中国政治经济社会的迅速发展紧密相关。

- 欧盟的政治经济贸易状况相对发达，且具有较多的国际贸易经验，因此其对外贸易的话语也呈强势。

- 贸易纠纷话语有不同的主体，包括政府、行会、企业、进出口公司、律师等。中方不仅需要面对欧盟的共同团体，但有时也需要在内部进行上下、平行沟通与协调。

- 贸易纠纷话语还是贸易、经济、法律、语言、文化、国际政治等多重因素交叉的现象，因此需要多学科交叉来进行研究。比如，要认识向欧盟法院起诉的现象，我们必须了解：（1）什么时间可以诉讼；（2）谁可以诉讼；（3）诉讼对企业的后果可能是什么。

- 中方贸易（冲突）话语与其他贸易方的互动，不仅存在体系差异，而且他们之间还形成权力关系（对抗、压制、抵抗、排斥、合作、互补、融合等）。很显然，在当今世界贸易竞争中，西方强国占据政治经济霸权地位。

- 中方贸易（冲突）话语同时又是与中国传统文化相互作用的。这些传统文化因素包括与儒家道德有紧密联系的"关系""面子"、爱国主义精神等，它们可能被创造性地再利用。

- 我们当然还可以认识到中方的表达方式有其特殊的语言特点和语用特点。和谐平衡的语用道德、言不尽意的语用规则、辩证的论事方法等，都可能会发生作用。人们在什么时候说话，说多少，运用什么媒介等，也是值得我们注意的问题，因为这些语言、语用特点关系到他们话语的效力。

中欧贸易纠纷的背景及过程

中欧贸易的历史发展与中欧政治关系、中欧法律关系、以及其他经济关系相关联。第一,中欧在1994年建立了新的多边政治对话机制,1998年中欧政治对话升级为一年一度的中欧领导人高峰论坛,这些为中欧经贸关系的发展提供了动力,指明了方向。第二,1978年中国和欧共体签署贸易协定,互相给予最惠国待遇。1995年以来欧盟发表了一系列像《欧中关系长期政策》《欧盟对华新战略》《国家战略文件2002—2006》等重要文件,巩固了中欧之间的交流与合作。第三,中欧在经济、技术、环保等方面的关系也促进了中欧贸易的发展。

中国与欧共体在1975年正式建交时双边贸易额为24亿美元,到2008年上升至4255.8亿美元。2004年,欧盟成为我国的第一大贸易伙伴(商务部:欧盟成为我国第一大贸易伙伴,《光明日报》,2005年1月7日)。① 2007年,欧盟作为我国第一大贸易伙伴的地位得到进一步加强(2007年中欧双边贸易继续保持快速增长势头,对欧贸易顺差突破千亿美元大关,中华人民共和国海关总署,2008年4月16日)。② 2004年,中国成为欧盟第二大贸易伙伴和第四大出口市场。2008年,中国对欧出口2928.8亿美元,占出口总值的20.5%。中国从欧盟进口1327亿美元,对欧顺差1601.8亿美元。

欧盟对中国的贸易赤字总趋势不断扩大。20世纪80年代初,

---

① https://www.gmw.cn/01gmrb/2005-01/07/content_161291.htm,访问时间:2021年7月。

② http://www.customs.gov.cn/customs/302249/zfxxgk/2799825/302274/jcyjfxwz39/333902/index.html,访问时间:2021年7月。

欧盟对我国贸易处于顺差，到2005年贸易赤字达1316亿美元。对此，欧盟对中国产品采取了反倾销活动。据WTO的统计数据显示，2008年，全球40%的反倾销案件、70%的反补贴案件都是针对中国的出口产品。"事实上，中欧近来在纺织品、汽车零配件、鞋子等方面的贸易纠纷，只是巨额逆差持续扩大中的一个个插曲；越来越频繁的贸易摩擦……'这是贸易冲突的重要原因'……"（中欧"鞋政治"博弈 一场没有赢家的贸易战？和讯理财，2006年10月17日）。[①] 2006年，欧盟成为对中国实施贸易救济工具最多的WTO成员，其中反倾销案件超过了130起（中欧首次对话贸易救济，《京华时报》，2007年4月2日）。[②]2009年7月，中国商务部部长陈德铭在《中国言行一致反对贸易保护主义》一文中提出，并不是中国在搞贸易保护主义，中国恰恰是贸易保护主义的最大受害者。

在进行语境研究时，我们还必须清楚一点，那就是我国是一个发展中国家。按照IMF公布的2008年人均GDP排名，中国位于第104位；按照联合国标准，中低收入国家人均国民收入是在799—2990美元；我国人均国民收入虽然突破3000美元大关，但地区差异明显。而发达国家的定义很多，衡量方法也很多，除单纯计算GDP外，还有教育、文化、经济、寿命各个方面综合衡量的因素［如人类发展指数（Human Development Index）］，因此从总体上可以说中国属于发展中国家。那么，这意味着中国在政治、经济、技术、法律、社会等方面与包括欧盟在内的西方国家有着比较大的差异。

与此相关，我们还应该指出，中国只是新近（2001年）加入

---

① http://futures.money.hexun.com/1869188.shtml，访问时间：2021年7月。

② http://finance.sina.com.cn/roll/20070402/04271304849.shtml，访问时间：2021年7月。

世贸组织,其中的许多法律、规则都是欧美国家制定的。因此,我国在认知上、人才力量上与发达国家相比都还有差距,不能像欧盟那样在处理贸易纠纷问题上游刃有余。

让我们再扼要介绍中欧鞋类贸易摩擦的缘起和过程。2005年发起的中欧鞋类贸易纠纷是欧盟成立十年来经手的最大一起反倾销案。2005年,根据中欧之间的入世协议,欧盟取消对中国鞋类长达十年的配额限制,并降低进口关税,中国鞋出口激增。据欧盟方面的统计数据,2005年中国鞋占欧盟鞋市场的一半,达12.5亿双,其中反倾销措施涉及的鞋为1.74亿双。欧盟还称,2001年到2005年,中国皮鞋对欧盟的出口增长了9倍,其中2005年比2004年增长了3.5倍。1998年到2004年间,欧盟皮鞋生产能力就已经从11亿双下降到了7亿双。2004年12月,意大利制鞋协会向欧盟申诉,要求对中国鞋进行反倾销调查,由此拉开围绕"反倾销""非市场经济地位"的鞋纠纷的序幕。欧盟的制裁涉及1200多家中国制鞋企业,影响400多万人的就业。为更加清晰展示纠纷的历史,我们以下表示意:

中欧鞋类贸易摩擦历史过程

时间	事件	中方直接、公开对欧盟的反应
2004年9月16/23日	西班牙埃尔切市焚烧价值一千多万欧元的中国鞋,爆发针对中国商人的示威游行	9月24日外交部部长助理约见西班牙驻华大使,要求西班牙政府立即调查,惩罚暴力行为者
2005年2月1日	在中国加入世贸组织(2001年)、鞋类配额期满后,欧盟实行为期一年的"事先进口许可监控"制度	

（续表）

时间	事件	中方直接、公开对欧盟的反应
2005年6月27日、7月7日	欧盟对原产于中国的劳保鞋、皮鞋两项分别决定开始反倾销调查	
2005年11月7日	欧盟就倾销问题对中国四家劳保鞋企进行实地核查	商务部部长："不希望因小利而伤和气"；11月12日在北京召开"中欧鞋业合作论坛"
2006年1月12（19）日	欧盟决定拒绝给予13家中国制鞋企业"市场经济地位"	
2006年2月23日	欧盟宣布拟从4月7日起对中国皮鞋征收初期反倾销税，6个月内从4%分段上至19.4%	商务部新闻发言人：就欧盟公布皮鞋反倾销案初裁方案发表谈话；3月12日，皮鞋企业成立"反倾销应对联盟"
2006年3月23日	欧盟近日正式宣布，将从4月7日起在六个月内分四个时间段对我国出口欧盟的皮鞋征收初期反倾销税	商务部称：商务部正和欧盟就欧盟对华皮鞋征收反倾销税事件保持积极沟通
2006年7月7日	欧盟就中国皮鞋反倾销调查最终裁定披露文件	
2006年10月5日	欧盟终裁：25个成员国12票反对，13票赞成。从10月7日起征税16.5%，为期2年；为中欧最大反倾销案，涉及1200多企业，400多万员工	商务部公平贸易局表示，中国政府尊重并支持国内部分鞋企上诉欧盟法院
2006年12月7日	欧盟关闭上诉期	中国1200多家企业中14家上诉
2008年11月	欧盟宣布对中国出口皮鞋及童鞋征收为期2年的16.5%反倾销税再延长12—15个月	

（续表）

时间	事件	中方直接、公开对欧盟的反应
2009年1月	欧盟发起反倾销"日落复审"调查	商务部新闻发言人3日发表谈话：中方对欧盟对中国皮鞋发起反倾销"日落复审"调查表示遗憾，中国政府反对欧方以任何形式延长该措施
2010年4月	欧盟初级法院驳回中国奥康等五家鞋业的诉讼请求，宣布中国鞋企一审败诉；这场一审官司耗时4年，这期间中国奥康等5家企业3次奋起应诉、抗辩	当年5月，五家中的4家鞋企感觉二审胜诉无望，宣布放弃上诉；唯独奥康不惜承受巨额的诉讼费，决定继续上诉至欧盟高等法院
2010年4月8日	为解决由欧盟发起的不公正的国际贸易争端，中国政府上诉世贸组织	
2011年4月1日	欧盟宣布，正式取消对中国皮鞋征收16.5%的高额反倾销税，维持了近5年的不合理贸易保护措施"寿终正寝"	
2012年11月	欧盟高等法院终审判定中国浙江奥康鞋业股份有限公司胜诉，标志奥康公司在行政上和法律上取得抗辩欧盟皮鞋反倾销案的双重胜利	

外贸冲突话语的研究方法

当代中国话语研究的重要目标之一，是寻求方法创新。传统的西方话语分析，受语言学束缚，方法上拘泥于词句章法，目的只是求得某些语言结构的意义（或"意图""功能""现实再现"）。而这里要探索的方法创新道路是，在文化话语理论的视野下，一、联系定性方法和定量方法，二、结合文献调查和文本分析，三、兼用直觉经验和实证材料，以有效回答和解决我们的实际问题。本章所要解决的具体问题是中方在与欧盟鞋类贸易纠纷中是如何运用话语的，包括相关交际要素以及总体情况。为此，研究总体的方法步骤如下：

（1）首先通过中、欧双方各种媒体渠道提供的资料理清中欧鞋类贸易摩擦的基本历史过程，并找到突出事态的转折点（纠纷的发生、持续、升级、转化或消失）。这样可以帮助我们有目标地收集中欧双方的话语素材，也为下一步的话语解析准备背景信息。

（2）以中欧贸易纠纷的发生时间为历史线索，在一边收集欧盟方面的话语素材的同时，一边收集中方的话语素材，作为下一步研究中方话语情况的背景信息。其中各方的话语素材又可分为以下几类：（a）政府话语，（b）行会/协会话语，（c）企业话语。

（3）如同第一类性质的信息资料，我们还需要收集有关第二类话语素材的信息资料，比如来自第三方的新闻报道、评论文章。这些也可以帮助我们更好地认识、评价中方的话语策略。

在材料分析上，我们的政策是从实际出发，多元合作、灵活应用。据此，我们将根据手中的材料和相关的信息，运用东西话语研究的方法和原则，比如，国际贸易、民俗学、社会学、传播学、话语分析、语用学、修辞学的分析和评价概念、理论、标准,以及中华学术传统中的相关理论、概念、方法和原则。

结合这些不同的方法和原则,我们的基本分析、评价角度还需是跨文化的,基本的分析问题是:谁(不)在说话,(没)说什么,如何表述的,构建什么样的社会关系,时空把握如何,文化关系把握如何,产生何种影响?具体地说,分析、评价的问题围绕下列不同方面展开:

(1)中方发出声音的组织和人物;那些该发出声音但没有发出声音的组织和人物;数量以及时间分布情况;他们之间的交流情况。

(2)中方的话语内容,特别是立场如何,立场的依据或理由如何;是否切题甚至提出了新话题,他们是如何描述对方和自己的?

(3)表达的形式如何(直接的、间接的、商量的、示威的等);他们面对、解决冲突的方式如何?

(4)话语的媒介形式如何?是报道、评论、采访、网站、背景描述还是新闻发言、发文、法律文件等?语言使用情况如何?

(5)反映的速度如何?

(6)双方通过话语互动所形成的社会文化关系如何?

(7)在中方什么样的话语条件下,欧盟方面出现什么样的变化?

(8)中方如何作用于中华历史文化?

(9)发掘出中方关于与欧盟贸易摩擦的话语策略之后,我们还需要对其进行评判,以指导今后的话语,甚至可能对于其他贸易伙伴的纠纷也有一定的借鉴意义。我们的基本出发点是，(a)贸易双赢，(b)从长计议，(c)人类和谐。这些是中国本土与全球标准的结合。在这个原则下我们根据中方各团体的不同性质对他们在摩擦过程中所表现出的话语特点/策略进行评价。

（10）对于中国的话语来说，我们的研究不应把自己当作唯一正确的法官；我们应该将对方作为相互批评、对话的对象和主体，特别在人格价值上，不应该把自己看成是高人一等的法官，而要以清晰的标准去衡量话语实践活动。

贸易纠纷话语的策略

在拥有了相应的理论和方法，并掌握了贸易纠纷的背景和过程情况的基础上，让我们转向具体的中方话语实践的分析、阐释和评估。在下面引用的例子中，黑体字用以凸显相关话语策略（结构）；【 】符号表示作者添加的说明。

谁是贸易纠纷话语参与者？

上面说过，我们话语研究的一个重要问题是"谁（不）在说（对）话"，因为这关系到话语事件的主体。因此，这既是一个交际问题，也是一个社会学、心理学问题。方法上，我们通过（多重、大量）文献的采集和阅读加以解决。

从各种间接的媒体渠道我们发现，中方有不同层次、不同性质的组织、团体、人物参与、引导、推动鞋类行业应对欧盟反倾销调查和征收反倾销税的活动。另外，也推断，外交部、商务部、省经贸厅、市政府、行会和协会、企业是（可以）发挥重要作用的主体的一部分。然而，主动参与者主要是商务部门负责人和行会负责人，而受影响企业的数量极少，而且发出声音的主要是几位企业领导人，法律界的则更少。从参与者的"社会秩序"（发话人与受话人的社会地位的结构关系）来看，政府、行会领导人相对企业发话的情况居多。与此相关，这些发话者主要还是对内而非向外、指向欧盟的。这意味着，与欧盟的话语情况相比，中国所呈现的话语主体力量比较弱小。

Chinese Assistant Foreign Minister Shen Guofang called in the Spanish ambassador to China Thursday after violence against Chinese shoe shops in Spain's Elche city. Shen urged the Spanish Government to take concrete measures to fully investigate the case immediately and punish those involved, according to a Chinese foreign ministry source.（China urges Spain to punish arsonists，China Daily网站，2004年9月24日，http://www.chinadaily.com.cn/english/doc/2004-09-24/content_377260.htm）

有关鞋类生产商200余人参加了会议。会上**温州市人民政府陈宏峰副市长**致欢迎词，**商务部公平贸易局王世春局长**做了动员发言，我会【**中国轻工工艺品进出口商会**】栾春生副会长对中欧鞋类贸易情况和冲突背景做了介绍，浙江省外经贸厅金永辉副厅长、**中国皮革工业协会张淑华副理事长**也在会上做了发言。**浙江赛纳集团董事长**也代表涉案企业进行发言，表示了积极应诉的决心。（我会组织召开劳保鞋和皮鞋反倾销应诉会议，中华人民共和国商务部网站，2005年7月4日，https://finance.sina.com.cn/roll/20050714/1001201482.shtml）

奥康鞋业董事长王振涛说："我想特别在这个时候，

是关键时刻也是非常时机,那么首先我想到的就是我们怎么来面对和解决这个制裁的问题,或者是一些关于WTO的游戏规矩的问题,**这个需要政府和协会出面协调,这是最重要问题。**"(中国网,http://www.china.com.cn/chinese/jingji/906679.htm,中国财经报道,2005年7月5日)

"这几年来,中国鞋企在这起官司中已尽力维权,现在到了节骨眼上,**只有政府层面反击才可能阻止欧盟延长征税。**"吴振昌【广州创信鞋业董事长】说。(北青网,https://www.yicai.com/news/199176.html,《第一财经日报》,2009年12月8日)

蒲凌尘【律师】认为,不管环境怎么恶劣,都不应当影响反倾销的应诉。尤其是我们国家在上一次原审应诉中,已经取得了不错的成果,日落复审给中国鞋企提供了一次彻底翻身的机会,放弃等于半途而废。温州市鞋革协会秘书长谢蓉芳也表示,这次复审对温州鞋企是一次很好的机会,不能错过,"错过会后悔的"。(应诉日落复审救得了中国鞋业吗,《法人》,2008年11月12日,http://finance.sina.com.cn/chanjing/b/20081112/10205497223.shtml)

在此次欧盟的反倾销裁定中,国内受到影响的制鞋企业超过1200家。截止到目前,除奥康、泰马、金履、新生港元等企业正式向欧盟法院起诉外,上千家中国鞋企已放弃努力。(环球在线,2007年1月9日,http://www.chinadaily.com.cn/jjzg/2007-01/09/content_778319.htm)

正是从多重的这种媒体发布,我们发掘了中央和地方不同类型、阶层、组织、机构的参与者;也是从这些信息源看到了他们不同的身份和作用以及相关团体之间的社会关系。但是，最大的发现是，受影响的绝大多数企业选择了沉默。

他们如何应对欧盟挑战者？

联合应对。通过对中方不同群体、机构、相关人士的媒体发言和转述分析，我们可以看到，在如何应对欧盟的反倾销调查的问题上，国家、省、市政府、企业协会、少数企业的负责人以及律师，都表达相近的声音，即一方面要保持沟通，另一方面大家要联合起来，共同抗辩。

　　　　中国皮革协会相关负责人表示，出口企业遇到的困难可能会出现在以下几个方面：进口国针对进口产品设置的不合理的法律、法规和产品标准；在通关手续、港口仓储、收费等方面遇到的不合理的待遇等等。同时，出口企业对于一年来进口原材料的涨价情况（可列表说明）及产品在运输环节、报关环节等方面遇到费用上升也可向协会上报。**所有意见或建议应书面报中国皮革协会紧急应对组，电话010-85113971。**（欧盟对中国鞋实施事先进口许可监控，《京华时报》，2005年2月6日，http://finance.sina.com.cn/chanjing/b/20050206/07521354444.shtml）

　　　　"近期**我们都在为此事奔忙，从政府部门到商会、协会，大家都在为这个大案尽最大努力，争取能有一个好的结果。**"程处长告诉记者，目前**已确定我国有60家企业应诉，7家企业被抽样。**其中广州4家、香港投资的1家、浙江1家、福建1家。这些企业都已聘请了律师，在为此案积极准备。

　　　　据程处长介绍，此次行动由**商务部进出口公平贸易局和**

中国轻工工艺品进出口商会、中国皮革协会、温州市鞋革协会四个部门通力合作。同时，**中方和越方也有合作**，共同为此事努力。（应对欧盟日落复审 中国鞋企抱团抗辩争取权益，《市场报》，2008年11月24，http://finance.sina.com.cn/chanjing/b/20081124/13205544740.shtml）

"我们的目标是，将反倾销的最新情况介绍给大家，**同时希望有更多的鞋企参与**到反倾销中去。"温州市鞋革协会秘书长谢榕芳说。

关于日落复审，行业内常笑说是"永远日不落"，而我们这次的目标**就是把它打落下来**，一名与会者说。（四大协会密会温州应对欧盟对华鞋类反倾销，贸易视点网，2008年10月11日，http://www.sjfzxm.com/news/hangye/20090321/36821.html）

针对奥康等鞋企的行为，奥康诉讼欧盟的代理律师，同时也是此次中国鞋企应对"日落复审"的中方律师主要代表蒲凌尘认为，这是一种双保险。**如果集体抗诉胜利**，反倾销税取消，奥康等鞋企可以继续与欧盟法院的官司，让欧盟道歉，也可以撤销官司；**假如集体应诉失败**，那么奥康等企业与欧盟法庭的官司可以继续打下去，争取市场经济地位。（应对欧盟日落复审 中国鞋企抱团抗辩争取权益，《市场报》，2008年11月24日，http://finance.sina.com.cn/chanjing/b/20081124/13205544740.shtml）

昨日，**奥康集团、泰马鞋业、金履鞋业、新生港元等4家**上诉欧盟反倾销的中国制鞋企业一起发表了"中国鞋企应对贸易壁垒北京联合宣言"，呼吁**中国众多制鞋企业面对越来越大的反倾销压力，应该建立共同应对国际贸易壁垒**

第六章 贸易摩擦话语

的平台,共享信息,共担资金,共同表达自己的合法诉求。
(应对欧盟贸易壁垒 中国鞋企发出北京宣言,《第一财经日报》,2007年1月9日,http://finance.sina.com.cn/chanjing/b/20070109/03033227558.shtml)

揭露不公。一种较为常见的应对策略,是指出、揭示对方的不公——无理、无据、无法的做法,提出相关理由,并且表达不满或反对。

商务部新闻发言人崇泉24日就欧盟公布皮鞋反倾销案初裁方案发表谈话,认为欧盟对中国皮鞋征收临时反倾销税**缺乏依据**,他对此表示不满……崇泉说,众所周知,制鞋业是劳动密集型产业,中国的劳动成本低,具有这一行业的比较优势。中国皮鞋对欧出口并不存在倾销行为,欧方的指控是缺乏依据的。**中国鞋类产品对欧出口长期受到欧盟不公正的配额限制,欧盟迫于其在中国加入WTO时做出的承诺,在2005年1月1日取消了配额管理。**但此后仅一年多的时间,欧盟又急于对中国皮鞋采取反倾销措施,**带有明显的保护主义色彩,完全不符合当前WTO多哈回合贸易自由化的大趋势,也不符合欧盟整体利益,甚至欧盟内部的一些主要成员国也公开表示反对欧盟的这一做法。**崇泉说,欧方在此案调查中还存在许多问题,特别是在市场经济待遇裁决问题上**缺乏客观公正性**。皮鞋行业是中国市场化程度最高的行业之一,98%的企业是民营和外资企业,而欧方却**无视这一事实**,否决了所有中国应诉企业的市场经济待遇,并拟征收反倾销税,**具有明显的歧视性,违反了公平贸易的原则**。(商务部:

欧盟对我皮鞋征收临时反倾销税缺乏依据,大众网,2006年2月24日,http://www.dzwww.com/shandong/sdnews/200602/t20060224_1366032.html)

2006年3月23日,欧委会正式批准了皮鞋反倾销案的初裁征税方案,商务部新闻发言人崇泉说,中方对此表示不满。崇泉说,中国鞋类出口产品**并不存在倾销行为,也没有对欧盟产业造成实质损害**。欧方拒绝中国所有应诉企业的市场经济地位和分别裁决待遇的申请,**具有明显的歧视性**;裁决对所有涉案企业实行统一税率,这种做法**缺乏事实和法律依据,违反了公平贸易原则**。中方曾多次与欧方交涉,但欧方未予考虑,仍然通过了对中国皮鞋出口产品的征税方案,中国业界对此表示强烈不满。(商务部发言人:中国鞋类出口产品不存在倾销行为,华夏经纬网,2006年3月25日,http://www.huaxia.com/xw/dl/2006/00436991.html)

商务部进出口公平贸易局局长王世春9日表示,欧盟于2月23日宣布的皮鞋反倾销案初裁建议方案**缺乏事实依据和法律基础**,中国皮鞋对欧出口**并不存在倾销行为**……王世春说,欧方对中国皮鞋全行业征收统一税**缺乏法律和事实依据**。此案涉及皮鞋范围多达33个税则号,这些产品在档次、价格等方面存在重大差异,而欧方不做市场细分就对中国皮鞋全行业征收统一税,**明显不符合事实**。(欧盟对中国皮鞋反倾销案的初裁建议方案不符合事实,新华网,2006年3月9日,http://www.china.com.cn/chinese/2006/Mar/1148885.htm)

青岛双星集团进出口公司总经理于群力说,中国生产的劳保鞋,设备都是从德国进口的,一台设备都在70万—80万欧元之间,而中国企业仅仅处于整个链条的底端,赚取很微薄的利润，中国企业在牺牲了资源、劳动力和环境的前提下，却换回倾销的名声，**这对中国企业来说是不公平的**。（中欧鞋战前的民间和解路线图，中国经济网，2005年11月14日，http://www.ce.cn/macro/gjbd/zg/200511/14/t20051114_5198932.shtml）

分析利弊。中方不仅提出欧盟实施惩罚性关税的弊端，而且提出对方具有利好的方面或实现双赢的局面，以试图改变对方的认知和决定。

高先生【中国商务部副部长高虎城】表示，欧盟如实施惩罚性关税，不仅中国的1257家鞋类出口商将受到影响，而且还会有损478家欧洲鞋类公司、数家欧洲机械供应商、年对华出口达6亿美元的欧洲皮革生产商，以及受影响最大的消费者。欧盟必须在4月7日前，就是否建议实施反倾销关税做出决定。高先生表示，**中方要向欧洲消费者传递一个非常明确的信息：中国没有对欧洲的工业造成实质伤害，另一方面，中国提供了更多价廉物美的鞋类选择**。（欧否决我鞋市场经济地位 被征反倾销税几率提高，中国金融网，2006年1月13日，http://www.zgjrw.com/News/2006113/Main/861137448200.html）

"无论是从欧盟还是从中国的角度，我们**都不认为欧盟对中国鞋子的反倾销措施是一种明智的做法**。"周威举例说，西班牙制鞋企业主要为3-5人、10多人、20人的规模，200人以上的企业寥寥无几。而目前中国制鞋从业人员达220多万人，仅奥康一家就15000人。一个鞋子反倾销就影响到几百万人的就业。对欧盟而言影响更大，反倾销直接增高了欧盟成员国的采购商、消费者的成本，尤其是欧盟制鞋产业的上下游，如做鞋机的，他们失去了世界制鞋第一大国中国的市场。（中欧就欧盟贸易救济对话 中国企业直指欧盟保守，《中国经济时报》，2007年4月3日，http://www.chinaqw.com/tzcy/hwtz/200704/03/67842.shtml）

姚坚重申，在全球经济复苏过程中，各国尤其要避免滥用贸易保护措施，应通过对话与合作寻求互利共赢的解决途径，**贸易保护主义只会破坏互信，最终的结果是损人而不利己**。（商务部新闻发言人对欧盟决定继续对中国皮鞋征收反倾销税表示强烈不满，中华人民共和国商务部，2009年12月22日，http://www.mofcom.gov.cn/aarticle/ae/ai/200912/20091206690148.html）

他【商务部新闻发言人】表示，欧盟鞋类产业经过了长期的配额保护，加上过去两年的反倾销措施，产业已完成结构调整。目前，欧盟产业各项指标良好，对外出口强劲，说明欧盟产业是具有竞争力的，**没有必要再进行保护**。欧盟产业在全球的供应链管理中，逐步迈向中高端市场和研发设计创新，与中国产品并不直接竞争，**继续对华反倾销没有意义**。（商务部新闻发言人就欧盟对中国皮鞋发起反倾销日落复审表示遗憾，新浪网，2008年10月3日，http://news.sina.com.cn/o/2008-10-03/202214525733s.shtml）

提醒对方。还有一种应对对方的方式，是指出对方内部有分歧，或与我方有认同，以促使对方改变认知或决定。

第六章 贸易摩擦话语

商务部新闻发言人指出，欧盟于2006年10月对中国皮鞋采取的反倾销措施，缺乏充足的法律与事实基础，**在欧盟内部曾引起很大争议**。在最终裁决时，欧委会正是考虑到内部强烈的反对声音，才将反倾销措施由通常的五年改为两年，两年之后这项措施应当终止……商务部新闻发言人表示，我们注意到，**欧盟进口商、零售商和大部分成员国反对**继续延长该案反倾销措施，**也充分反映出欧盟内部要求**恢复鞋类产品正常贸易的强烈愿望。（商务部新闻发言人就欧盟对中国皮鞋发起反倾销日落复审表示遗憾，新浪网，2008年10月3日，http://news.sina.com.cn/o/2008-10-03/202214525733s.shtml）

暗示对策。在上面的例子中已经看到，在我方受到对方压力或威胁时，一些机构、组织、企业和行会提出了共同抗辩的决心。下面可以看到，政府（即商务部）在表示不满的同时，暗示可能采取反制措施。

商务部新闻发言人崇泉日前表示，中国对欧盟最终决定对中国产皮鞋征收反倾销关税的做法感到不满，中方将保留采取相应措施的权利。他在商务部网站上公布的一份声明中指出，中方认为欧盟在此案立案、调查和裁决过程中存在诸多与世界贸易组织规则和欧盟反倾销法不符的法律缺陷。**中国将密切关注和评估事态的进一步发展**。（中欧皮鞋之争诡异的政治游戏，金羊网-新快报，2006年10月9日，http://finance.sina.com.cn/roll/20061009/0959963248.shtml）

中国商务部副部长高虎城在布鲁塞尔进行了3天谈判后

表示，欧盟提出的限制中国鞋类出口的法律主张和事实依据存在"严重缺陷"。他预期欧盟不会实施这类关税，**但他表示，如有必要，中国政府准备在世贸组织的争端解决机构捍卫自己的利益**。（欧否决我鞋市场经济地位 被征反倾销税机率提高，中国金融网，2006年1月13日，http://www.zgjrw.com/News/2006113/Main/861137448200.html）

从历时的角度来看，虽然我方早在2006年就暗示可能开启世贸组织争端解决机制，但是直到2010年才真正行动。

发挥传统。在回应对方的策略上，中方也会运用中华文化的智慧和道德，既弘扬了中华文化传统，推动外贸思维的创新，又为改变对方做法做出了努力。

陈国荣【温州东艺鞋业有限公司董事长】在听证会上说，**中国有句俗话，"打一个哭，哄一个笑"**，而欧盟对中国鞋实施反倾销措施却是"打了三个哭，哄不来一个笑"……"即便欧盟对中国鞋采取反倾销措施，欧盟的大批制鞋商也笑不起来。"（中国鞋企慷慨激辩：对欧盟皮鞋市场"无损害"，《东方早报》，2005年12月3日，http://www.qingdaonews.com/content/2005-12/30/content_5795653.htm）

"合则共赢，不合则两败俱伤，"王振滔表示，"我们和欧盟并不是你死我活的关系，我们有很多共同的利益，加强沟通有利于找到双方都能接受的解决办法。"（温州鞋业挑战欧盟反倾销，《商务周刊》，2006年5月26日，http://finance.sina.com.cn/review/20060526/11452600565.shtml）

"目前中欧鞋业已经是'你中有我，我中有你'，对于任何一方的伤害,都必然伤及另一方,结果只能是两败俱伤。"中国轻工工艺品进出口商会会长霍晓虹在当日论坛上说。霍认为,商会之间的沟通与政府之间的磋商,在双方的贸易形势中犹如一车之两轮,两轮需要同时"作战"以解决争端。(中欧鞋战前的民间和解路线图,《经济观察报》,2005年11月13日,http://finance.sina.com.cn/g/20051113/10442114660.shtml)

商务部称,鞋类贸易仅占中欧贸易总额的2%不到,"我们不希望为了这么一点贸易利益而伤了我们的和气。"(中欧鞋战前的民间和解路线图,《经济观察报》,2005年11月13日,http://finance.sina.com.cn/g/20051113/10442114660.shtml)

自我化解矛盾冲突

除了一系列反击、消解、阻止欧盟方面发起的反倾销调查的话语努力,中方还有不同的话语策略,排解自身因此遇到的困难。

自我批评。在与对方发生矛盾时,中方的一种反应是自咎。这意味,他们预设贸易摩擦的原因在于中方自己。

温州康奈集团的陈总(陈增鑫)对记者表示,20世纪70年代美国底特律工人也很仇视日本丰田汽车,此次事件**也给中国企业提了个醒,即要在科技含量和品牌竞争力上多下功夫,而不是以数量和价格低廉取胜**,"这样人家想赶都赶不走你"。(中国外贸摩擦加剧 3欧元引发温州鞋纵火事件,《亚太经济时报》,2004年10月6日,http://biz.163.com/41006/8/121IE1NA00020QC3.html)

　　奥康集团董事长王振滔接受记者采访时表示……中国鞋企在争取欧盟市场的**同时要加大力度开拓新兴海外市场,加强国内市场的培育,最重要的还是要提高自身产品的科技含量,加快企业转型升级**,以此才能更好地应对反倾销给中国鞋业带来的影响。(广东财税务实网,2009年12月4日,http://www.taxlive.cn/? thread-193344-112.html)

辩证认识。在我方受到欧盟贸易挑战时,如何看待其贸易关系的性质、贸易战的后果等问题,是化解我方困境,计划下步行动的基础。下面可以看到中华文化的典型思维方式,即辩证思维——看到事物的两面性、变化性——以排解困难。

　　王振滔【奥康集团总裁】:……但有一点可以肯定,不管这场官司的输赢,对中国制鞋业来讲,**输了也是赢了,赢了是更赢**。如果我们赢了,欧盟也没有输,因为他们征税两年。中国企业也因此可能取消下一个5年。**即使我们输了,我们也可以从中学到很多东西**。我相信,欧盟不来,其他国家还会来,毕竟中国加入WTO的时间比较短,对国际游戏规则不是很懂。这次哪怕输了,下一次其他国家来,我们至少会知道该怎么做。所以,我们的目光要放在2年以后。(我们为公平和尊严而战——中国鞋业的国际化启示,新浪财经,2006年12月18日,http://finance.sina.com.cn/roll/20061218/16153174259.shtml)

开脱对方。从收集的资料和信息来看,对于为什么欧盟会搞反倾销,拒绝给予中国"市场经济地位",虽然多数组织、机构认为是欧盟的"贸易保护主义"作怪的结果,但是也有重要的人物把该问题或归咎于对方的"误解"或归咎为我方自身的弱点(比如制造、出售低端产品)。

在谈到欧方指责中国鞋类产业存在所谓的"低价融资""税收减免"等现象时,王世春【商务部进出口公平贸易局局长】说,欧方对中国鞋业的公开指责和相关评论与反倾销没有关系,**这其中有很多误解。**(欧盟对中国皮鞋反倾销案初裁建议方案不符合事实,新华社,2006年3月9日,https://www.cctv.com/news/financial/overseas/20060309/102811.shtml)

中国皮革协会相关负责人表示,实地核查对中国企业有利无弊,可以让欧盟官员看到正规的、上规模并与国际接轨的现代化鞋企,有利于消除**误解**。(欧盟委员会对中国鞋企进行反倾销实地核查,中国新闻网,2009年1月19日,http://www.chinanews.com.cn/cj/gncj/news/2009/01-19/1534134.shtml)

忍受痛苦。以上材料中商务部有关领导曾经说过"我们不希望为了这么一点贸易利益而伤了我们的和气。"而出现在下面材料的皮革协会也表达了容忍的态度:

相对于媒体的热络,中国各鞋业协会显得处变不惊。**中国皮革协会紧急应对小组负责人卫亚菲表示,目前国家没有正式的报告下来,中国的企业只能等待最后的结果。**她表示,在反倾销刚立案时,协会就给相关企业提出过预警,包括中国鞋类制造商应该调整自身产业结构等。如果最后确定的反倾销税比例是中国企业不能承受的,**对行业的打击事实上也不会太大**。"中国是全球最大的制鞋国和鞋类出口国,欧盟是中国第二大鞋制品市场,**但毕竟只占总出口量的14.6%**。不过可以肯定的是,我们不会放弃欧洲市场。"**中国轻工商会鞋分会王颖秘书长也表示,反倾销是个法定程序,现在只能静等结果。**她表示,20%的反倾销税,**中国有些企业还是能够承受的,事实上就算反倾销税高达30%,也有企业是能够承受的。**(网易,2006年2月25日,http://biz.163.com/06/0222/15/2AITG3VS00020QFC.html)

卫亚非表示对欧盟的提议非常失望,希望欧盟部长会议能认真对待此事,给予中国鞋企一个公正的裁决⋯⋯(商务部:反对欧委会建议延长对华皮鞋反倾销措施,第一财经网,2009年12月4日,https://www.yicai.com/news/199056.html)

撤退转移。最糟糕的策略可能就是临阵脱逃。更何况,这是出自中国皮革协会紧急应对小组负责人之口。

对此,卫亚菲称:"从长远发展来看,中国鞋业可以走市场多元化道路。"她指出,我国在投资东盟、非洲等地区都有优惠政策,企业**可以考虑产地转移。也可以考虑在北美、欧洲等地设厂尽量避免反倾销**。此外,"中档鞋应该在创品牌方面更扎实,只有在皮鞋行业做大做强才能掌握话语权。"(《中华工商时报》,2006年10月17日)

第六章 贸易摩擦话语

使用了哪些媒介和渠道?

在不同的场合下、运用不同的媒介（包括媒体、语言）、模式（如口头表达与法律文件的差异）进行对话、抗辩都会有不同的效果。上面我们已经看到，这些场合、媒介有互联网、记者招待会、（报界）访谈、国际论坛（包括中国—欧盟经贸混委会）、座谈会、吹风会、联合宣言等。这里我们要展现的是一种特殊的、不可或缺的媒介，即外国媒介。借用对方（这里即欧盟）的媒体发话可以达到事半功倍的效果。

Retail lobby groups said the decision would damage trade relations between the two blocs and add up to pounds 10 to the price of a pair of shoes on the high street. "This is the last thing we need," Alisdair Gray, the director of the British Retail Consortium in Brussels, said. "This is a dangerous precedent for EU-China relations." **He said China's trade negotiator, Gao Hucheng（高虎城）, made it clear in a meeting with the BRC his country was prepared to retaliate, and that China "would stop buying from Europe". A Chinese official in Brussels told Reuters the decision was "shocking". He said: "Now we must wait to see what the EU comes up with in its preliminary findings** [in the investigation]." (EU-China rift on shoe trade grows, *The Independent* (London), Jan 13, 2006, http://www.independent.co.uk/news/business/news/euchina-rift-on-shoe-trade-grows-522779.html)

Wu Zhenchang, a Chinese industry leader who helped set up a coalition of shoe makers to address the Europeans'

concerns, expressed anger over the decision but said he was hopeful of convincing Europe to reverse its decision. "I feel really angry because the excuses the EU (European Union) gave are ridiculous," said Wu, chairman of Chuangxin Footwear in southern China's Guangdong province, where around half of the nation's shoe exports are made. Chinese shoe manufacturers have set up a 375,000 usd fund to appeal the decision and Wu said he hoped they could present their case to the European Union next month. "When we collect enough evidence, we will propose the plea, probably at the beginning of April," Wu said according to Agence France-Presse, adding the coalition planned to hire European lawyers to make the shoe makers' case. (China, Vietnam angry over EU shoe tariffs, *The Dailly Star*, March 25, 2006,http://www.thedailystar.net/2006/03/25/d60325050552.htm)

But Yu appeared to bristle at that solution, saying that it was unfair for Europeans to protect their least-competitive industries when it remained so expensive for China to buy advanced Western goods. As an example, Yu said, Chinese manufacturers would have to sell 80 million pairs of shoes, each costing $3.30, to pay for just one European-made Airbus aircraft, priced at $260 million. Mandelson, who also participated in the conference Friday, said he would issue a report this year to EU governments and the European Parliament with recommendations for easing tensions over trade with China. (China rejects EU on shoe trade, *International Herald Tribune*, July 8, 2006, http://www.nytimes.com/2006/07/07/business/worldbusiness/07iht-yuan.2143488.html?_r=1)

必须指出，这里作为具有主流性质的媒体，使用的也主要是中文，外文的媒体形式很少。

有何影响和后果？

在长达六年的贸易摩擦中，中国的话语表现带来了什么？对于中国总体的、实际的影响，近期的和长远的，我们很难做确切的判断，但是，中方话语的确有可圈可点的地方。第一，因为坚持六年，不言放弃，不惜代价，坚决维护自己的利益，最终奥康在欧盟反倾销抗辩中胜诉。[①] 这说明，中国企业的法律努力是可能胜利的。第二，当中国政府2010年4月8日启动世界贸易组织争端解决机制后，2011年4月1日欧盟宣布终止征收关税。依此可以推测，中国政府的国际法律行动有一定促进作用。第三，如果像上述提到的有些人士那样，表达退缩、消极、被动的态度，那么对方挑战者也可能因此步步逼近。上面看到的欧盟日落复审后延长征收关税很可能就是这种态度的结果。

综合评估

以上我们对中方话语的各重要环节做了分析阐释。然而，因为各环节之间是联系的，个别环节的情况不能完全反映整体交际实践的意义。比如我们看到，虽然中方一些相关负责人提出了非常全面实在的论据来驳斥欧盟的反倾销调查行为，但是1200多家受损企业，除了奥康公司之外均放弃抗辩努力。那么，中方话语

---

① https://www.chinacourt.org/article/detail/2012/11/id/788764.shtml，访问日期2021年7月。

的整体效益就要大打折扣。这样也说明,内容分析、文本分析多么的不可靠。

下面,我们将不同交际要素分析联系起来,做一综合阐释,具体包括:描述和评价总体特点,总结优点、缺点,解释特殊问题现象。

第一,从2004年我国在鞋类出口受到欧盟反倾销调查挑战起,中央、省、市政府、行会、商会、企业及法律界都有发声,回应挑战,特别是相关负责人号召并支持受影响的企业联合抗辩。这其中,发声最为突出、抗辩坚持到底的是奥康公司,最终也只有奥康赢得抗辩胜利。

但同时必须看到,起初也只有少部分企业响应,但最后集体放弃维权的努力。一个相关的现象是,在纠纷过程的多个节点上,中方都出现了话语缺席。因此可以说,中方这次反倾销抗辩的参与度很低,这应该是企业遭受五年之久高额关税的一个重要原因。

第二,在反对欧盟贸易保护主义的话语内容上,中方提出了全面、多样、有力的论据,揭露欧盟反倾销的无理、无据、无益的本质。有些策略发挥了中华文化的智慧和道德,如整体观念、辩证思维、和谐伦理。这些策略是欧盟继续其霸凌行为的障碍。

第三,有些人把中欧贸易摩擦、欧盟霸凌行为解释成我方造成(商品廉价、低端、无品牌),或是对方的"误解"。对于贸易纠纷的性质、对方的动机认识和描述,可以影响双方进一步的行动,特别是将对方发起贸易保护主义行为归咎于自己,那么就很难扭转贸易不公的局面,甚至误导企业发展的方向。更有甚者,功能上应该维护企业的行会负责人,不仅语言消极,而且打退堂鼓。所有这种态度和表达,都可能对中方应对欧盟反倾销挑

第六章 贸易摩擦话语

战带来负面影响。

第四，在回应欧盟挑战过程中，中方采用了一系列不同的传播媒介和渠道。媒介方面，运用了互联网新闻报道、新闻社、报纸等；渠道方面，组织和参与各种级别的讨论会，使用了联合宣言；同时，中方的声音还通过外国媒体反映出来。但是特别需要指出的是，中方使用语言多为汉语，公开的英文信息量很少。这与欧盟方面的传播形成鲜明对比：互联网上常常出现长篇（有的上百页）正规（法律性）英文文件，攻击中方。

第五，各种材料直接或间接地披露中方在应对贸易冲突方面的弱点，包括行会的独立性和有效性不强，企业之间的协调性不够，应诉经验能力不足等，比如：

王振滔【奥康集团总裁】：加入WTO以来，许多企业对这种游戏规则还不是很懂。一些企业感到费用压力很大，另外就是对这种程序也不太了解。我想，不是这99%的鞋企不愿意起诉，而是他们还存在一些误区。（奥康集团总裁王振滔：我们为什么必须起诉欧盟，新浪财经，2006年12月18日，http://finance.sina.com.cn/roll/20061218/16193174268.shtml）

2005年欧委会发起反倾销调查时，中国企业在应诉上有点仓促应对，各自为阵，缺乏有力的协调，盲目选择律师，致使很多企业提交的市场经济地位的申请证明材料非常低劣。（打擦边球只会越陷越深，《财经时报》，2007年9月1日，http://finance.sina.com.cn/review/observe/20070901/15513938565.shtml）

行业协会与政府职能的分工是一种互补关系，既有利于政府自身效率的提高和公共服务质量的提升,也有利于行业协会弥补政府在市场中的不足。**而我们的行业协会与政府的关系过于紧密,两者之间许多功能发生重叠。由于行业协会被赋予了过多的行政色彩,使得"官商"链条更为紧密,相关调控政策被架空。行政力量的主导还造成政府与行业协会之间分工的混乱,容易引发"寻租"行为,降低政府工作效率。也正因为如此,"二政府"的帽子被牢牢扣在了行业协会的头上。**"中国的协会有这样一个习惯:领导不参加,工作难开展。这一方面说明中国行业协会的发展缺乏有效规范,过于仰赖政府的支持,另一方面说明行业协会自身发展存在障碍,是一种非市场化的方式存在,背离了行业协会发展的服务宗旨。"一位不愿透露姓名的行业协会负责人说。(行业协会"改革总动员",《公益时报》,2007年6月12日,http://news.sina.com.cn/c/2007-06-12/105413211128.shtml?source=1)

最后,欧盟的贸易霸凌意图、计划、行动基本一一得逞,中方鞋企在与欧盟的贸易纠纷中节节败退。在整个话语竞争过程中,不仅反映出双方的文化差异,也显露了中方的多重弱点。如何解释?

必须认识到,欧盟在国际贸易上已经积累了上百年的经验,而中国只是在2001年进入世贸组织之后才开展大规模的国际贸易,而且中国是一个发展中国家,在许多相关领域还有短板。另一方面,中国有自己独特的文化传统,包括与西方不同的世界观、价值观。所有这些可以说是造成上述话语特点、优缺点、规律的原因所在。

结语

虽然本章采用了定性和定量的方法，包括在研究的范围上、材料的类型和数量上，对中欧贸易纠纷过程的中方话语表现做了分析，但是在研究目标上是以定性为重点。我们看到了中方参与主体、言语行为、媒介渠道、效果影响等方面的特点，同时我们将这些交际环节联系起来，评估了其整体状况，发掘了优势，但也找到了弱点，并且给予跨文化的和历史的解释。

那么，我们能从这次中国的话语表现中学到什么？换言之，本章的研究结果对于我国处理外贸摩擦有怎样的实践意义？一个完善的中国外贸（纠纷）话语体系应该是怎样的？

- 理论上充分认识，外贸摩擦是一个文化话语现象，必须从话语体系的角度加以应对；
- 各级政府、行会应该积极行动，因为他们可以起关键的、引领性作用；同时，各相关企业必须勇于维权，积极合作，共同应对；同时各方应保证交流合作顺畅；
- 坚持外贸原则和规则，强化维权意识，积极采取行动；
- 为抵御、消解、转化对方的攻击性论点，提供全面、多元、关键的论据；如果给予警告，应加以相应的内容，避免空泛；在借助文化智慧和道德时，应兼顾对方的接受和我方的利益；
- 避免在冲突中表现软弱，打退堂鼓，或做不必要的自责；
- 广泛使用媒体，提高传播能力，包括运用国际语言（英语）和对方的媒体；

- 在掌握贸易规则、法律的基础上，及时、充分地应对纠纷过程中的问题。

最后，希望本研究的结论和建议可以帮助我们更好地理解和应对当下日益严峻的国际贸易危机，而本研究的模式在应用中可以得到进一步的完善。

讨论题

1. 特朗普执政以来，在其"美国第一"的政策引导下，借以关税壁垒、技术壁垒、知识产权保护，甚至"维护国家安全"等手段，推行贸易保护主义，给全球自由贸易体系造成巨大冲击，给中国经济和科技也带来严重危害（如2017年8月对中国发起"301调查"）。中国应该如何从话语的角度阻止、削弱美国的贸易保护主义行径？
2. 虽然理论上贸易保护主义弊大于利，但是许多大国经常使用贸易保护手段。如何从话语体系上根本扭转这种局面？
3. 试从文化话语研究的角度，分析中国与发展中国家间的贸易摩擦的特点和规律。

第七章　人权事业话语

　　人权事业及其发展，是当代中国政治和社会生活的重要方面，也是长期以来东西方纷争尤其是西方挑战中国的一个话题。因此，如何定义、理解、解释和评估当代中国人权——其状态、规律、特点，包括相关的国际传播，显然是十分关键和重要的问题。学界一般从哲学、政治、法律或历史的角度去认识，而"话语"的重要理论地位和作用至今尚未被重视。本章有两个相联的目的。首先，从"文化话语研究"视角出发，提出人权的话语观，即话语是人权理论不可忽略的重要构成方面：通过言语交际实践，人权得以生成、演变、维系、评判、使用；换言之，人权离不开特定的言说者、概念、价值、言行、媒介、历史、文化等交际要素。而当代中国人权话语，在多元文化互动、竞争的语境下，一方面声张本土文化立场，另一方面追逐文化权力平衡，同时也推动了自身人权观念和人权事业的发展。其次，在这一文化话语新视角指导下，对当代中国涉及人权的话语实践进行较为全面、系统的实证分析，发掘其特点、规律和意义。通过历史的和跨文化的观察和比较，我们发现，中国有源远流长的人权传统，但这种传统，不同于西方个人主义的人权观，它更加强调集体主义。在与西方人权话语的互动博弈中，由于中国文化的包容性和自省力，中国的人权观得到了丰富和拓展。在与西方人权话语互动博弈的同时，中国的人权话语，不仅制衡了西方人权话语的霸权，而且也推动了人类人权观念的发展和全球人权话语的进步。

问题与目的

人权，是西方政府、媒体、学界挑战中国最频繁、最持久、最核心的话题之一。这种挑战，形式多样、涉及面广、目的性强。尽管中国长期坚持国际对话与批评，特别是在改革开放之后，但是西方的进攻并没有减弱的迹象。同时还必须看到，对中国人权问题的挑战，处于西方大国主导的国际传播、舆论竞争场域之中，这里，东方社会一贯受到排斥、压制、诋毁（参见：张晓玲2006）。

对于人权问题，国际学界一般是从哲学、政治、法律或历史的学科角度去审视（Bufacchi 2017；Dancy 2015；Donnelly & Whelan 2020；Golder 2016；Kreide 2016；Lamb 2018）。尽管不同学科内部有分歧，但是往往还是从西方中心主义的视角出发。而国内学界，由于历史原因（比如"文化大革命"期间人权被认为是资产阶级的东西），对于人权问题的研究相对薄弱（徐显明2001）。而这里最为突出的短缺是，"话语"的重要理论价值和作用至今远未被认识。因此，中国对人权的认识、理解、阐释、评估、传播，基本处于四分五裂的状态。

面对中国人权的国际纷争和文化挑战，有急切的必要提出新问题，探索新对策。究竟什么是人权，与话语有什么关系？中国人有怎样的人权观，从何而来，有怎样的传统、规律？当代中国的人权状况究竟如何，有何特点，为什么？这一切应该如何去认识和理解？

本章有两个相联的目的。一是以"文化话语研究"为基础，构建一个具有全球视野，反映民族立场，更加全面、深入、系统的人权话语理论。二是从话语的新视角出发，以历史和跨文化的维度，对当代中国人权话语（即改革开放以来的）做实证分析，以揭示其文化特点，评估其历史价值，阐释其人类意义。最后，在此研究基础上，提出进行人权国际对话的策略和原则建议。

我们希望，从文化话语研究的视角重新认识人权，对现行的人权理论是一种补充、拓展和丰富。而对当代中国人权话语的实证分析，可以修正国际学界，乃至西方社会的认识偏差，改善他们的态度。除此之外，揭示话语在人权事业发展上的作用和意义，包括中国人权事业全球传播中的得失，将对未来的实践提供策略指导。

"文化话语研究"视角下的人权

对于人权的性质和主要问题，国际学界没有统一的认识（Bufacchi 2017; Dancy 2015; David 2018; Donnelly & Whelan 2020; Golder 2016; Grear 2017; López 2019; 高连升 2004; 夏勇 1992）。人们通常采取的是哲学、政治、法律、或历史的学科视角，即使在同一个学科，由于受不同哲学传统的影响，也往往出现截然不同的观点。然而，尽管不同学科内部有分歧，总体还是采取了西方中心主义的立场（Regilme Jr. 2019）。其后果是，东方的人权便受到曲解、诋毁。

相比国外，国内学界对于人权问题的研究较为薄弱。这里有历史的原因，比如"文化大革命"期间，人权被认为是资产阶级的东西，因而讨论受到了制约。而在国际领域，如同其他问题的研究，相关讨论更是处于基本缺席的状态。这也意味着，相关问题的国际交流、传播也更加受到压抑。

然而，无论国内还是国外的人权研究，在理论和实践上都普遍忽视了"话语"的重要地位、作用和意义（参见：Bufacchi 2017；Falcón 2015；Weatherley 1999）。在本文中，话语是指一定历史和文化关系中人们运用语言、媒介为了某种目的而进行的交际实践/事件。显然，它是多元交际要素的集合：对话主体，言语行动，媒介渠道，目的效果，历史关系，文化关系。话语是社会交往行为，构建现实，行使权力，改变世界。人权，如同其他任何现实、精神的和物质的，都离不开社会交际实践。

那么，作为本章的第一个目标，我们要提出和建立一个新观念：人权，无论还有其他什么特性，都不能脱离话语；必须通过言语交际实践，人权才得以生成、演进、维系、提高、使用、传承；换言之，人权离不开特定的言说者、概念、价值、言行、媒介、历史、文化等交际要素。没有关于人权的语言，没有人谈人权，或反之，有丰富的人权论述，大家都在讨论人权，人权被作为工具用来解决问题，改变社会，本身就是人权的至关重要的方面。同样道理，过去不讲人权现在讲，过去反对人权现在支持人权，以前人权是学术话题而现在人权是法律保护的对象，本身也是人权的实在情形。那么，在研究方法上，要认识、理解、解释、评价人权，也应该通过话语的路径。

作为话语的人权，或者说人权话语，从"文化话语研究"（第四章；参见Shi-xu 2005；Shi-xu 2006）的视角看，虽然在全球交际的体系中具有一定的共性，但更重要的，被忽视或压制的是其文化性——话语体系的差异性和互动性（Bagchi & Das 2012）。这意味着，在探索和建设人权的普遍性的同时，当前研究的紧要任务是挖掘和彰显人权的文化性，即特定民族群体的话语异质性以及与其他话语体系的互动关系。

就当代中国人权话语来说，我们就应该特别关注，是什么样的个人、组织、机构在谈论人权（包括谁不谈论），他们是如何定义、认识、描述、利用人权的，运用了哪些媒介和渠道，为了什么目的产生了怎样的效果，这些变量有何历史变化，与传统有怎样的关系，等等。

当代中国人权话语是中国话语的有机部分，那么，必须放在这个大文化语境下来理解，两者相互构成，相互作用。特别是中国（传统）文化对于当代中国人权话语的影响，也应该成为重要的课题。此外，同等重要的，中国人权话语、中国话语又置身于更大的国际、全球交际的多元文化系统之中来理解。双方既有体系差异关系，又有体系互动关系。那么，观察中外人权话语有何差异，互动产生了什么影响、形成了怎样的（权力）关系，是认清中国人权话语性质、特点、规律的必要途径。一个文化圈下的人权话语，在全球人权话语秩序中的地位和作用，也应该成为我们探索的目标。

这里让我们盘点当代中国人权话语的语境内容，为下一步认识和解释前者提供基础。首先，冷战结束后，国际大众传播领域被美国统领的西方体系所掌控，形成了一个话语霸权秩序。这里，美国/西方操控传媒，设置议程，决定内容，定义事物的性质和界限。但同时，在这样的霸权格局中，有来自非西方世界的抵御和反抗，尽管他们的力量有限，但是在不断增强。因此可以说，中国/东方和美国/西方之间的跨文化交际，并非完全由美国/西方所控制，而是一个压迫与反抗、操控与反操控的动态过程（Shi-xu 1997；Shi-xu et al. 2005）。其次，中国文化传统要求，人们在做人行事（当然包括话语）上应该贵和尚中，和而不同，包容变通（蔡帼芬 2002；陈崇山等 1989；Chen 2004；方汉奇、陈业劭 1992；匡文波 2001；李彬 2003；梁家禄等 1984；刘继南 2002，2004；邵培仁、海阔 2005；盛沛林等 2005；俞可平等 2004；张国良 2001）。再者，近代史里，世界列强侵略、掠夺、压迫、剥削中国人民，给中华民族带上长达一个多世纪的半殖民地枷锁，这一历史记忆催生了强烈的反帝反霸的斗争精神（Shi-xu & Kienpointner 2001）。另外，改革开放以来，中国取得了举世瞩目的政治和经济成就，国际地位迅速上升，使中国增强了自信心，有了积极参与改革不合理不公正的国际秩序的动力（Shi-xu，2006）。

中国人权的话语进路

本章的第二个目标，是运用上述人权的文化话语理论，去重新观察、发掘、审视、评估当代中国人权的特点、性质、规律。这意味着，我们需要对中国人权话语做全面、系统、动态、细微的分析。那么，什么是"中国人权话语"？上面已经解释，"人权"没有固定、标准的概念和用法，它是文化话语实践的一部分。因此，对于研究材料，我们采取包容的政策，将中国有史以来涉及人的本性、特点、价值、需求、道德、权利的话语现象作为"中国人权话语"的样本。

在方法上，我们需要考虑材料收集、研究问题、分析手段三方面问题。

首先，为了尽可能全面反映中国人权话语现象，我们将采集和运用长期的历史材料和相关信息，而且要源自不同的社会场景,还需要积累充分的量。如果没有人权的第一手材料,那么就用间接的二手材料。另外,还需采用与中国话语互动的材料,这里即是美国的相关话语。具体地说,这些材料包括:自先秦以来的文字信息,民国时代的相关信息,新中国成立后中国社会不同领域的第一手和第二手材料——政府、媒体、法律、文艺、学术界。美方材料包括网络公布的政府文件,以及相关媒体报道。

第二,根据这些不同类型的材料和信息,对于本研究的目的,我们设立下列问题(上文的理论分析已经示意了总体研究方向):

- 当代中国人权话语的国际语境
  (a)西方是如何定义"人权"的?
  (b)西方人权话语的历史语境如何?
  (c)是谁在人权问题上挑战中国,在什么语境下?
- 当代中国人权话语的历史语境
  (a)传统中国有哪些与西方人权观相近的观念?
  (b)中国人权话语走过了怎样的历程,与西方话语形成了怎样的关系?
- 中国人权话语的当代实践
  (a)有哪些交际主体?
  (b)是如何阐释人权观的?
  (c)是如何处理人权问题的?
  (d)使用了哪些媒介(媒体形成)、模式(交际形式)?
  (e)出现在何种场合下(应对什么情况)?
  (f)改革开放以来有哪些变化,与改革开放前有什么不同?

- 中美人权话语互动
  (a) 中美话语体系互动的历史过程如何？
  (b) 中美话语体系互动的当代状况如何？
  (c) 这种话语体系的互动产生了怎样的影响？
- 当代中国人权话语在全球（人权）话语格局中的位置、作用和意义
  (a) 当代中国人权话语在全球（人权）话语格局中处于什么地位？
  (b) 当代中国人权话语给全球（人权）话语格局带来了什么变化？
  (c) 当代中国人权话语对于人类人权话语的发展有什么意义？

最后，为了回答这些多元复杂的话语问题，我们需要相应且具体的方法。依循材料的性质和特点以及我们的研究目的，我们的原则是采取灵活、多样、跨学科的技术手段。这些包括：文献（历史记录、法律文件）阅读，以求得相关事实依据；社会学调查，以了解话语主体情况；借助人权研究，掌握人权思想和人权发展的脉络；运用传媒学概念，分析媒介使用特点；依托语言学、语用学、修辞学的概念，诠释言语行为的意义；运用交际学相关思路（全球交际的秩序），评估特定话语体系的意义，等等。

第七章 人权事业话语

中国人权观源远流长

尽管国际社会有《世界人权宣言》，但是实践上没有一个统一的概念。不同的民族、不同的时代都有不同的认识、不同的用法、不同的历程（高连升 2004；夏勇 1992）。因此，重要的是发掘和澄清特定文化语境下"人权"概念的发展和运用。

现代和当代意义上的人权概念，产生于近代西方，"人权"的提出和要求也是对当时社会矛盾的反应（黄枬森 1994；夏勇 1992）。首开承认和保护人权方面先河的英国《自由大宪章》（1215年），是13世纪初王权、贵族权和教权三权激烈冲突的产物，目的是保障封建贵族和教会的特权及骑士、市民的某些利益来限制王权（孙平华 2009）。提出"人人生而平等"名言的美国《独立宣言》（1776年），是殖民地与宗主国斗争的产物，目的是为了摆脱英国统治、断绝和英国之间的政治关系、取消对英王效忠的义务（曾尔恕 2004）。受法国启蒙思想、美国《独立宣言》和英国资产阶级革命理论影响的《人权和公民权宣言》（1789），是资产阶级及广大劳动群众与封建君主斗争的产物，目的是为了维护资产阶级的利益（姚洪亮 1992）。这里一个共同核心特点是，都有具体的社会矛盾作为起因，都是受压迫集团为争取和维护自身利益而提出了人权的观念，而且都强调个人的权利和政治的权利。

人权，无论用什么词语表达，无论其具体含义和实际意义如何，或与西方人权有无差异，或发生怎样的内涵变化，始终是中国话语的一部分。尽管传统中国没有与西方对应的人权观，但是远在春秋战国时期，中国人便建立了儒家人道主义思想，对于人性、人的价值、人的需求、人的准则，提出了自己的观念（张少慧 2007）。这里，"仁""仁爱"，被看作是人的核心特质，同时也是对于做人做事的基本要求。与此相连，还有"己所不欲，勿施于人""先人而后己"等，这些都被当作做人的信条和原则。太平天国的革命纲领《天朝田亩制度》主张，"凡天下之田，天下人同耕"，表达了人人平等的价值观。近代中国人权法思想史上，梁启超的团体主义、国家主义人权占有突出重要的地位。1922年，《中国共产党对于时局的主张》中写道，"因为殖民地的工农群众，为自求解放计，必须力争整个的民族解放，推翻本国军阀及世界帝国主义，才有出路……中国人民要解除切身的苦痛，追求苦痛的来源，则推翻外国资本帝国主义及国内军阀的压迫，实是刻不容缓的事"。① 所有这些话语实践，涉及民族的自由、人身的自由、行动的自由等，在理念上都无不与（现当代）人权相联。

"人权"一词只是在近代中国才出现（杜钢建 2007；吴忠希 2004；我们以1840年鸦片战争作为中国近代人权话语的起点）。中国是《世界人权宣言》（1948年）的起草国、签字国。② 新中国成立后（我们以1949年作为中国现代人权话语的起点），媒体也持续有涉及人权的文章，如"美国的种族歧视"（刘祝平，《新华日报》1951年12月），"维护人权、保障民主、严肃纪律"（《长江日报》社论1952年2月19日）。

"人权"的含义和用法，在近代和现代中国发生过重大变化

---

① http://cpc.people.com.cn/GB/64162/64165/65700/4442237.html，访问时间：2021年7月。

② 《世界人权宣言》共有30条人权规定，其中第一条说道："人人生而自由，在尊严和权利上一律平等。他们富有理性和良心，并应以兄弟关系的精神相对待"；第二条："人人有资格享有本宣言所载的一切权利和自由，不分种族、肤色、性别、语言、宗教、政治或其他见解、国籍或社会出身、财产、出生或其他身份等任何区别。"

（黄枬森 1993）。20世纪50年代末，当西方开始就人权问题攻击中国时，"人权"语义和含义逐渐变得消极，一些文章题目已经清楚地表明："反对美国借口维护人权和自由来干涉我国内政"（傅铸，《政法研究》1959年6月）；"人权"是资产阶级的口号（余良，《文汇报》1979年4月8日）；"争取人权"绝不是无产阶级的口号（许崇德，《广州日报》1979年5月7日）。这期间发生了"文化大革命"，资产阶级成了众矢之的，因而60年代几乎没有讨论人权的声音。一直到改革开放之初，关于人权的讨论一般也只局限于哲学、政治学文献之中，如"国内报刊关于'人权'问题的讨论综述"（《哲学译丛》1979年2月）。有文献（中国人权发展基金会 2003）解释了人权话语变革的原因：

> 我国理论界对人权问题的讨论始于1978年，主要围绕"人权是不是资产阶级的口号，社会主义可不可以使用人权概念"等问题展开的。讨论有两种观点：一种观点认为，人权是资产阶级的口号，社会主义不能采用这一概念；另一种观点认为，人权不是资产阶级的专利，社会主义应该讲人权。这一讨论的出现，有其深刻的历史和现实原因……而这一讨论之所以可能，是因为党的十一届三中全会重新确立了"实事求是"的思想路线，把人们从教条主义和思想僵化中解放了出来，为讨论人权问题创造了良好的社会环境，为重新认识人权问题提供了思想前提。

而改革开放（我们以1978年作为中国当代人权话语的起点）以后，中国社会开始积极正面地讨论人权，分别于2004年和2007年将尊重和保障人权写入国家宪法和中国共产党章程。随之，

"人权"由贬义词变成褒义词（关于法律话语带来的变化见下文）。从此，政府、媒体、学界关于人权的讨论持续增加（参见：徐显明2001，中国人权发展基金会2003）。

如果人权没有普世的定义和概念，那么可以说，中国的人权话语源远流长，延续至今；如果说人权话语本身就是人权的重要有机构成，那么可以说，中国具有久远的人权传统。另一方面，在中国的人权传统中，人权的概念和价值是变化的；不仅如此，从排斥个人价值到包容个人价值的人权观转向，可以看出，中国的人权观具有开放性、包容性、历史自觉和文化自觉。

中国人权话语的主体

关于人权，中国不是"后来人"，更不是"局外人"。前文提到的一个重要事实是，中国是《世界人权宣言》（1948年）的起草国、签字国之一。中国代表张彭春是起草委员会的唯一副主席，也兼任人权委员会副主席。[①] 如果我们将《宣言》作为人权现代意义的起点，那么，中国就是现代人权概念生成的发起者、参与者、支持者。

另一个有重要话语意义的人权事实是，人权话语主体的重大变化：多元化和数量的增加。从20世纪60年代到改革开放之前，人权话语的主体主要集中在哲学、政治学圈内以及新闻报道（前文已经提到国内和国际政治的原因），而改革开放后（让我们将

---

① 见联合国官方网站：http://www.humanrights.cn/html/2015/zxyq_0506/5226.html）。1948年12月9日至10日，联合国大会第180次至第183次全体会议审议了第三委员会的报告。然后，大会主席召集联合国成员国投票，以通过《世界人权宣言》。结果48个国家赞成，8个国家弃权，国际社会一致通过了《宣言》。

其划为当代人权话语的起点），有越来越多专业的人权话语主体出现，它们包括：学术基地（如中国政法大学人权研究院。2011年，教育部批准在南开大学、中国政法大学和广州大学三所高校分别设立国家人权教育与培训基地。2013年8月，三校共同创建"人权建设协同创新中心"）、非政府研究组织［如中国人权研究会（1993）］；中国人权发展基金会（1994）、大学人权研究中心［如北京大学（1991），中国人民大学（1991），中央党校（1994），山东大学（1990），复旦大学（2002），南开大学（2005），广州大学（2004）］、网站［中国人权网，http://www.humanrights.cn/（1998）］、论坛（北京人权论坛、南南人权论坛）、会议（如2008年中国人权研究会主办的"中国改革开放与人权发展30年"学术研讨会）、期刊（如《人权研究》，中国政法大学主办）。

下文会看到，当代中国政府，通过包括发布人权白皮书、与国际社会进行人权问题交流和较量等行动，更是其中突出的主体。

中国重新定义人权

改革开放前后的（现当代）中国人权话语，在很大程度上是在美国/西方人权攻击语境下发出的，因此也可以说是面向国际社会的。下面的新华社英文稿通过中国专家所做中西对比，凸显中国人权观及其形成的历史原因（以下例子中的黑体字表示作者观点的依据）：

Chinese officials and rights experts have repeatedly stated China's concept of human rights **focuses on the collective, specifically, state sovereignty, rights of subsistence and development of the people as a whole, while Western concepts give priority to the rights of the individual.** Dong Yunhu, vice chairman of the China Society for Human Rights Studies said **the differences largely stemmed from different historical backgrounds.** Western human rights concepts developed in the wake of calls to confront monarchies, religious authorities and feudal hierarchies after the Renaissance. "Therefore **individual and political rights** came at the top of the human rights agenda," he added. "China's recent history, however, involves cruel imperial invasion," Dong said. Imperialism caused a humanitarian crisis in China so human rights calls came with **the liberation of Chinese people and the founding of a people's republic.** (*Diversification of Human Rights Development*, Xinhua News Agency November 23, 2006; re-accessed: Aug 13, 2020; http://www.china.org.cn/english/news/189876.htm)

与上述相似,下面汉语报道,《人权专家:中西方人权观念有何不同》(http://news.sina.com.cn/c/2006-11-17/034910525036s.shtml,2006年11月17日)一文的论述:

新华社北京11月16日电(记者徐京跃、魏武)中国第一个以人权为主题的大型综合性展览"中国人权展"将于17日在京开展。著名人权专家、中国人权研究会副会长兼秘书长董云虎在就中国人权问题接受新华社记者专访时表示，人权问题既有普遍性，又存在特殊性，中西方在追求人权的基本理想目标、价值和内容上存在着广泛的共同性，**但是，受历史、自然、文化、社会制度等多种因素的影响，中西方在对人权的理解和实现方式上存在着明显的差异**。他认为，中国和西方在近代史上存在的巨大差异，是决定中西方秉持不同人权观念的重要原因之一。**西方**是通过自然发展的方式走向现代化，**而中国**则是在经历帝国主义侵略苦难后被动地追求现代化的实现，两者在革命和建设中面对的问题**有很大不同**。

他说，**西方**资产阶级文艺复兴和近代革命反对的是压制个人的封建专制制度，因此在提出人权概念的时候，**强调的是个人权利、政治权利**，其目的在于以人权对抗封建专制制度下的君权、神权和等级特权。但在近代中国，面对的是帝国主义、封建主义的双重压迫，其中尤其突出的是帝国主义给中国带来的人权灾难。**这就决定了中国革命的任务是反帝与反封建并举，并最终导致中国走的是一条争取国家独立、民族解放与争取个人自由权利并举的独特的人权道路**。他表示，在这一时期，对中国来讲，**以民族独立和解放为主要内容的集体人权**的实现自然成为首要的人权，国家主权和独立问题不解决，根本谈不上个人人权的实现。从义和团运动到孙中山领导的民主革命在内的历史表明，只有实现了中华民族的集体人权，才能进一步实现个人人权。**新中国的成立标志着中国实现了集体人权，为个人人权的实现打下了基础**。董云虎说，由于与西方国家的国情很不相同，中国对各项人权强调的侧重点也有所不同，**相对比较强调解决民**

生问题，强调各项权利的均衡发展。比如，近代中国的悲惨遭遇以及中国人口多、底子薄、人均资源匮乏、自然条件相对恶劣的基本国情，决定了在中国生存权、发展权历史地成为人民的首要人权；同时也决定了在中国生存权、发展权和经济、社会、文化权利与公民、政治权利的实现必须互相适应、协调发展、稳步推进。

以上两个例子都以中国与西方对比的形式，彰显中国人权的内涵，即更多地强调以民族解放、社会发展为主要内容的集体人权，而这种人权观有其独特的历史和现实原因。而第二个例子还提出了中国人权观的历史变化，即新中国成立后对于生存权、发展权、公民权的关照。

关于人权的保障维护方式，中国也提出了自己特殊的道路：

> Chinese officials on Wednesday called for international support for the country's efforts to ensure human rights for its citizens, **stressing that different modes of rights development should be respected. "With varied social systems, levels of development and historical and cultural backgrounds, different nations have varied modes of human rights development, and we should respect such diversity,"** said Cai Wu, director of Information Office of State Council, at an ongoing international human rights protection forum in Beijing. (*Diversification of Human Rights Development*, Xinhua News Agency November 23, 2006; re-accessed: Aug 13, 2020, http://www.china.org.cn/english/news/189876.htm)

第七章 人权事业话语

新华网新闻《"尊重和促进人权与建设和谐世界"国际人权研讨会召开》（http://www.china.com.cn/news/txt/2006-11/22/content_7394782.htm，2006年11月22日）也表达了相同的，以本土条件为保障原则的人权观念：

> 国务院新闻办公室主任蔡武表示，历史和实践证明，维护人权离不开和平稳定的国际环境，实现人权离不开全球经济的共同发展，推动人权进步更离不开世界各国的交流合作。**为实现全人类的普遍人权，世界各国要共同致力于建设一个持久和平、共同繁荣的和谐世界。**他说，各国的社会制度不同，发展水平不同，历史文化背景不同，实现人权的模式也肯定有所不同。应当尊重文明的多样性，尊重人权发展模式的多样性，**在完全平等、相互尊重、求同存异、取长补短的基础上，**推动人权领域的国际交流与合作。

这里，中国提出了人权保障与发展方式多元平等的论点，将各自特殊的历史和文化背景作为论据，而且还为实现普遍人权明确了条件、提供了方案。

中国人权话语的场语拓展

所谓"场语"，尤指为了社会场景的需求（如应聘面试、记者招待会、教学课堂）而采取相应的交际形态，因而也有特定的效力（施旭 2017：34）。前文我们看到，中国近代、现代人权话语出现在新闻、学术、政论场景中。但是，中国当代人权话语出现了更多的场语。2004年3月14日，中华人民共和国第十届全国人民代表大会第二次会议通过了第四宪法修正案,"国家尊重和保障人权"被载入宪法。① 这不仅改变了中国人权话语的历史,拓宽了其社会场语,而且因为以国家宪法(场语)形式被保护,人权在中国获得了受国家尊重和保障的最高权威地位:

中华人民共和国宪法(2018修正)

第二章 公民的基本权利和义务,第三十三条 凡具有中华人民共和国国籍的人都是中华人民共和国公民。中华人民共和国公民在法律面前一律平等。**国家尊重和保障人权。**任何公民享有宪法和法律规定的权利,同时必须履行宪法和法律规定的义务。

作为中国人权维护事业的进一步深化,中国共产党于2007年将同样内容纳入章程。类似的,由于以执政党章程(场语)形式出现,人权的神圣地位再次在中国得到确立:

中国共产党章程(2017修订)

总纲 中国共产党领导人民发展社会主义民主政治。坚持党的领导、人民当家作主、依法治国有机统一,走中国特色社会主义政治发展道路,扩大社会主义民主,建设中国特色社会主义法治体系,建设社会主义法治国家,巩固人民民主专政,建设社会主义政治文明。坚持和完善人民代表大会制度、中国共产党领导的多党合作和政治协商制度、民族区

---

① 美国宪法中没有"人权"两字,更没有载明"国家尊重和保障人权"的原则。〔新华社《评中美人权之争——兼驳"中国人权倒退论"》(新华社北京2004年3月31日电 中国人权研究会副会长兼秘书长董云虎文)〕

第七章 人权事业话语

域自治制度以及基层群众自治制度。发展更加广泛、更加充分、更加健全的人民民主,推进协商民主广泛、多层、制度化发展,切实保障人民管理国家事务和社会事务、管理经济和文化事业的权利。**尊重和保障人权。**广开言路,建立健全民主选举、民主决策、民主管理、民主监督的制度和程序。完善中国特色社会主义法律体系,加强法律实施工作,实现国家各项工作法治化。

需注意,人权不仅历史性地出现在章程里,而且是在总纲里,凸显了其重要地位。

更不用说,自1991年到2020年,中国政府已发布人权白皮书20部,[1]介绍中国人权状况和人权立场。2009年4月,国务院新闻办发布《国家人权行动计划(2009—2010年)》,系首次制定"以人权为主题"的国家规划,明确了未来两年中国政府在促进和保护人权方面的工作目标和具体措施。[2]

另外,人权还成为国家广播电台的教育节目内容。1998年,为纪念《世界人权宣言》发表50周年,中央人民广播电台举办了《话说人权》系列广播节目,共24集,每周两次,普及马克思主义人权观和人权基本知识。

当代人权话语还以竞赛和奖励的方法鼓励民众学习人权知识。2007年《光明日报》刊登"人权知识竞赛"试题。历时两个多月,竞赛组委会通过网络和信件收到有效答卷5639份。评卷统分工作结束后,从得分前500名参赛者中抽出一等奖5名,二等奖20名,三等奖50名,纪念奖100名。

---

[1] http://www.humanrights.cn/html/wxzl/,访问时间:2021年7月。
[2] http://www.chinanews.com.cn/hb/news/2009/04-20/1653989.shtml,访问时间:2021年7月。

另外，人权话题也进入了文学作品，如陈染的《私人生活》、林白的《一个人的战争》。在王小波的小说《革命时期的爱情》中，写道："既然人饿了就要吃饭，渴了就要喝水，到了一定岁数就想性交，上了会场就要发呆，同属万般无奈；所以吃饭喝水性交和发呆，都属天赋人权的范畴。假如人犯了错误，可以用别的方法来惩办，却不能令他不发呆。如不其然，就会引起火灾。"

中国与美国、中国与世界的人权互动

前文的理论叙述中提到的，一个民族的话语必须从历史的、文化（互动）的角度来认识。只有这样，才能全面深入把握该话语的本质、特点和规律。反之，如果将中国话语与其历史和国际语境割裂开来，就会错误地将其当作自给自足的现象来看待，比如一些文本分析或媒体分析，往往将中国政治话语片面地归结于意识形态。对于中国现代和当代人权话语更是这样。

尤其是中国现代和当代人权话语，绝不是国际真空条件下产生、变化的。在美国/西方长期操控国际传播秩序的大背景下，人权也成了美国主导的议题。自1977年起，美国国务院每年对美国以外的众多国家和地区人权状况作批评报告，被点名的国家多数属非西方第三世界，中国更是主要攻击的对象。

须注意，这种针对发展中国家人权的负面评判和传播，并不是真正出于跨文化交流与合作的目的，这一点起码可以从其以全球发布，而非以相关方平等交流的做法看出。而且就中国来说，美国总是将"人权问题"与中国的贸易、外交、国防等事物联系起来，更是暴露了醉翁之意。

第七章 人权事业话语

从20世纪90年代起,针对美方人权问题上的霸权行为,中国政府及媒体逐渐建立了话语应对体系。从1990年到2015年中美政府共进行了19次对话。① 历史地看,中国不再像以前一样,对西方有关敏感问题的负面报道保持低调、沉默。相反,中国每次都正面接应美国的指控,包括给予报道,并作出较快的反应(几天至十几天),见下表。同时,普通民众也有了类似的回应,他们的话语出现在大小报纸以及互联网上。以下我们以视学术界和教育界为读者对象的2005年《光明日报》报道为例,并附带共时的美国话语材料为语境,分析中国在双方互动中的表现(图表置于文末):

外交部发言人刘建超2日在答记者问时说,中国坚决反对美国无端指责中国的人权状况。有记者问:美国务院近日发表《2004年度国别人权报告》,对中国的人权状况提出批评。请问中方对此有何评论?刘建超说,美国务院发表的所谓年度国别人权报告,对中国的人权状况进行无端指责。中国对此表示强烈不满和坚决反对。他说,中国的人权状况如何,中国人民最有发言权。中国政府坚持以人为本、执政为民,在扩大民主、加强法治等方面做了大量工作,中国人民享受各项人权的水平全面提高。他说,希望美方多关注一下自己的人权问题,多做对恢复中美人权对话与交流有益的事。

这里可以看到,文章用了多种书写形式,表达对美国报告

---

① http://www.xinhuanet.com/world/2015-08/15/c_1116265499.htm,访问时间:2021年7月。

内容的否定和对报告形式的反对。如（1）反对行动的言语行为动词（"反对"），（2）表达反对态度声明（"表示强烈的不满"），（3）提出对方的说法无依据（如"无端指责""所谓"），（4）（间接）指出对方缺乏发言的条件（"中国人民最有发言权"），（5）提出与指控事实相反的（正面）证据（如"人权的水平全面提高"），（6）影射对方在相关方面自己有问题（"多关注一下自己的人权问题"），（7）暗指对方此举无益（如"多做……有益的……"）等。这一系列文本特点相互结合，共同驳倒对方，或起码消解对方的指责。

第二天报纸对同一事件又做出了两种形式的回应。先看一篇简短报道（全文）：

中国人权发展基金会副会长林伯承今天表示，中国人权发展基金会坚决支持中国国务院新闻办公室今天发表的《2004年美国的人权纪录》，谴责美国对中国等190多个国家和地区的人权状况进行无端指责。林伯承说，美国国务院2月28日发表《2004年度国别人权报告》，对中国等其他190多个国家和地区的人权状况进行无端指责，我们表示坚决反对和强烈谴责。他指出，2004年是中国人权发展史上的重要一年。这一年，中国人民把"国家尊重和保障人权"写入宪法，谱写了中国人权发展的历史新篇章。中国政府以人为本、执政为民，在扩大民主、加强法治等方面做了大量卓有成效的工作，取得了世人瞩目的伟大成就。而2004年的美国人权纪录却是劣迹斑斑，尤其是美国疯狂虐待伊拉克战俘更是令人发指，震撼了整个世界和人类良知，受到国际社会的强烈谴责。美国对自己糟糕的人权纪录熟视无睹，只字不

第七章 人权事业话语

提,对中国人权成就视而不见,横加指责。中国政府适时发表的《2004年美国的人权纪录》,主旨在于坚持正义、以正视听,对美国的人权劣迹,以及其强权政治、霸权主义、在人权问题上实行双重标准等行径,进行的具体揭露和有力鞭挞,是在给美国人权进行"补缺"和"提醒"。

这次增加了新内容,反击行动也更为强烈,且在方法上更具策略性。(上面已讨论过的特点下面从略)第一,从内容和质量上说,文章举出了更多的中国在人权问题上的正面事例("取得了世人瞩目的伟大成就");报道、公示中国政府的对应行动(中国政府适时发表的《2004年美国的人权纪录》);展示回应内容的具体作用("以正视听""有力鞭挞")。第二,尤其值得注意的内容是,不同于前一天开始的映射对方缺点的方式,文章直接挑明对方在相关问题上的恶行("疯狂虐待伊拉克战俘"),而且指出对方在该问题上的隐瞒行为("美国人权纪录却是劣迹斑斑……熟视无睹,只字不提")。第三,在描述中方的回应行动和美方的行为方面,文本运用了更加强硬、更加强烈的措辞("强烈谴责""劣迹斑斑""疯狂""震撼""糟糕的""横加指责""有力鞭挞")。第四,文章运用了多重的章法和语义对比手法("中国……取得了世人瞩目的伟大成就。而……美国……却是劣迹斑斑""美国对自己……熟视无睹,只字不提,对中国……视而不见,横加指责")。最后,文章借用第三者的感知("震撼了整个世界和人类良知,受到国际社会的强烈谴责")。种种手法都显示了美方行为的不可接受性,都同样达到挫败对方霸权行为的目的。

同一天,《光明日报》还发出第二种回应,那就是中国国务院新闻办公室的一篇长篇报告（同见《人民日报在线》，http://english.people.com.cn/200503/03/eng20050303_175406.html）。文中又有一系列新的对抗美国霸权行为的特征，值得我们注意。首先，显而易见的是，文章用了一整版多的大篇幅，揭露美国人权问题的方面涉及政治、社会、文化和国际关系等六大不同区域（一、关于生命、自由和人身安全；二、关于政治权力和自由；三、关于经济、社会和文化权利；四、关于种族歧视；五、关于妇女、儿童权利；六、关于侵犯别国人权）。其次，更为引人注目的，这篇文章包括了82条尾注，显示文中信息的来源，这对于一份中国报纸来说是一种异乎寻常的行为。一方面，描述对方弊端的篇幅之大，作为一种话语策略，显示对方在相关方面问题很多，因而也降低美国政府批评中国和其他国家的人权行为的可信度以及美国本身在人权方面的地位。另一方面，大量说明出处的脚注，表示报告者的审慎态度和报道信息的正确性，因而也显示了所报道对方弱点的可信度。

另外，文章一开始就表明，其内容是针对"美国的国别人权报告"的，这一段落运用了前几次尚未使用的话语策略：

2004年，美军疯狂虐待伊拉克战俘的丑闻，暴露了美国的"人权神话"的反人权面目，震撼了人类良知，受到国际舆论的同声谴责。然而，具有讽刺意味的是，今年2月28日，美国国务院再次以"世界人权卫道士"自居，发表《2004年国别人权报告》，对包括中国在内的190多个国家和地区的人权状况指手划脚，而对自己在人权领域的斑斑劣迹讳莫如深、不置一词。这让世人不得不再次将目光投向美国，看看自由女神像背后的人权纪录。

第七章　人权事业话语

这里用了（1）揭露对方真相的一些语言行为（如："暴露了……面目""对自己……讳莫如深""看看……背后的……"）；（2）引号和讥讽（""'人权神话'""以'世界人权卫道士'自居"）；（3）明确把对方的行为描写为有讽刺意义的行动（"具有讽刺意味的是"）；（4）把对方描绘为狂妄、缺乏自知之明者（"指手画脚"）。这一切话语结构表示了我方更加尖刻的态度，同时，说明了对方的不可信甚至它的欺骗性。

在美国国务院于2004年3月28日发表了另一份人权报告（"支持人权和民主：2004年到2005年美国的人权记录"见http://www.chinanews.com/gj/fxpl/news/2009/03-06/1590731.shtml）之后，中国立刻予以第四次回击：

> 中国人权发展基金会负责人日前针对美国再次发表人权报告发表谈话，坚决反对美国对中国人权状况的无理指责。这位负责人指出，美国国务院3月28日再次发表所谓的人权报告，不顾中国人权不断改善、取得巨大进步的事实，无理指责中国政府，污蔑中国人权状况，再一次表明美国政府干涉别国内政，践踏联合国宪章、国际人权公约和国际法准则，搞双重标准，坚持在人权问题上搞对抗的恶劣做法。对此，中国人权组织表示强烈不满和坚决反对。美国政府对中国人权的无端指责，抹煞和改变不了中国人权建设取得的世人瞩目的伟大成就。中国人民必定会按照自己的国情和人权发展道路，全面推进中国特色社会主义的人权建设，为世界人权进步事业贡献自己的力量。

在这次的回应里，特别应该注意的新形式是对美国的再次行动做了（1）更为负面的定义："污蔑""搞对抗的恶劣做法"（比较前面的如："无端指责""横加指责""实行双重标准"等）；（2）涉及面更宽、危害性更严重的定义："干涉别国内政""践踏联合国宪章、国际人权公约和国际法准则"。从这些新定义可以看出，报刊的反应更强烈、对抗更加高涨。

在美国的第二次行动的两周之后，4月14日，《光明日报》做出了第五次新反应：中国国务院新闻办公室作关于中国人权的报告，占了报纸一页多的版面（见http://english.people.com.cn/200504/13/eng20050413_180786.html）。类似第四回，这次的报告所展示中国的正面事例的范围和内容同样广阔而深厚（包括七个部分：一、人民的生存权和发展权。二、公民权利和政治权利。三、人权的司法保障。四、经济、社会和文化权利。五、少数民族的平等权利和特殊保护。六、残疾人权益。七、人权领域的对外交流与合作）。特别是从反应的速度来说，这一点更加突出。所不同的只是报告的内容是正面的（中国人权方面的进步）。报告提供了与美国报告截然相反的内容，其目的是解构美国的指责。但是，特别值得注意的是，有关中国人权状况的正面信息在范围和内容上远远大于前几次相关文字所涉及的，因而其回击力度也就大得多。顺便提一下，虽然回应文章的开头部分反映了它更广泛的跨文化的性质："为增进国际社会对中国人权状况的了解，现将2004年中国人权事业进展情况公布如下"，但根据当时的语境，我们可以断定，报告的重要对象是美国政府有关中国人权的政治话语。

中国官方报纸针对美国霸权行为迅速的、多方位的、强烈的、内容深厚而广泛的和策略多端的话语，形成了抵制、反抗和消解美国、西方的（通过媒体舆论实现的）文化霸权的一种方式和一股文化力量。对国内的受众来说，这种话语削弱了美国关于中国人权的指控。同时，通过对外宣传和舆论斗争的实践活动，中国的传媒话语自身也发生了结构和内容的变化：更积极地、正面地参与人权的讨论，促进了本土主体文化的发展和世界文化的共存。而从全球的角度看，世界媒体中有了与美国不同的声音，而且这种声音抗击了美国的霸权行为。由于中国媒体的抗击，国际媒体文化霸权秩序受到一定程度的制约。我们也应该反过来想，如果中国保持沉默，或反应没有达到上面提到的功效，那么美国的世界霸权就更加全面、更加巩固。

截至2011年，中国已加入包括《经济、社会及文化权利国际公约》《关于战俘待遇之日内瓦公约》《消除对妇女一切形式歧视公约》《关于难民地位的公约》《〈联合国打击跨国有组织犯罪公约〉关于预防、禁止和惩治贩运人口特别是妇女和儿童行为的补充议定书》在内的27项主要国际人权公约。[①]

总结

面对美国/西方长期的人权挑战，而学界忽视话语在人权实践中的作用，本章以文化话语研究为指针，提出了植根本土、放眼世界的中国人权话语的研究框架，强调历史和跨文化的进路，以重新认识、理解和评估当代中国人权的特点、性质和规律。

通过整体、全面、系统的定性和定量分析，我们得出以下基本判断。一、当代中国人权，无论作为观念、价值、实践，有

---

① http://www.scio.gov.cn/ztk/dtzt/90/10/Document/1255201/1255201.htm，访问时间：2021年7月。

着与中国历史一样悠久的传统；二、中国不是"人权"的"后来人"，更不是"局外人"，而是世界现代人权的开拓者；三、中国不仅有自己的、独特的人权观和维护人权的道路，而且因为其人权观和人权态度是包容的（既注重个人的又关怀集体的人权），中国的人权（话语）实践拓宽和丰富了人类人权事业；四、中国当代人权是动态的，通过与自己的历史和人权的其他文化体系的互动变化发展，这也说明，中国人权开放而乐于进取，换言之，西方的"进攻"也"倒逼"了中国人权事业的进步；五、人权发展，不是单维度交际的结果，而是多元要素联动的结果；六、改革开放以来，中国人权事业发生重大、历史性变革，取得了巨大进步。

附表：

Period covered	Country Reports on Human Rights Practices（by U.S）	Human Rights Record of the US（by China）	Report on China's developments in HR（by China）
1988	February, 1989 Country Reports on Human Rights Practices		无
1989	February, 1990 Country Reports on Human Rights Practices		无
1990	February, 1991 Country Reports on Human Rights Practices		无
1991	February, 1992 Country Reports on Human Rights Practices		November 1, 1991 中国的人权状况（第一个白皮书）

第七章 人权事业话语

（续表）

Period covered	Country Reports on Human Rights Practices（by U.S）	Human Rights Record of the US（by China）	Report on China's developments in HR（by China）
1992	February, 1993 Country Reports on Human Rights Practices		无
1993	January 31, 1994 Country Reports on Human Rights Practices		无
1994	February, 1995 Country Reports on Human Rights Practices		无
1995	March, 1996 Country Reports on Human Rights Practices		December 27, 1995 中国人权事业的进展
1996	January 30, 1997 Country Reports on Human Rights Practices		无
1997	January 30, 1998 Country Reports on Human Rights Practices		March 31, 1997 1996年中国人权事业的进展
1998	February 26, 1999 Country Reports on Human Rights Practices		无
1999	February 2, 2000 Country Reports on Human Rights Practices	February 27, 2000 1999年美国的人权纪录	April 14, 1999 1998年中国人权事业的进展
2000	February 23, 2001 Country Reports on Human Rights Practices	February 27, 2001 2000年美国的人权纪录	February 17, 2000 中国人权发展50年

（续表）

Period covered	Country Reports on Human Rights Practices（by U.S）	Human Rights Record of the US （by China）	Report on China's developments in HR （by China）
2001	March 4，2002 Country Reports on Human Rights Practices	March 11，2002 2001年美国的人权纪录	April 9，2001 2000年中国人权事业的进展
2002	March 31，2003 Country Reports on Human Rights Practices	April 3，2003 2002年美国的人权纪录	无
2003	February 25，2004 Country Reports on Human Rights Practices	March 1，2004 2003年美国的人权纪录	无
2004	February 28，2005 Country Reports on Human Rights Practices	March 3，2005 2004年美国的人权纪录	March 30，2004 2003年中国人权事业的进展（第七个白皮书）
2005	March 8，2006 Country Reports on Human Rights Practices	March 9，2006 2005年美国的人权纪录	April 13，2005 2004年中国人权事业的进展
2006	March 6，2007 Country Reports on Human Rights Practices	March 8，2007 2006年美国的人权纪录	无
2007	March 11，2008 Country Reports on Human Rights Practices	March 13，2008 2007年美国的人权纪录	无
2008	February 25，2009 Country Reports on Human Rights Practices	February 26，2009 2008年美国的人权纪录	无
2009	March 11，2010 Country Reports on Human Rights Practices	March 12，2010 2009年美国的人权纪录	无

（续表）

Period covered	Country Reports on Human Rights Practices（by U.S）	Human Rights Record of the US（by China）	Report on China's developments in HR（by China）
2010	April 8, 2011 Country Reports on Human Rights Practices	April 10, 2011 2010年美国的人权纪录	September 26, 2010 2009年中国人权事业的进展
2011	May 24, 2012 Country Reports on Human Rights Practices	May 25, 2012 2011年美国的人权纪录	无
2012	April 19, 2013 Country Reports on Human Rights Practices	April 21, 2013 2012年美国的人权纪录	无
2013	February 27, 2014 Country Reports on Human Rights Practices	February 28, 2014 2013年美国的人权纪录	May 14, 2013 2012年中国人权事业的进展
2014	June 25, 2015 Country Reports on Human Rights Practices	June 26, 2015 2014年美国的人权纪录	May 26, 2014 2013年中国人权事业的进展
2015	April 13, 2016 Country Reports on Human Rights Practices	April 15, 2016 2015年美国的人权纪录	June 8, 2015 2014年中国人权事业的进展
2016	March 3, 2017 Country Reports on Human Rights Practices	March 9, 2017 2016年美国的人权纪录	September 12, 2016 中国司法领域人权保障的新进展 October 17, 2016 中国的减贫行动与人权进步

（续表）

Period covered	Country Reports on Human Rights Practices（by U.S）	Human Rights Record of the US（by China）	Report on China's developments in HR（by China）
2017	April 20，2018 Country Reports on Human Rights Practices	April 24，2018 2017年美国的人权纪录	June 1，2017 新疆人权事业的发展进步 September 29，2017 中国健康事业的发展与人权进步 December 15，2017 中国人权法治化保障的新进展
2018	March 13，2019 Country Reports on Human Rights Practices	March 14，2019 2018年美国的人权纪录	December 12，2018 改革开放40年中国人权事业的发展进步
2019	March 11，2020 Country Reports on Human Rights Practices	March 13，2020 2019年美国的人权纪录	September 22，2019 为人民谋幸福：新中国人权事业发展70年

讨论题

1. 在与美国/西方较量的语境下，当代中国人权话语有何新发展？

2. 试对我国不同阶层的民众进行人权话语调查，对我国人权事业进步提供建议。

3. 为消解西方人权话语霸权，推动世界人权话语发展，我国应该采取哪些策略？

第八章 国家安全话语

20世纪90年代以来,中国国防政策一直受到西方政府、军方、媒体质疑,其中的焦点问题是,中国的军事战略意图究竟如何?国际主流学界坚持美国中心主义立场,曲解指责中国国防政策。而国内学界关注度低、传播力弱,普遍的缺陷是对国防政策与国际传播的辩证关系的忽视。本书作者曾撰文从文化话语理论出发,将国际传播作为国防政策的重要构成,提出国家军事战略的三维分析框架("话语意旨/话语品行/话语模式"),进而对中国国家军事战略作跨文化跨历史分析。文章指出,与美国相反,中国国家军事战略的本质是自卫性、合作性、透明性、稳定性;与美国相似,中国国家军事战略同样具有对"安全"的终极企盼。文章建议:开创"国防话语研究"的新领域,助力中国国防话语体系建设;中美两军乃至国际社会,就"安全""军事透明度""普世价值""国际规则"问题开启平等、系统、深入对话,构建国防政策国际传播的新秩序。

困境、问题、目的

自20世纪90年代以来,西方政府、军方、媒体不断地责备质疑中国国防政策,散布"中国军事不透明""中国国防话语不可信""中国有野心"等国际舆论,形成了一套"中国威胁论"的话语体系。"中国威胁论"经久不衰，且有愈演愈烈的趋势，在给国际社会增添疑惧的同时，配合西方大国遏制中国的战略深入推进。

对于中国国防政策的问题，学界并未给出更加理性的评估。尽管中国反复声明，采取防御性国防政策，走和平发展道路，但是国际主流学界坚持美国中心主义立场，拒绝聆听中国的解释，继续质疑曲解中国国防战略意图（Finkelstein 2007；Zhang 2012；Ratner 2011；Howard 2001；徐辉、韩晓峰 2014；叶建军 2011）。而国内学界的声音甚小，且欠全面性、系统性，传播效果低下（中国期刊全文数据库的核心期刊中精确匹配检索"中国军事战略"，只有102篇文献；国际发表实为凤毛麟角）。更加普遍且根本的缺陷在于，对"国防"与"话语"的辩证关系的忽视，将后者看作是前者（包括国防政策、军事战略）外在的言辞修饰（Shi-xu 2015a；施旭 2015）。

中国的国防政策究竟如何？尤其是，中国的国家军事战略究竟如何？应该如何正确理解？为此，我们将从"文化话语研究"视角出发，结合相关国家安全、军事战略、国际关系研究的概念和理论，提出国家军事战略的三维话语分析框架，即：内涵意旨/外交行为/媒介渠道，对中国国防白皮书和美国国家军事战略报告展开历史比较分析，回答下列具体问题：（1）作为指导国防力量使用与建设的纲领，中国国家军事战略在观念上有什么性质、特征和规律？（2）作为国家军事信息的国际传播，中国国家军事战略在表达上有什么特点？（3）作为国际军事外交行为，中国国家军事战略在品行上有什么特质？通过这些问题的实证研究，我们希望对中国国防政策作较为可信可靠的阐释与评价，并在此基础上对国防政策的国际传播理论与实践提出建议。

第八章 国家安全话语

所谓"话语",是以语言使用为特征的社交实践,一般由六个要素交融而成(对话主体、言行意旨、媒介渠道、目的效果、历史关系、文化关系)。其重要特性是文化性(即不同群体的话语间的差异性和竞争性)。在功能上,它构建现实,施行权力。而"文化话语研究"的目的,就在于探索话语的文化特性和文化关系。据此,中国的国防白皮书,或美国的国家军事报告,可以也应该看作话语现象。

在实证分析的基础上,本章将提出,中国国家军事战略,并非西方学界所判定的那样;恰恰相反,在战略理念上,中国国家军事战略呈"国家自卫型":防守、包容、稳定;相比之下,美国战略呈"国际攻击型":进攻、排他、变幻;在外交品行上,中国战略呈"友善型":平易、和平、友好;而美国呈"霸权型":傲慢、专横、敌视;在信息传播上,中国战略呈"透明型":原则明确、注重理解、不断开放;美国呈"模糊型":原则不明、表述含混、相对封闭。但同时,中美双方的国家军事战略都体现了维护本土安全的需求。

澄清中国国家军事战略的本质、特点、规律,包括与美国军事战略的异同,对于正确理解和评价中国国防政策,回应质疑、消除忧惧、防止误判,重塑我军国际形象,增进国际安全交流,推动世界安全秩序改革,都有着重要的现实意义和学术价值。下面,本章首先从"文化话语理论"视角透视"国防政策""国家军事战略",接着勾画国家军事战略的话语研究框架,进而对比分析中美国家军事战略话语,最后就如何推进国家军事战略理论和实践提出一些建议。

作为"文化话语"的国防政策

在国际/国家安全、国防、军事战略的研究领域里,学者往往将话语当作安全、军力、军事的外在表达,未能认识其辩证的内在意义,因而忽视了话语作为探索对象的可能。而话语研究者又往往缺乏对安全、国防、军事战略的深入研究,因而缺乏对后者话语性质的了解。无论国内国外都是如此。因此,有急切的必要从理论上改变这种"国防"与"话语"二元对立的状况。本文要提出的是一个整体辩证的"国防话语"观念:指涉国家法律法规界定的国防事务的话语,国防力量与国防话语辩证统一。背后的道理很简单:有力的国防话语,可以鼓舞斗志,可以震慑敌人,可以主导战争,也可以呼唤和平,因此本身就可以成为一种国防力量,或者说成为国防硬实力的体现。《论语》中有:"一言而可以兴邦"。

所谓"话语",根据"文化话语研究"(施旭 2010,2017),是一定历史、文化语境下人们运用语言等符号工具通过交流管道进行的社会实践。这种作为社交实践的话语的重要特性往往被学界忽视,而往往关注其文化特质和特点。即,人类话语,在不同的族群实践之间,不仅存在差异关系,而且存在权势关系。比如,中国话语与美国话语,既有思维、价值、言语、经济、社会、历史等不同特点,而且在具体的国际交往中更有权力的互动关系(如竞争、压迫、反抗、合作、渗透、分化)。

那么,中国国防话语,作为中国话语特定领域的特殊实践,既有中华文化的普遍性,又有国防事业的特殊性,是两者的对立统一。

国防政策话语,是国防话语的特殊形式,在国防建设和斗争中具有统领性作用。"国防政策"是国家法律法规框架下进行国防建设和国防斗争的行动准则,反映一个国家的总体利益及安全形势(陈舟 2009;杨勇、董树功、孙晓婷 2018)。然而,这里需要强调的是,国防政策不是单一的军事、政治现象,而是典型的(国防)话语现象。首先,国防政策,必须有权威的构建主体;其次,必须就国防问题有特定的概念、原则、言说方式;再者,必须有相应的传播渠道以及场合等。因此,国防政策也是交流、较量、交友、或交恶的社交活动,具有话语性质(包括语用性、交往性)(Fravel 2015;Shi-xu 2015a;施旭 2016a,b)。

  国防政策中的一个关键、核心内容是"国家军事战略":对其性质学者有不同的定义("实践""艺术""科学"等)(Echevarria 2017;Finkelstein 1999;Lykke Jr. 1997;Myers 2004),但一般认为,国家军事战略是关于国防斗争和建设的指南或总方略(彭光谦 2002;汤晓华 2008;杨运忠 2015)。它服务于从国家安全全局统筹国防力量运用与发展的国防战略,与一个国家的安全战略有辩证联系(郭新宁 2006;周丕启 2007)。但学界普遍忽视的是,国家军事战略还有重要的话语性质,因而有重要的理论和方法意义:它还是特定历史文化语境下,国家军事集团通过语言及其他媒介手段,对于其武装力量的诸如风险、目标、任务、建设方向等特点的构建(谋划与表达)。这种构建不仅面向国人,更是面向相关国际社会的传播。那么,国家军事战略也必然有交流、理解、互动的(国际)社会交往层面,而不是单一的军事政治现象(Shi-xu 2015a;施旭 2016a,b)。其实,大量国家军事战略研究,恰恰是基于相关的文本信息、口头表达、交流行为,等等(Finkelstein 199,2007;Fravel 2008;Zhang 2012;Ghiselli 2018;Tubilewicz 2010;Hansen 2006)。

特别值得注意的是，国家军事战略作为话语，如同更广泛的国防（政策）话语，是一种（跨）文化现象：反映特定族群（如东西方）的思维方式、认知观念、价值原则、政治制度、经济条件、文化传统、言说方式，形成族群（如东西方）之间的权势互动关系。从这样的（跨）文化角度看，中国的国家军事战略有其特殊的文化性质与特征：以人民利益（中国共产党政治纲领）为宗旨，以中国共产党为绝对领导，以中华民族的天下观、和谐观为出发点，等等。而美国的国防政策、军事战略在相当程度上受到黩武主义、财团和军工企业经济利益的支配（焦艳、晋军2016）。

因此，认识国防政策的一个重要途径，是研究相应的国家军事战略，更具体地说，就是关于国家军事战略的话语。就中国而论，自1998年以来中国发布的国防白皮书是最核心、权威的材料。要将中国与美国对比，那么，美军参谋长联席会议的国家军事战略报告是直接对应的材料。下一节我们将介绍研究材料的具体情况。

这里需要指出的是，作为国防话语、国防政策、国家军事战略具体形式的国防白皮书，或相应的国家军事战略文件，在生产、内容、形式、传播等技术层面上各国不尽相同（Choi & Wattanayagorn 1997），没有统一的国际标准。因此，任何国家都不应以本国或"普世"标准来评判他国国防白皮书的技术问题。但是另一方面，作为国防政策话语的国家军事战略话语，又是一种国际军事外交行为，既然如此，就有国际社会伦理的层面。本文将以"平等对话，和平共处"作为批评国家军事战略话语的基础和原则。

其实，在国防政策特别是国家军事战略研究中，话语作为材料和路径是通常的做法（Mearsheimer 2010；Tubilewicz 2010）。比如，学者们往往利用中国的国防报刊、书籍、公开文件，观察国防发言人或机构、他们的语境、表述、甚至语气，来证明中国国家军事战略（意图）（Newmyer 2010；Chansoria 2011；Fravel 2008）。

以（国防话语、国防政策话语）国家军事战略话语为路径的研究方法，会有被片面或表面现象迷惑的风险。避免这种风险取决于理论的系统深入和全面性，取决于方法的缜密性。在此基础上，话语研究方法确有其特殊优势。Fravel（2008）在论述以话语方法研究中国军事战略时说道：

> It offers several advantages for assessing the implications of China's ongoing military modernization effort. This approach allows analysts to assess the congruence of strategic goals reflected in PLA writings and the military means necessary for achieving them. In this way, progress toward modernization can be tracked and charted. It also provides a baseline with which to identify potential changes in the trajectory of China's military reforms, either through a shift in goals or a change in the capabilities and forces being developed and deployed.（这种方法对于评估中国目前持续进行的军事现代化成就，有多重优势。它可以让研究人员得以考量解放军文件中呈现的战略目标与实现目标所需的军事手段之间的匹配程度。这样，现代化进程便有迹可循。同时，它还提供一种基准线，以捕捉中国军事改革潜在的路径变化——或根据目标的转移，或根据军力发展和兵力部署的新情况。）

据此，军界和军事学界必须高度重视，不关注国防话语的国防（研究）是不完整、不全面、不系统、不透彻的，因此是不完善的国防（研究）体系；要建立完善的国防（研究）体系，必须将国防话语（研究）作为有机组成部分，使两者融会贯通，相得益彰（Shi-xu 2015a；Zhang 2012；施旭 2016a, b；施旭、郭海婷 2017）。

跨历史、跨文化视角下的中国国家军事战略

呼应上述文化话语理论，我们在方法上讲求多元、兼用、比较、综合、实际、公正的总原则（Shi-xu 2014；施旭 2012），尽量使之贯穿于材料选取和材料分析两个阶段。这意味着，我们将运用安全研究、国防研究、国际关系理论、传播学、话语研究等不同学科的知识，调动相关直觉经验和历史文化信息，结合运用定性和定量方法。在批评立场上，坚持明确的文化政治立场：支持文化多元、世界和平，反对国际霸权、冲突分裂。具体做法如下：

本章研究聚焦国防政策中的典型、核心、要害部分和国家军事战略，将官方、历时、公开、系列的材料作为实证基础。为此，中国国务院新闻办公室自1998年以来发布的九部国防白皮书，将作为主要的分析对象。前八部涉及国防建设（包括经费、科技）、国际合作、军控裁军、防扩散等问题。而国防政策，作为各白皮书的总纲，一般被扼要表述（即1998、2000、2002、2004、2008、2010、2012年版）。但是，国家军事战略，作为国家备战部署和建设的具体指导，隐含在国防政策的扼要说明之中。因此，这些文件中的国防政策的表达部分将被纳入研究视

野。2015年6月26日国务院新闻办公室发布的《国防白皮书：中国的军事战略》（官方英译："China's Military Strategy"；以下简称《白皮书》），是新中国军事史上第一部以国家"军事战略"命名的白皮书。正因如此，2015年官方和非官方媒体对《白皮书》的发表进行了及时、全面、广泛、深入的报道和解说。那么，这次的《白皮书》以及围绕《白皮书》发布的整个媒体事件，加上2012年版，将作为本研究材料的重心。

不怕不识货，只怕货比货。不识庐山真面目，只缘身在此山中。知己知彼，百战不殆。这些中华俗语、箴言、警句都强调了对比、他者视角在认识中的关键作用。更需要注意的是，在全球化、重心转移、大国博弈的语境下，中国和美国的军事战略实践，是处于特殊文化互动关系中的军事外交现象。因此，为全面、深入认识、阐释中国国家军事战略的性质、特点、规律，必须联系美国的国家军事战略实践。为此，本章将美国参谋长联席会议自1992年以来发布的六部《美国军事战略报告》（"National Military Strategy of the United States of America"）作为主要对应对比材料；但为突出美方战略最新状况，也以2015年期为重点（以下简称《报告》）。①

---

① 作为阐释美国军事战略话语体现的辅助材料，本研究还参考了白宫的《国家安全战略》（"The President's National Security Strategy"，NSS）、国防部的《国防战略报告》（"The Secretary of Defense's National Defense Strategy"，NDS）、《四年防务评估报告》（"Quadrennial Defense Review"）、《中国军力与安全发展报告》（"Military and Security Developments Involving the People's Republic of China"）。其中，《美国军事战略》（"National Military Strategy of the United States of America"）强调军事层面，服务于《国家安全战略》，实施于《国防战略报告》《四年防务评估报告》；共同形成美国国家军事战略的顶层设计（Myers 2004; Kiria 2015）。

与中国国防白皮书一样，美国军事战略报告是国家军事力量使用策略和发展方针的具体纲要。但不同于中方白皮书，美方报告是美军参谋长联席会议主席根据1986年《戈德华特-尼科尔斯国防部改组法》（"Goldwater-Nichols Department of Defense Reorganization Act of 1986"），负责向总统和国防部部长提供战略指导的产物（陈积敏 2015）；另外，该报告以美国《国家安全战略》（"The President's National Security Strategy," NSS）和美军《四年防务评估》（"Quadrennial Defense Review"）为指南（王连成 2011；陈飞 2016）；再者，它还对于财年国防预算申请和分配结构有导向作用（焦艳、晋军 2016）。

另外，根据上文提出的话语概念，白皮书和报告不能仅仅作为文本来认识，而都应该从社交实践的整体角度被看作国家、国际传播事件。这样，参与白皮书、报告生产、传播的机构和组织，使用的相关传播媒介和手段，相关的国内外环境等，都要纳入研究视野。

这种跨文化、跨历史的材料收集方法，这种学科交叉、理论多元、方法灵活、实践导向、文化和谐的材料评析立场，都是为了更加全面、系统、深入、有效地发掘、阐释、说明、凸显当今中国国家军事战略的性质、特征与规律，以助力中国国家军事战略话语体系的建设，消解或避免中美、中外国家间军事战略的误解和误判，最终推动中美、中外国家军事战略朝着合作共赢、人类和平的方向发展。

中国国家军事战略的话语内涵

关于国家军事战略，学界不仅没有共同的定义，也没有统一的要素构成概念（Finkelstein 1999；Lykke Jr. 1997；Echevarria 2017；Myers 2004）。中国2015年《白皮书》的定义是："军事战略是筹划和指导军事力量建设和运用的总方略，服从服务于国家战略目标 [3]。"① 美国2015年《报告》的说法大致相同："This National Military Strategy describes how we will employ our military forces to protect and advance our national interests.（本国家军事战略报告描述我们将如何运用我们的军事力量来保卫和推进我们的国家利益。）[前言]"② 中国的表述将国家军事战略定位在筹划和指导军力运用及建设的更高的层次上（注意："总方略"），因而也更加概括。根据两方的描述和文件的具体实践，我们提出"五位一体"的国家军事战略话语内涵分析框架，以求得尽量全面的认识和评价（Echevarria 2017）：（1）时局观察：本国、地区、全球安全状况；（2）安全观念：国家/国际安全利益内容，这些利益的性质和维护手段，及其与他国关系；（3）自我定位：军事力量的地位和作用；（4）目标任务：国防力量的目标与任务；（5）行动准则：国防力量的使用原则。即，我们的分析将依照该框架在文本意旨层面上展开。

时局观察是对本国、地区、全球安全状况的看法。因为是国家军事战略谋划的起点，它一般写在文件开端。其意义不仅在

---

① 方括号表示引文在原文中出现的具体段落。
② 2004年《报告》也提到，"It (NMS) describes the Armed Forces' plan to achieve military objectives in the near term and provides the vision for ensuring they remain decisive in the future.（军事战略描述了武装部队近期实现军事目标的计划，并提供了确保他们在未来保持决定性的愿景。）"1997年《报告》也指出，"the NMS describes the strategic environment, develops national military objectives and the strategy to accomplish those objectives, and describes the military capabilities required to execute the strategy.（国家军事战略描述战略环境，制定国家军事目标和实现这些目标的战略，并描述执行战略所需的军事能力。）"

于这是国家军事战略制定的出发点,而且也在于它反映主体世界观和态度。《白皮书》和《报告》都有关于国际局势、或安全形势、或外部安全环境有描述、评估、预测,甚至解释。

《白皮书》有几个稳定而突出的意旨特点值得注意:一、"无我境界"下世界总体安全趋势;二、世界的密切联系;三、国际局势的积极方面("和平""发展")。下列内容几乎出现在每一期白皮书的时局观察中:

一、国际安全形势(1998)

和平与发展是当今时代的主题。要和平、求合作、促发展已经成为不可阻挡的历史潮流。[5]当前,国际安全形势总体上继续趋向缓和。[6]

二、国家安全形势(2015)

当今时代,世界多极化、经济全球化、社会信息化深入发展,国际社会日益成为你中有我、我中有你的命运共同体,和平、发展、合作、共赢成为不可阻挡的时代潮流。[4]……维护和平的力量上升,制约战争的因素增多,在可预见的未来,世界大战打不起来,总体和平态势可望保持。[5]

美国与中国的不同点在于:一、"有我境界"下的世界局势,尤其是具体现象;二、顺从美国领导的国家或组织的情况;三、世界安全局势越来越危险,强国或崛起中的强国是潜在安全威胁,比如①:

---

① 以下《报告》引文由作者翻译。

Strategic Landscape (1992)

The Cold War is over and a host of powerful forces is shaping a new international order with major implications for US national security policy and military strategy. [2]［战略格局（1992）冷战已经结束，一大批强大的力量正在塑造一种新的国际秩序，对美国的国家安全政策和军事战略产生重大影响。］

The Strategic Environment (2015)

Most states today—led by the United States, its allies, and partners—support... Some states, however, are attempting to revise key aspects of the international order and are acting in a manner that threatens our national security interests. [5]［战略环境（2015）……由美国及其盟友和伙伴领导的国家都支持……但是，有些国家正在尝试修改国际秩序的关键方面，并以威胁我们国家安全利益的方式行事。］

中美时局观察的正反差异也可以从文字统计中得到印证。我们运用DocuScope（Kaufer, et.al. 2004）[①]展示多篇语言行为类型功能（MTV, multiple text viewer），探析中美"时局观察"部分的各种语言行为类型，以评估各方在该问题上表达的心态、情绪。两组文本语言行为类别倾向性得分的简单总和表明，双方在"情

[①] DocuScope由David Kaufer等开发，基于语料研究修辞效果的工具，旨在帮助读者了解文本的呈现模式。它就像一本"智能字典"，对电子格式的文本中预先确定的语言项目（单词和单词串）进行分类，这些语言项目已经被编入特定的修辞类别（如第一人称、即时性和报告过程）。DocuScope包含三个筛选类别，如嵌套的蛋壳一样相互层叠：17个簇、51个维度和101个语言行为类型。详见Kaufer, D., Ishizaki, S., Butler, B. Collins, J.: The Power of Words: Unveiling the Speaker and Writer's Hidden Craft. Lawrence Erlbaum, Mahwah NJ (2004).

感""机构""未来""学术""报告"五个方面存在显著差异（见下表）（DocuScope考察的其他方面没有表现出明显差异）。首先，也是最重要的，在"消极情绪上"中方明显低于美方。其次，中方对于"机构的积极（作用）态度上"高于美方。再次，中方相比美方更多地"报告变化"，这包括自身的和世界的变化。另外，中方的表达比美方更加"抽象"。最后，中方在"未来"方面的关注度又低于美方。将其综合起来，我们认为，中方在"时局观察"问题上相对于美方更加积极、乐观、镇定、全面。

中美报告"时局观察"中五类语言行为

语言行为类型	该类型词语出现总次数（中国）/子类别出现次数及与总字数（12491）的比例	该类型词语出现总次数（美国）/子类别出现次数及与总字数（7260）的比例
情感的（负面情感）	331/271（2.17%）	274/245（3.37%）
机构的（正面价值）	1140/784（6.28%）	542/303（4.17%）
报道式的（报道变化）	1203/450（3.60%）	624/142（1.96%）
学术的（抽象思维）	1523/1467（11.74%）	778/755（10.40%）
未来的	130（1.04%）	154（2.12%）

注：研究对象是军事战略中的"时局观察"部分。

安全观念涵盖国家/国际安全利益的内容，其性质特点及维护手段，包括与他国的关系。它是国家军事战略的基石和指针，决定国家军事战略的方向和目标（Finkelstein 1999），也因此在文件开始有直接或间接的表现。

《白皮书》一开始就强调，中国国家安全利益与世界各国相互交融[①]。在国家军事战略文件中宣称中国同世界的"命运共同体"，实质上也是认同中国与世界的安全联系，比如：

> 中国同世界的命运紧密相连、息息相关，世界繁荣稳定是中国的机遇，中国和平发展也是世界的机遇。[2]……国际社会日益成为你中有我、我中有你的命运共同体。[4]

而且早在第一期白皮书（1998）就阐述了中国的"安全"观念，包括实现安全的方法：

> 历史证明，冷战时期以军事联盟为基础、以增加军备为手段的安全观和体制不能营造和平。在新形势下，扩大军事集团、加强军事同盟更有悖时代潮流……安全应当依靠相互之间的信任和共同利益的联系。通过对话增进信任，通过合作谋求安全，相互尊重主权，和平解决争端，谋求共同发展。要争取持久和平，必须摒弃冷战思维，培育新型的安全观念，寻求维护和平的新方式。[13]

这种国际融通的安全观念，应该从中国近年来相继提出的

---

① 2015年7月1日，第十二届全国人民代表大会常务委员会第十五次会议通过的《国家安全法》正式定义其内涵与外延，明确国家的相关职责、任务、制度等。

"新安全观"①"总体国家安全观"②去理解，同时也应该从中华传统文化智慧的整体观、辩证观去理解。这样，便会认清中国国家军事战略背后的安全观，本质上是包容的、联系的、合作的。

相比之下，《报告》反映的是二元对立、世界分裂、人类分化、唯我独尊的安全观念。这也不难理解：美国文化缺乏整体辩证思维，缺乏包容、利他、和谐的价值观。且看《报告》从美国"永久利益"中提炼出的国家安全利益，尤其是从全球视角看所涉及的国际关系：

> The NSIs are: the survival of the Nation; the prevention of catastrophic attack against U.S. territory; the security of the global economic system; the security, confidence, and reliability of our allies; the protection of American citizens abroad; and the preservation and extension of universal values. [25]（国家安全利益是：国家的生存；防范对美国领土进行灾难性攻击；全球经济体系的安全；我们盟国的安全、信心和可靠性；美国海

---

① "中国的新安全观是1995年在东盟地区论坛上提出的，在后来的实践中经过发展和完善，形成了中国对外战略的核心内容。对于当今世界各国所面对的威胁和如何实现国家安全与国际安全，中国领导人在许多场合进行过阐述，党和政府的重要文件也有正式的解释。2002年7月31日，参加东盟地区论坛外长会议的中国代表团向大会提交了《中方关于新安全观的立场文件》，对中国在新形势下的新安全观进行了全面系统的阐述。根据该文件，中国新安全观的核心内容是：互信、互利、平等、协作。新安全观的实质是'超越单方面安全范畴，以互利合作寻求共同安全'。"

② "2014年4月15日上午，中共中央总书记、国家主席、中央军委主席、中央国家安全委员会主席习近平在主持召开中央国家安全委员会第一次会议时提出，要坚持总体国家安全观，走出一条中国特色国家安全道路。会议首次提出总体国家安全观，并首次系统提出'11种安全'。"

外公民的安全;普世价值的存续和拓展。)

显然,"美国的安全利益"与盟国系统之外的世界没有关系,换言之,美国的安全观念是不考虑盟国系统之外世界的安全的。然而,"美国的安全利益"又是对国际社会有特殊要求的:"全球经济体系的安全"(the security of the global economic system)、"盟国的可靠度"(reliability of our allies)、"(向世界)拓展普世价值"(the preservation and extension of universal values)。这种分裂、排他、压制性的安全观,还体现在其制造的道德"黑名单":"邪恶帝国""无赖国家""流氓国家""失败国家""修正主义国家",等等;该名单同时造就了美国优势身份,并将其攻势战略正当化。这里还需要质疑的是,作为美国安全利益的"全球经济体系""普世价值"是由谁决定的?

自我定位指的是对本国武装力量作用和地位的表达,往往涉及与本国和国际安全利益的关系,反映国家军事战略的意图和目标。

《白皮书》指出,中国人民解放军的使命是维护本国利益和世界和平与发展[2,13],关于这一点几乎历次白皮书都有作同样的声明。从中可以看出,中方将军队定位为国家自卫性与和平发展性的。《白皮书》中的高频词①"国家"(《白皮书》:70次/第6,九部总共:429次/第5)、"维护"(《白皮书》:37次/第13,九部总共:105次/第54)、"发展"(《白皮书》:67次/第7,九部总共:290次/第13)、"和平"(《白皮书》:24次/第23,九

---

① 语料库软件通过统计一定容量的语料库中每个词出现的次数,计算得到它们出现的频率,最终得出该语料库基于词频(frequency of occurrence)的词单(word list)。

部总共：163次/第28），从一个侧面也印证了这些特性，如下图所示。

《白皮书》高频词词云图

美方则相反，将自己构建成国际安全秩序的缔造者和领导者，自己全球同盟伙伴体系构建成国际安全与稳定的基石，且乐于展示军事能力与军事优势。这里需特别注意，其地位和作用具有突出的"国际"层面。那么，不依附其同盟伙伴系统的国家间接隐约地变成国际安全与稳定的对立面：

  ...a rule-based international order advanced by U.S. leadership... [5, 在重点窗重申]（……由美国领导推动的以规则为基础的国际秩序……）

  America's global network of allies and partners is a unique strength that provides the foundation for international security and stability. [39]（美国的全球盟友和伙伴网络是一种独特的力量，为国际安全与稳定奠定了基础。）

上述的解读也可以从关键词中得到印证（见下表）：与《白皮书》截然相反，《报告》的自我意识、分裂意识、敌对意识跃然纸上（注意our，we，U.S.，allies，adversaries，partners）。

另外，从中美如何表述与联合国关系中也可以看出两者的身份构建差异。中美双方所提及"联合国"（United Nations）的次数分别为66次和7次。在关系构建上，中国突出联合国的作用、原则，而美国往往将自己构建为施动者［注意主语和相关动词strengthen（加强）、provide（提供）］，并特别指出，将把与美国关键利益无关的活动移交给联合国。详见下图：

以《白皮书》语料为参照的《报告》关键词表

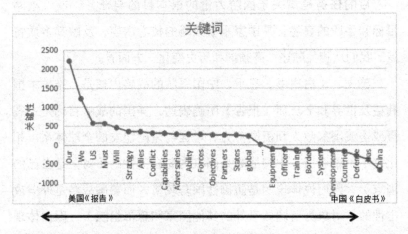

注：图表中，从左往右箭头表示《白皮书》词语的关键性由弱渐强；从右往左箭头表示《报告》词语的关键性由弱渐强。

---

① 语料库语言学中的关键词（keywords）指那些具有特殊词频的词，是通过比较目标语料库与参照语料库的词频得出的，这些词反映了内容的主题，帮助我们辨析话语的主题特征（钱毓芳 2010）。报告语料库类符4383，形符56 027，类形符比7.85，标准类形符比是42.89。参照语料库是中国国防白皮书语料库（9部），类符6625，形符152 222，类形符比4.42，标准类形符比是37.81。

《报告》中United Nations的全部7条索引行

the basic principles and legal systems as prescribed in the United Nations Convention on the Law of the Sea. Taiwan is an Security Cooperation As a permanent member of the United Nations Security Council and a large country in the and cooperation in the Asia-Pacific region, as well as in United Nations peace- keeping operations, playing its due part in peace and security. It cherishes and supports the role of the United Nations in keeping international peace and security under under the guidance of the principles of the Charter of the United Nations. In order to help UN peace-keeping operations and followed: -- The aims and principles of the Charter of the United Nations must be adhered to, especially the principles of in 32 groups to join six UN peace-keeping operations, viz, the United Nations Truce Supervision Organization (UNTSO) in the

《白皮书》中United Nations的部分索引行

目的任务是指关于国防力量的根本目的与任务，或者战略目标和手段的表述，是国家军事战略的核心内容，反映其本质特点。我们从相关陈述、高频词和历史变化三方面看。

首先，《白皮书》显示，中国军队的战略内核是：维护本国利益及世界和平。而《报告》明确表达，美国的战略目标是：震慑或击溃国家敌人和极端势力，增强与盟国盟友的全球体系。相比之下不难看出，中国战略是国家内向自卫性的（对象是自己的国家），因而说体现的是防御性国防政策，而美国战略是外向攻击性的（对象为盟国体系外的其他国家和恐怖组织），因而体现的是进攻性国防政策。对比中美的表述：

中国军队有效履行新的历史时期军队使命，坚决维护中国共产党的领导和中国特色社会主义制度，坚决维护国家主权、安全、发展利益，坚决维护国家发展的重要战略机遇期，坚决维护地区与世界和平，为全面建成小康社会、实现中华民族伟大复兴提供坚强保障。[13]

To secure these interests, this National Military Strategy provides an integrated approach composed of three National Military Objectives: to deter, deny, and defeat state adversaries; to disrupt, degrade, and defeat VEOs; and to strengthen our global network of allies and partners. [27, 这里的内容在重点窗里被重申](为了确保这些利益,国家军事战略提供了一种综合办法,包括三项国家军事目标:威慑、拒止和击败敌对国家;扰乱、分解并击败暴力极端主义组织;强化美国的全球盟友和合作伙伴网络。)

《白皮书》表述军队使命和战略任务时(13,14),主句动词几乎全是"维护"(还有"捍卫",无攻击性,近乎英文词"protect"),而行动对象,除了"世界和平"之外都是本国利益。而美国表达战略任务时,用的是六个破坏性、攻击性、震慑性、阻止性动词("to deter, deny, and defeat";"to disrupt, degrade, and defeat"),对象是外部、他者主体。

其次,九部白皮书有(综合)高频词:发展、国家、中国、建设、军事、安全、国防、军队、部队、训练、装备,再次显示中国的目标侧重于国家的自身发展和建设,也反映了防御性质。相形之下,六份报告的前十位(综合)高频词为Our, Forces, Military, We, Will, Security, Capabilities, US, Operations, Must,从一个侧面反映出更高的主体意识、主动倾向、军事性质。

最后,历史地看,中国的军事战略具有高度稳定性。2000年、2002年、2004年、2012年、2015年白皮书)表达的始终是"积极防御军事战略";1998年、2006年、2008年、2010年,在更高的管理层次上,《白皮书》表达的始终是"防御性的国防政策"(见下表);而且,与表述相辅,新中国70年的军事行动也印证了高度稳定的中国战略内涵。与此相反,美国不断更换军事战略,这种变化随着其对世界局势认识的改变、国家战略目标的转移而调整。因此,美国的军事战略是不稳定的、多变的。

中、美军事战略的名称

年份	《白皮书》	《报告》
1992		联合部队(A Base Force-A Total Force-A Joint Force)
1995		灵活地选择性介入战略(A Strategy of Flexible and Selective Engagement)
1997		塑造、反应、准备战略(Strategy: Shape, Respond, Prepare Now)
1998	防御性的国防政策	
2000	积极防御军事战略	
2002	积极防御军事战略	
2004	积极防御军事战略	基于能力的方法(A Capabilities-based Approach)
2006	防御性的国防政策	
2008	防御性的国防政策	
2010	防御性的国防政策	
2011		联合部队(Joint Force)
2012	积极防御军事战略	
2015	积极防御军事战略	一体化军事战略(An Integrated Military Strategy/the integrated approach)

从以上对比看,中国战略是防御型的、自卫性的,而美国的

第八章 国家安全话语

则是外向型的、摧毁阻击型的。

行动准则是指关于国防力量使用条件和界限，或军事行动规范的表述，是在国际社会中军事自律程度、原则性的表现，应该说从根本上反映国家军事战略的透明度。这种表达往往以否定、禁止、或有条件的形式出现。

这方面《白皮书》最为突出的特点是，军事行动有明确的规则和界限，表现在向世界宣布的一系列有条件的行动禁区，如："坚持战略上防御与战术上进攻的统一，坚持防御、自卫、后发制人的原则，坚持'人不犯我，我不犯人，人若犯我，我必犯人'（[15]；注意三次"坚持"的强调），以及无条件的行动禁区（比如"永远不称霸"），它们涵盖多个军事领域。这些基本出现在历次的国防白皮书中，也折射了中国军事文化传统[如"国虽大，好战必亡"，"天下虽安，忘战必危"（《司马法》）；"胜兵先胜而后求战，败兵先战而后求胜"（《孙子兵法》）]，因而体现出中国国防政策的一贯性。所以可以说，中方具有高度、广泛的军事战略原则透明度，注意下列例子中的否定词：

> 永远不称霸；永远不搞扩张[2]；人不犯我，我不犯人[原文带引号；15]；始终奉行不首先使用核武器的政策（核力量始终维持在维护国家安全需要的最低水平）[30]；无条件不对无核武器国家和无核武器区使用或威胁使用核武器[30]；不与任何国家进行核军备竞赛[30]；发展不结盟、不对抗、不针对第三方的军事关系[47]

与《白皮书》不同，在《报告》中找不到一句宣示美军不

做的事,正相反,文件运用模糊或笼统的条件句式,暗示先发制人、采取单边行动的可能,如下面句子所示:

> Should deterrence fail to prevent aggression, the U.S. military stands ready to project power to deny an adversary's objectives and decisively defeat any actor that threatens the U.S. homeland, our national interests, or our allies and partners. [29](如果威慑不能阻止侵略,美国军队随时准备投射力量,拒止敌人的目标,并果断击败任何威胁美国国土、国家利益或我们的盟国和合作伙伴的行为体。)

> While we prefer to act in concert with others, we will act unilaterally if the situation demands. [32](虽然我们更愿意与别国一道行动,但如果情况需要,我们会单独采取行动。)

中国国家军事战略的话语品行

作为国家军事战略的重要方面,其话语品行是一种国家武装力量的姿态、做派或行事方式,是反映国家军事战略性质的重要方面,更是影响国际军事(战略)关系的行为。这种话语品行突出地表现在国家关系、军队关系的构建上,以及作为军事外交的言语行为上。让我们看《白皮书》对于中国与世界关系、中国军队与世界和平关系的构建:

> 中国人民在为实现中华民族伟大复兴中国梦的奋斗中,希望同世界各国一道共护和平、共谋发展、共享繁荣。[1]
> 中国军队始终是维护世界和平的坚定力量。[2]

第八章 国家安全话语

文件的开头表达与世界合作的愿望（希望同世界各国一道），希望通过合作维护、谋求利益（和平、发展）并共同分享利益（繁荣），还运用重复、节奏加以强调。同时，也一如既往地声明中国军队相对于世界和平的身份：坚定的维护者（坚定力量）。不难看出，这是对于建立国际合作关系的呼唤和企盼，也是为人类共同利益服务的庄重承诺。

其实，这种鲜明表达希望和平、发展，奉行防御性国防政策的姿态，表现在自1998年以来的每一期国防白皮书"前言"部分，比如1998年白皮书：

> 处在世纪之交的重要历史时期，中国正致力于现代化建设。中国需要并十分珍惜一个长期的国际和平环境，特别是良好的周边环境。中国人民愿同世界各国人民一道，为促进世界和平与发展的崇高事业，开创人类美好的未来，作出不懈的努力。[2]基于和平与发展的愿望，中国坚定不移地奉行防御性的国防政策……[3]

与此形成鲜明对照，《报告》运用"二分法"和"反衬法"将世界分裂成两类国家，将美国及其盟友系统宣称为"正义之领袖"，而将非盟友国家划为"修正""国际秩序"并"威胁"前者的国家。《报告》的另一个威胁手段是，宣示与中国周边国家加强军事联盟，明示围堵中国的计划。且看：

> Most states today—led by the United States, its allies, and partners—support the established institutions and processes dedicated to preventing conflict, respecting sovereignty, and

furthering human rights. Some states, however, are attempting to revise key aspects of the international order and are acting in a manner that threatens our national security interests. [11]（今天，以美国及其盟国和伙伴为首的大多数国家支持为防止冲突、尊重主权和促进人权而建立的机构和进程。然而，一些国家正试图修改国际秩序的关键方面，并以威胁我们国家安全利益的方式采取行动。）

...we will press forward with the rebalance to the Asia-Pacific region, placing our most advanced capabilities and greater capacity in that vital theater. We will strengthen our alliances with Australia, Japan, the Republic of Korea, the Philippines, and Thailand. We also will deepen our security relationship with India and build upon our partnerships with New Zealand, Singapore, Indonesia, Malaysia, Vietnam, and Bangladesh. [41]（……我们将推进亚太地区再平衡，把我们最先进的力量和更大的（武器）装载量放在这个至关重要的领域。我们将加强与澳大利亚、日本、韩国、菲律宾和泰国的联盟。我们还将深化与印度的安全关系，建立与新西兰、新加坡、印度尼西亚、马来西亚、越南和孟加拉国的伙伴关系。）

除此之外，对比涉及军事安全词语使用频率和动宾搭配，也可以帮助我们估测中方军事战略话语的品行。在中美文件中，"和平/peace"分别出现了264次和60次——中方远远多于美方。《报告》中，"对手"（adversary/adversaries）共出现163次，"敌人"（enemy）29次；与其常见的动宾搭配为：defeat（打败）、dissuade（劝服）、overwhelm（压倒）、halt（阻止）、attack（攻击）、destroy（毁灭）。而《白皮书》中，"敌人（enemy）"总共才出现20次，且完全未出现"对手（adversary）"；从索引行看，中国对于"敌人"的行为更多是被动性的、自卫性的：only after the enemy...（在敌人……之后）、counterattack（反击）、guard（提防），细节如图4所示：

strategically gaining mastery by striking only after the enemy has struck. During the course of several thousand
and gaining mastery by striking only after the enemy has struck, and adheres to the principle. "We will
and gaining mastery by striking only after the enemy has struck. Such defense combines efforts to deter
or jointly with the Army and Air Force, to guard against enemy invasion from the sea, defend the state's
Artillery Force, engaging in joint operations against enemy invasion from the air, or in conducting air strikes
from the air, or in conducting air strikes against the enemy. Adopting a system of combining aviation with
missile systems. Its primary missions are to deter the enemy from using nuclear weapons against China, and, in
against China, and, in the case of a nuclear attack by the enemy, to launch an effective counterattack in self-defense
and the people, and demoralizing and disintegrating the enemy, with ideological-political education as the central
China's security. It is responsible for deterring the enemy from using nuclear weapons against China, and
and organize the Chinese people to be prepared against enemy air raids and disastrous events, and to deal with
and disastrous events, and to deal with the aftermath of enemy air raids and disastrous events. Resorting to
self-defense and striking and getting the better of the enemy only after the enemy has started an attack. In
striking and getting the better of the enemy only after the enemy has started an attack. In response to the new
and make the best use of our strong points to attack the enemy's weak points. It endeavors to refine the command
and get ready for a nuclear counterattack to deter the enemy from using nuclear weapons against China. If China
missiles to launch a resolute counterattack against the enemy either independently or together with the nuclear
against key strategic and operational targets of the enemy. History of Development The founding of the
and get ready for a nuclear counterattack to deter the enemy from using nuclear weapons against China. If China
in employing it as an ace weapon to triumph over the enemy, enrich the contents, ways and means of the

《白皮书》中enemy的全部索引行

当然，如果从美国第一期报告（1992）至今的历史看，其军事战略在国际关系方面发生了悄然变化，那时，美国没有提出明确的敌对国家或集团，没有今天的进攻性：

> As a nation which seeks neither territory, hegemony, nor empire, the United States is in a unique position of trusted

---

① *在检索中表示检索词根相同的词。

leadership on the world scene. Old friends view us as a stabilizing force in vitally important regions, new friends look to us for inspiration and security. We serve as a model for the democratic reform which continues to sweep the globe.（作为一个既不谋求领土、霸权也不谋求帝国的国家，美国处于世界舞台上可信赖领导的独特地位。老朋友把我们看作是至关重要地区的稳定力量，新朋友从我们身上寻找灵感和安全感。我们是继续席卷全球的民主改革的榜样。）

中国国家军事战略的话语模式

除了从"话语意旨""话语品行"去理解国家军事战略，还必须从"话语模式"的角度去进一步考察，因为在当今紧密联系的世界里，国家军事战略恰恰离不开作为国际交流活动的媒介传播。

自1998年中国定期发布《白皮书》以来，中国国防部于2004年开通中国军网，2009年改版为中国国防部官方网站；2008年建立国防部新闻发言人制度；2008年成立中国国防部新闻事务局，定期或不定期发布中国军队新闻；随着新媒体技术的发展，中国国防部先后开通了"国防部发布"的微博账号、微信公众号。

这里，我们聚焦2015年6月26日《白皮书》发布当天的传播主体、传播方式、传播行为三个环节，进一步揭示作为中国国防政策的国家军事战略的性质与特点。

首先，传播主体上，有众多中央或全国性机关、组织、媒体的参与：国务院新闻办公室、《解放军报》、国防部外办、国防部网站、新华网、人民网、其他门户网站（腾讯、搜狐、网易、新浪)、党政报刊网站。其次,传播模态上,有各种媒介和渠道的使用:新闻发布会(国务院新闻办公室进行新闻发布会)、现场直播(新华网现场直播国务院新闻办公室的新闻发布会)、官方微博(国防部官方微博全程直播国务院新闻办公室的新闻发布会)、官方微信公众号("国防部发布"微信公众号)、网络专题(人民网专题)、独家专访(军报记者对军事科学院国防政策研究中心主任专访)、介绍会(国防部外办向驻华武官作介绍)。再者,传播行为上,《白皮书》发布的当天,上述主体、媒介一齐行动,面向全中国和全世界。

而2015年7月1日,美国国防部在新闻发布会上公布了2015年度《国家军事战略》报告。美方对《报告》的传播不同于中国,登载全文的只有国防部及其相关机构的网站。① 从LexisNexis数据库中检索有关《报告》的报道和评论,如下表所示,可以看出,报道面较窄,报道和评论的主体也主要为记者(包括自由撰稿人)、学者及人权组织②。传播渠道包括:官方网站、报刊/报刊网站、SNS(比如twitter,blog)及民间组织网站。

---

① 全文登载2015年《报告》的网站有:http://www.jcs.mil/Portals/36/Documents/Publications/2015_National_Military_Strategy.pdf,访问时间:2019年5月30日。
http://news.usni.org/2015/07/02/document-2015-u-s-national-military-strategy,访问时间:2019年5月30日。
http://cdm16021.contentdm.oclc.org/cdm/ref/collection/p16021coll6/id/1237,访问时间:2019年5月30日。
https://www.lawfareblog.com/pentagon-releases-new-national-military-strategy,访问时间:2019年5月30日。

② 政府部门的解读见:"Defense Media Activity,"http://www.jcs.mil/Media/News/NewsDisplay/tabid/6800/Article/602608/dempsey-releases-national-military-strategy.aspx,访问时间:2019年5月30日。"Department of Navy Chief Information Officer,"http://www.doncio.navy.mil/chips/ArticleDetails.aspx?ID=6562,访问时间:2019年5月30日。

值得注意的是，在中国国防政策话语变得越来越透明的时候，美国则20年来首次将《报告》列为机密[①]；参联会主席Joseph Dunford在接受Defense News采访时表示，"在我们的行动计划中，'如何处理'是需要保密的部分"，"下一部《报告》将不会公开"。

有关2015《报告》的报道和评论

序号	标题	出版物名称	出版类型	时间
1	Pentagon Concludes America Not Safe Unless It Conquers the World	Dissident Voice, Phil's Stock World	Web blog	July 10, 2015; July 11, 2015
2	The unipower	The News International	Newspaper	July 11, 2015
3	Dempsey Discusses New Military Strategy To Combat Daesh	TOLONews	Web Publication	July 2, 2015
4	Military Strategies Collide In The Asia-Pacific–Analysis	Eurasia Review	Web publication	July 27, 2015
5	U.S. military to strengthen partnership with Japan, others	Japan Economic Newswire, Philippines News Agency	Newswires	July 2, 2015

---

① "National Military Strategy update in the works-most of which will again be classified，" https://www.defensenews.com/pentagon/2018/01/16/national-military-strategy-update-in-the-works-most-of-which-will-again-be-classified/，访问时间：2019年5月30日。

（续表）

序号	标题	出版物名称	出版类型	时间
6	US to strengthen military alliances with Japan, others in Asia-Pacific	BBC Monitoring Asia Pacific-Political	Transcript	July 2, 2015

注：检索词为"national military strategy of the United States of America"（精确检索），检索类型为新闻（News），包括主要报纸、通讯、杂志和期刊、新闻专线和新闻稿以及博客（Major Newspapers, Newsletters, Magazines and Journals, Newswires and Press Releases, and Blogs）。

从LexisNexis数据库中检索有关《报告》的报道和评论，我们发现，传播主体有美国网络平台（Eurasia Review）、网络博客（Dissident Voice、Phil's Stock World），还有使用新闻专线的外国媒体（Japan Economic Newswire、Philippines News Agency）、外国网络平台（阿富汗的TOLONews）、报纸（英国的*BBC Monitoring Asia Pacific-Political*、巴基斯坦的*The News International*）。不仅大型主流媒体失声，而且时效性方面最强的也是在次日才报道，还有一部分的报道甚至是在十天半个月之后（如：Eurasia Review、Dissident Voice、Phil's Stock World）。

综合阐释

在整体多元、跨历史跨文化分析对比的基础上，我们再作一个综合性阐释：即以上述分析对比信息为基础对研究对象"中国国家军事战略"的本质、特点、规律进行释义、解释、评价。第一，中国国家军事战略不具所谓的"攻击性""威胁性"，更不具所谓的"野心"；恰恰相反，中国战略的本质内涵，是防御、自卫、自律、包容。如果与美国相比，则更为明显。前文例证显现，其军事战略饱含着全球性、分裂性、外向性、攻击性、任意性。中国战略的特性，是由其文化传统、历史经验、社会条件和国防政策等因素决定的。

第二，中国国家军事战略不具有"敌对""冲突"的态势或姿态；相反，中国战略体现和平、友好的品行。与之形成鲜明对照，美国战略自封为国际安全"领导者"，挥舞"普世价值""国际准则"大棒，分割世界分裂人类，集结拔高盟国系统，孤立贬低异己国家，表现出霸权主义做派。

第三，中国语境下作为国家军事战略重要内容的安全观，具有人类相通、国际相连的性质。中国战略从中国文化出发，强调共护安全、共享安全。美国战略则相反：从二元对立思维、美国中心主义出发，美国战略制造世界分裂、安全对立、美国至上。

第四，中国国家军事战略并非"不透明"；恰恰相反，在战略目标、任务、军事行为等诸多问题上，清晰、明确、坦诚、行动有限度。中方反复宣布多重、多层禁止性原则；与美国形成鲜明对比，后者未有任何关于军事行动禁止性原则的表述。同时值得关注的是，美国自1992年至今，向国际社会发布了六部公开的《报告》（总字数：约56204），2019年美国国防部宣布今后将不再有此类报告。中国自1998年共发布九部《白皮书》〔总字数：英文版约146630（比美国多将近两倍），中文版369676〕，而且基本上两年一部。除此之外还分别于1995、2003、2005年发布有关军控、裁军、防扩散的文件。特别应该提醒的是，因为中国战略是国家自卫性的，而美国是全球性的、军事同盟性的，所以美军战略本应负有比中国更高的透明度责任。然而，事实却相反。

第五，中国国家军事战略不仅透明，而且是真诚的，因此是可信赖的。继前八部白皮书扼要阐述中国国防政策及军事战略，

第八章 国家安全话语

2015年中国首次专门就"国家军事战略"发布白皮书，而且发布的当天，诸多重要国家机关、中央媒体共同参与，运用各种交流渠道和技术，向国内和国外传播。这一切说明，中国在进一步开放，希望展开国际交流，并愿意承担责任。

第六，从历史角度看，中国的国家军事战略，乃至国防政策，是可预测的、稳定的。自1998年第一期至之后每两年一期的白皮书始终宣誓奉行"防御性国防政策"、执行"积极防御军事战略"，不论国际风云的变幻，不同于美国"随机应变"的国家军事战略。对此，《白皮书》以及之前的版本提供了背后的原因：

> 中国社会主义性质和国家根本利益，走和平发展道路的客观要求，决定中国必须毫不动摇坚持积极防御战略思想，同时不断丰富和发展这一思想的内涵。[17]

第七，以上所述性质、特点和规律，也可追溯到中华文化的"和谐观""天下观"。中国传统文化，惯于整体看世界，崇尚和谐的道德伦理；在军事领域，主张"先礼后兵"。这与美国的黩武精神、二元对立思维，形成鲜明对比。这种文化差异一定程度上导致国家军事战略话语的区别。

最后，双方在整体战略话语上也有一些明显共同点：一是都在时局观察方面注意到世界急促而深刻的变化；二是都看到全球化带来的世界间相互联系；更值得注意的是，都将世界的"安全""和平""稳定""发展""繁荣"作为本国国家军事战略的一种目标或愿景，尽管这种目标或愿景有不同的层次，并且有不同的路径。这些愿景或目标，可以从下列"希望"祈使句、

"愿望"陈述句、"维稳"行动（deter would-be aggressors）、"安全与稳定"目的（for international security and stability）中看出：

中国人民在为实现中华民族伟大复兴中国梦的奋斗中，希望同世界各国一道共护和平、共谋发展、共享繁荣。[1]（2015）

把一个和平、稳定、繁荣的世界带入新世纪，是中国政府和人民的愿望。[1]（1998）

The United States must maintain the strength necessary to influence world events, deter would-be aggressors, guarantee free access to global markets, and encourage continued democratic and economic progress in an atmosphere of enhanced stability.（美国必须保持必要的力量来影响世界性事件，威慑潜在侵略者，保证全球市场的自由进入，并推动民主与经济在高度稳定的状况下继续前行。）[12]（1992）

America's global network of allies and partners is a unique strength that provides the foundation for international security and stability. These partnerships also facilitate the growth of prosperity around the world, from which all nations benefit.（美国的全球盟友和伙伴网络是一种独特的力量，为国际安全与稳定奠定了基础。这些伙伴关系还促进了世界各地的繁荣增长，所有国家都从中受益。）[34]（2015）

行动建议

基于上述评估，我们提出几项建议。首先，鉴于中美两国军事战略性质形态截然不同，中美之间，乃至中外之间，尤其在武装力量高层、智囊机构及学术界，开展全面、深入、系统、细致的对话与批评，以认清两军战略的文化差异性（包括国际道义）、矛盾性、复杂性，避免无端指责，防止战略误判。

其次，在国家军事战略话语多元竞争的视野下，国际社会包括相关机构团体就"安全""（国家）军事（战略）透明度""普世价值""国际准则""国际领导"的概念、标准、手段、责任及其话语使用原则进行商讨审定，因为这些概念常常在国家军事战略话语竞争中出现。为此，中国可以提出倡议、提供平台。

再者，发掘两军战略的共同点，以找到军事战略互动的新机遇、新模式、新方向，增进双方、国际和全球安全。既然中美军事战略都承认世界的变化和联系，更有世界"安全""和平""稳定""发展""繁荣"的共同诉求，双方应积极探索对于这些概念的共识，挖掘应对变化带来的挑战和实现共同目标的合作途径。

最后，也是最重要的，建设一个完善的中国国家军事战略话语体系：一个能有效保障国家安全，中国特色军事战略话语系统（包含相应的交际体制和交际策略）。为此目的，以"新安全观""总体国家安全观""人类命运共同体"为指针，注意运用中国文化智慧（"天下观""整体观""和谐观""安全观""战争观"），以拓展、丰富、创新国际军事战略理论和国际关系理论，指导国际秩序治理；同时，反思中国国防话语［比如：注意术语标准，避免内容重复，凸显中华传统，力图（有选择地）清晰表述］；强化相应科研和训练机制，积蓄、培养、提升国防话语能力；不断完善强化中国国家军事战略话语的国内国际交流与传播，尤其是媒体、学界、军方要积极向国际社会传播、阐释国家安全、国防政策（包括建立自己的国际期刊）；展开国家安全战略、国防战略、军事战略的话语研究，建立相应的话语信息库、数据库。

讨论题

1. 试从话语研究的角度探索我国"国防战略"（或"国家安全"）的历史脉络。
2. 试从话语研究的角度将与中国相关国家的"国防战略"（或"国家安全"）进行对比、评价。
3. "中国威胁"是如何被构建的？中国应该采取怎样的话语策略解构之？

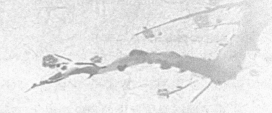

第九章 社交媒体话语

中国社会科学的全球传播,是学界自身发展提升的要求,是联合被边缘化的发展中世界学术团体的需要,是展开最广泛的学术交流、实现人类思想繁荣的途径,是改变国际学术不平等话语格局和秩序的举措。正走向世界中央的中国,要做负责任的大国,是发展中国家的领头羊,因此中国社会科学应该起到标杆、引领的作用。中共十八届三中全会审议通过的《中共中央关于全面深化改革若干重大问题的决定》,明确要求扩大对外文化交流,加强国际传播能力和对外话语体系建设,而中国社会科学的全球传播,是我国对外话语体系建设、讲好"中国故事"的重要组成部分。那么,在当今信息技术突飞猛进,媒体应用日新月异的时代,中国社会科学如何运用新媒体进行国际传播便成为重要的课题。

问题与目的

新媒体研究和中国社会科学研究,一定程度上都认识到国际传播的重要意义。但是,新媒体研究却很少注意到中国社会科学的国际传播需求,而中国社会科学研究又很少考虑到新媒体的国际传播作用。

当代中国的信息技术及其社会应用研究,特别是围绕新媒体、互联网+、智能+、大数据、5G+、区块链的研究，主要分析了网络媒体发展的理论、现状、挑战和对策（高会坡 2019；韩春苗 2017；黄楚新、刘美忆 2019；黄楚新、王丹 2019；李曼 2019；李娜、胡泳 2014；刘韵洁 2017；盛铨 2019；唐绪军、黄楚新、王丹 2019；张莉 2017），少量地探讨了政治、经济、社会、教育、新闻领域赋能的困局和破局（严励、许晨媛 2019；王国华、杨腾飞 2013；徐溢蔓 2014；曾俊、余泽莹 2017；张攀、许展 2019）。这些工作无疑将对我国的信息技术进步及社会文化发展起到引领作用。然而，网络数字媒体研究几乎没有关照到中国社会科学这一特殊领域。即使有涉及"中国文化""走出去"问题的（姜飞、彭锦 2019；刘滢 2019），但由于"文化"概念本身无限宽广，而且每个领域的现象和问题都有各自的特点，加之这些讨论聚焦"走出去"，却忽视文化的互鉴互学，因此很难说明和指导中国社会科学国际传播实践。媒体如何发展，一方面取决于技术，但另一方面还要根据特定的应用领域的具体需求。然而，由于媒体技术更迭较快和国家政策引导等多种因素的影响，媒体研究更多关注新媒体对现有传播格局的改变，关注媒体融合以及与其他领域融合和对社会产业的影响等，疏于对中国社会科学及其（国际）传播的关注。

中国社会科学必须展开全球传播，已成为学界的共识（邓正来 2009：6-9；郭苏建 2011：7；李友梅 2017；梁砾文、王雪梅 2017；严书翰 2014：72）。（下文将用"全球传播"代替"国际传播"，一是为强调超越"国际/西方"的局限，胸怀全世界全人类，二是希望避免单向度"传播"，拥抱双向度、多向度"对话"。）中国社会科学的全球传播，是学界自身发展提升的要求，是联合被边缘化的发展中世界学术团体的需要，是展开最广泛的学术交流、实现人类思想繁荣的途径,改变国际学术不平等话语格局和秩序的举措。中国社会科学当然也有对内传播的问题要解决,但是对于当下面临的环境和任务的特殊要求,对外传播显得更为重要更为必要也更为急迫。正走近世界舞台中央的中国,要做负责任的大国,是发展中国家的领头羊,因此中国社会科学应该起到标杆、引领的作用。但是,现实是我们仍然自信不足,西化有余,在国际学术舞台上民族文化地位不够,影响力还是有一些薄弱,又由于西方大国挑起险恶竞争,手段之一是学术脱钩,这给中国社会科学的国际交流带来挑战。而且,中共十八届三中全会审议通过的《中共中央关于全面深化改革若干重大问题的决定》,明确要求扩大对外文化交流,加强国际传播能力和对外话语体系建设,助推中国走向世界,那么,中国社会科学的全球传播,正是我国对外话语体系建设、讲好"中国故事"的重要组成部分。然而,在信息技术突飞猛进、媒体应用日新月异的时代,学界对于新媒体在国际传播上至关重要甚至是决定性的地位和作用,明显重视不够。

本章聚焦中国社会科学的新媒体全球传播,分别回答两个相连的问题:(1)新媒体对于中国社会科学的全球传播具备了哪些工具和条件?(2)中国社会科学全球传播应该如何利用好新媒体?笔者通过对我国新媒体现状和趋势的分析,并结合中国社会科学的特性、特点和国际语境,提出中国社会科学网络全球传播战略——发展目标和行动策略。

很显然,探索网络媒体与中国社会科学全球传播的结合,切入中国社会科学话语体系如何在新媒体时代、智能时代、5G时代"走出去"问题,将为中国社会科学自身发展和地位提升,为世界社会科学的文化繁荣和话语秩序的改革,提供战略指导和技术支持。反过来，探索新媒体对于中国社会科学（全球）传播的具体应用与深度融合，尤其是因为中国社会科学的特性及其全球传播的特殊要求，必将促进网络媒体的变革以及背后技术的创新。站在更高的层面上，这种跨学科研究和实践，无疑将拓展和丰富我们关于新媒体、学术传播以及两者关系的认识。

"新媒体"：数字化、网络化条件下的信息交流系统/模式

为探索中国社会科学如何更好地与传播工具——媒体——的结合，实现高水平的全球传播，以拓展提升自己，改革国际话语秩序，创新人类知识，让我们首先厘清（新）媒体的历史、现状、趋势，特别是其新热点、新特点。在此过程中，一方面考虑它为中国社会科学全球传播提供的可能性，另一方面也注意如何更好适应中国社会科学全球传播的特殊需要。

媒体（media），在当今交际/传播学（communication studies）中，分为传统媒体和新（兴）媒体。后者的定义和概念一直处于争议变化之中，主要的原因是学者背景（比如有的来自新闻专业，有的来自影视专业）和旨趣（比如有的关心技术，有的关心内容）的不同，甚至用法上也存在模糊或不系统的现象，另外就是汉语有一词多义的情况（电视和电视台都可以叫媒体），更是由于信息技术、传播手段日新月异的变化。应该清楚，"新"（与"旧"）是历史相对概念。从目前看，广播、报纸、电视，一般称为"传统"媒体，之后依托网络和数字技术传播的形式，像网络报纸、微博、抖音，就变成"新"媒体。但是，在当今科技突飞猛进的条件下，加之政治、经济、社会因素的影响，媒体不断向前发展。我们已经看到，（传统/新兴）媒体叠加和嵌入

第九章 社交媒体话语

越来越多的新技术元素：互联网、物联网、人工智能、5G、大数据、云技术、区块链、量子计算等。因而内涵变得复杂、边界变得模糊。

在本章里，我们主要关心的对象不是数字、网络等与新媒体相关的技术问题。我们的出发点是包括社会科学研究者在内的用户群及其应用实践（使用和体验），因此我们主要关注：以数字化、网络化为基础，通过移动终端（手机）或固定终端（电脑），向公众提供信息检索和信息交流的系统（如应用软件、网站）或模式（如视频、音频）。让我们称这样的系统和模式为"新媒体"。（目前学界新媒体定义及其使用混乱且模糊，有多重原因，但是，检验的标准应该是看该定义及其含义对于研究目的有多大的意义）。从历史角度来看，新媒体走过了网络1.0时代固定化、平面化、简单化、局限化样式（且不谈传统媒体）。在网络2.0时代则不断展现出新趋势：移动化、融合化、视听化、立体化、社交化、垂直化、现实拓展（虚拟和增强）化，等等。从性质角度来看——这一点非常重要，不同于传统媒体（如广播、电视、报纸）的单向性、通告性、集体性、等级性、标准性、绝对性、隐秘性。新媒体具有对话性、灵活性、个体性、相对性、探索性、参与性、透明性、平等性、公开性、监督性。从功能角度来看——这一点同样非常重要，不同于传统媒体为大众提供单向、文字、视听、固定、不可改、内容/时空/受众有限、使用不可控的信息。新媒体为公众提供双向、多媒、即时、灵活、可修改、内容/时空/受众无限、使用可控的信息检索和交流的工具、手段、平台。

尽管这些是一般性的特性、特征和发展趋势，但是从"文化话语研究"（Shi-xu 2005, 2014; Shi-xu, Prah & Pardo 2015; 施旭

2010）视角看，作为人类交际要素的新媒体又具有文化性——不同群体之间在交际实践上存在差异性、竞争性。比如，西方大国强势的新媒体具有扩张性、压制性，相对而论，中国新媒体则具有防守性、封闭性。

很显然，新兴媒体研究对于国际传播，特别是对中国文化的全球传播实践，具有极其重要的指导意义。姜飞、彭锦（2019：8）指出："以网络空间为依托的新兴媒体具有超越国界天然落地和快速到达等特点，是天然的全球传播载体。加大力度建设新兴媒体，推动全媒体建设，能够打破既有国际传播格局中西方的垄断，以网络空间为阵地传播中国理念、中国道路、中国制度和中国文化，实现中国国际传播能力建设弯道超车。"刘滢（2019：80）预测："作为最新一代的移动蜂窝通信技术，5G催生的新应用必将对国际传播的主体结构、内容叙事、产品生产链、信息流向和受众体验产生深刻影响。"以下我们对中国新媒体资源做一扼要介绍，加以实例说明，以期对中国社会科学的全球传播有启发意义（信息主要来源于不同网站，这里不一一枚举）。

检索平台：又称搜索引擎，通过互联网进行信息搜集、加工、存储和检索的搜索系统，由文献目录、索引、机读数据库、网络搜索引擎等构成，功能上分为全文搜索引擎、元搜索引擎、垂直搜索引擎和目录搜索引擎四类。例1. 知网：提供中国学术文献、外文文献、学位论文、报纸、会议、年鉴、工具书等资源的统一检索、统一导航、在线阅读和下载服务的网络平台；例2. 维普：中国最大综合性文献信息服务网站，收录中文报纸400种、中文期刊12000多种、外文期刊6000余种；例3. 百度：全球最大中文搜索引擎及最大中文网站，整合搜索、资讯、视频等资源，形成全场景全用户媒体矩阵。

数据驱动新闻：基于数据抓取、挖掘、统计、分析和可视化呈现的新闻报道方式，它是通过对数据的剖析、提炼来发掘新闻，并用可视化、互动的方式呈现新闻。**例1.** 中国实例包括网易"数读"、新浪"图解天下"、搜狐"数字之道"、腾讯"新闻百科"等门户网站的数据新闻，还有新华网数据新闻专栏、央视新闻网的数据新闻；**例2.**《卫报》是英国媒体中制作数据新闻的佼佼者，另外还有《金融时报》、英国广播公司、《泰晤士报》。

数据库：根据数据结构组织、存储于计算机、统一管理的数据"仓库"，用户可以对其中的数据共享、查询、更新、增加、删减。**例1.** 中国知识资源总库（CNKI）：大型知识服务平台和数字化学习系统，囊括自然科学、人文社会科学及工程技术各领域知识，拥有期刊、报纸、博士和优秀硕士学位论文、全国重要会议论文，以及1000多个加盟数据库，通过CAJ和PDF浏览器阅读；**例2.** 万方数据库：覆盖自然科学、社会科学、人文地理等各学科领域，其中《中国学术会议论文全文数据库》主要收录1998年以来国家级学会、协会、研究会组织召开的全国性学术会议论文。

官方网络平台：又称官网，一定社会机构、政府部门所主办，提供相关官方信息的网站。**例1.** 腾讯网：集新闻信息、区域垂直生活服务、社会化媒体资讯和产品为一体的互联网媒体平台，下设新闻、科技、财经、娱乐、体育等板块；**例2.** 中国日报网：中国最大英文资讯门户网站，有"英文版""中文版"和"法文版"，包括交通、企业、能源、商业、公益、时尚中国、经济中国、文化中国、网视中国、创新中国、食品中国、城建中国、英语点津、新漫网、手机报、图片网、博客、论坛、电子杂志、城市生活、网络电视等50多个子网站或频道，并有海外舆情分析平台。

数字页面：数字采集和信号处理技术条件下，用点、线、符号、文字和数字等描绘事物几何特征、形态、位置及大小的制图形式。**例1.** H5页面：用第5代超文本标记语言制作的数字页面，可以包含文字、图片、链接、音乐、视频、程序等元素；高级动效类 H5 包括快闪、一镜到底、VR 全景、模拟界面、重力感应等；**例2.** 全息照片：用激光照相技术拍摄，显出与实物一样的照片。

在线音频：说话声、歌声、乐器录制下来后，通过数字音乐软件处理，或制作成CD，上传互联网的分享平台。**例1.** 喜马拉雅FM：采用用户原创内容（UGC）模式，不仅提供音频播放、下载、查找、个性化推荐服务，用户也可以申请成为主播上传音频文件；**例2.** SoundCloud：德国音频网站，提供音乐社区分享服务，也允许用户录制声音放至自己的播放器，在社交网站上与好友分享，并支持添加图片和位置信息。

视频网络日志：博客的一个分类，多为记录作者的个人生活日常，主题非常广泛，或是参加大型活动的记录，或是日常生活琐事的集合。**例1.** 哔哩哔哩：国内知名的二次元文化社区、视频弹幕网站，有及时的动漫新番、积极的ACG氛围及富有创意的UP主。其特色是悬浮于视频上方的实时评论功能，是一家极具互动分享和二次创造的文化社区。**例2.** VUE VLOG：国内领先的视频拍摄和编辑工具以及原创Vlog短视频平台。

短视频：互联网上传播时长几秒钟到几分钟的视频，适合在移动状态和短时休闲状态下观看，由于内容较短，可以单独成片，也可以成为系列栏目。**例1.** 抖音：应用人工智能技术为用户创造多样玩法的软件，用户可以选择歌曲，拍摄音乐视频，分享到社交网络。**例2.** 秒拍：具有高清拍摄、炫酷视频主题、高能水印、智能变声、明星短视频、一键唤起等服务功能，支持视频同步分享到微博、QQ空间等社交平台。

长视频：超过半个小时的视频，以影视剧为主，区别于以往国内由用户制作的视频。长视频主要由专业公司完成制作，而且这里版权至关重要。**例1. 爱奇艺**：互联网视频平台，其数字版权管理（DRM）系统首获中国权威广播影视数字版权组织实验室ChinaADRM认证，支持中英文、马来语、泰语、印尼语、越南语等多种语言。AI技术贯穿其内容创作、生产、标注、分发、播放、变现直到售后服务的各个环节，又基于5G大带宽、低延迟、多连接等优势，轻应用化趋势明显。**例2. 腾讯视频**：互联网视频平台，建立了分享中国原创内容的国际渠道和海外市场，在亚洲、北美、南美、欧洲和澳大利亚输出涵盖电视剧、综艺、纪录片、电影、动画等品类的自制内容。

网络直播：吸取和延续互联网优势，以视讯方式进行网上现场直播。一般分两类：一类是将电视（模拟）信号（如体育比赛、文艺活动的直播信号）通过采集，转换为数字信号输入电脑，实时上传网站供人观看；另一类是在现场架设独立的信号采集设备（音频+视频），导入导播端（导播设备或平台），再通过网络上传至服务器，将诸如会议、访谈、培训活动发布至网址供人观看；还可以重播、点播；除此之外，以直播+的形式出现，有的平台参与综艺制作，有的与教育、旅游、电商、体育、医疗、财经等领域结合。**例1. 虎牙直播**：是从YY直播中分出去的一个视频平台，全面转向web端。除游戏直播外，引入美食直播、秀场直播、电视直播、演唱会直播、发布会直播、体育直播等内容。**例2. 网络电视**：如爱奇艺、腾讯与中央电视台网站的专题模块"直播中国"合作，直播中国文化、中国地理、特殊事件等内容，实现台网同步直播的融合传播矩阵。

社交媒体：**微博**：供用户在网络上即时发布、分享个人文章、图片、音乐、视频的社交网站，能让读者留言，具有关注机制；一个典型的博客，结合文字、图像、其他博客或网站链接；外国政要、使馆、媒体等也可登录中国微博。**例1.** 新浪微博：微型博客服务类的社交网站，具有转发功能、关注功能、评论功能等，以门槛低、随时随地、快速传播、实时搜索、用户排行等为特色。**例2.** 网易博客：是网易公司为用户提供个人表达和交流的网络工具，用户可以上传日志、相片，共享网络收藏，还可以通过排版选择风格、版式，添加个性模块，全方位满足个性化需要。

微信公众号：个人或团体用户在微信公众平台上通过申请而获得的应用账号，与QQ账号互通；通过该账号可实现与特定群体的文字、图片、语音、视频的沟通、互动；微信在海外市场已有4000万用户[①]。可分为订阅号（任何组织和个人都可以申请，每天群发一条信息，用于信息发布和共享）和服务号（只允许企业或组织机构申请注册，每周群发一条信息，不可主动添加微信好友）。**例1.** 社科期刊网微信公众号：全名"中国社会科学院学术期刊"，涉及文学、哲学、经济学等15个学科，共80种期刊，是高水平的马克思主义理论、国家级社会科学的综合服务、新媒体传播及学术研究交流平台。**例2.** 文化话语研究：提供本学术领域的论文、著作、期刊、会议、教学讯息，具有关注、留言机制。

扩展现实：由计算机技术和可穿戴设备营造的真实与虚拟的集合场景以及人机交互，产生超出人自身感官体验的技术。（A）

---

① 来源：https://tech.qq.com/a/20130407/000090.htm（截至2013年）。

虚拟现实：（简称VR）是利用计算机模拟产生一个三维空间的虚拟世界，提供用户关于视觉等感官的模拟，让用户仿佛身临其境，可以即时、没有限制地观察三维空间内的事物。**例1.** 演播应用：当摄像机移动时，虚拟的布景与前景画面会出现相应的变化，从而增加节目的真实感，增强信息的感染力和交互性。**例2.** 地理应用：将三维地面模型、正射影像和城市街道、建筑物及市政设施的三维立体模型融合在一起，再现城市建筑及街区景观，用户在显示屏上可以很直观地看到生动逼真的城市街道景观，可以进行诸如查询、测量、漫游、飞行浏览等一系列操作，满足数字城市技术由二维GIS向三维虚拟现实的可视化发展需要，为城建规划、社区服务、物业管理、消防安全、旅游交通等提供可视化空间地理信息服务。（B）增强现实：（简称AR）是一种实时地计算摄影机影像的位置及角度并加上相应图像的技术，将计算机生成的虚拟物体或关于真实物体的非几何信息叠加到真实世界的场景之上，实现对真实世界的增强。**例1.** 城市镜头：是城市导游、导览、导购，景点与游客、商户与用户无缝连接的移动互联多资源整合平台。**例2.** 即时信息：可以使用户沉浸在历史事件中，有身临其境之感，而且视角是全景的。

除此之外，一些世界知名的学术社交网站和平台值得国内学界、学术媒体界了解：1. ResearchGate（https://www.researchgate.net）：专门的学术研究者社交网站，用户可以通过网站分享论文，进行问答及招募合作者，旗下还有微博网站（ScienceFeed.com），注册时需要填写所在院校信息。2. Academia.edu（https://www.academia.edu）：专门的学术研究者社交网站，用户可以创建个人档案，分享论文，关注感兴趣的话题，网站还提供文章影响数据、监督文献阅读的功能。3. Web of Science：学术期刊文章数据库网站，提供文章、期刊的影响数据、引用信息，并可以查询作者的联系方式。4. Facebook：类似于微博的社交网站，用户可以发布个人观点，其他用户可以在主帖下回复；许多学校以及学术活动组织有自己的账号，用于发布活动或成果信息，内容通常较为精简短小。Facebook还有不同主题的小组，用户加入小组后可在组内交流分享与主题相关的信息，并且可以组织相关的线上、线下活动。Facebook搭配Facebook Messenger聊天客户端，使用方式类似于微信、短信。许多学校课程都选择Facebook Messenger作为师生、学生间的交流方式。5. Twitter：与Facebook同属社交网站，以发布及回复为主要内容，学校以及学术活动组织账号会发布活动或成果信息，内容也较为精简短小，可带链接。6. Quora：类似于知乎、百度知道的问答网站，网站采用实名制，用户可以提问、回答，网站会推送相关问题、答案以及每日精选。7. Wikipedia：类似于百度百科，用户可以对词条进行编辑修改，注明信息来源，查看历次修改的版本。8. Google scholar：是常用的网站，常用作学术搜索；也有学者个人页面，可显示署名文章。9. Google其他套件，如Google classroom可用于网课，Google docs：用于文件分享。10. Zoom：是一款多人手机云视频会议软件，为用户提供免费的高清视频会议与移动网络会议服务。用户可通过手机、平板电脑、个人电脑与工作伙伴进行多人视频及语音通话、屏幕分享、会议预约管理等商务沟通。另外Skype一类的会议软件也供在线参与。11. 许多学校都有一个基于Open Archive Initiative Protocol for Metadata Harvesting的资源库，鼓励在校研究者将自己已发表或即将发表的研究成果全文上传至资源库，以便于成果在网络传播（上传后可通过Google scholar等搜索引擎获取全文）。在资源库中，研究者自行上传、管理名下研究成果，发布需要经过学校相关部门的审核。12. 很多会议和兴趣小组都有Email list，成员们可分享自己的研究成果，也可在线请教问题。

中国社会科学全球传播的必要性、可能性及复杂性

我国的网络媒体，以及背后的技术支撑，毋庸置疑，要根据中国社会科学的规律、特点和语境，来助力中国社会科学的发展和提升，尤其是在全球传播方面。但是，另一方面，中国社会科学自身更要积极地适应、驾驭信息时代、网络媒体时代带来的变化。那么，在筹划全球传播战略之前，我们首先审视中国社会科学的性质、特点、规律和国际语境。在此过程中，我们将注重运用信息革命和媒体进步的视角。

这里说的"社会科学"，与"自然科学"相对，泛指人文学科（如哲学、历史学）、社会科学（如社会学、文化学）、应用科学（如法学、教育学）。它与自然科学有着不同的对象（人与社会）、目的（探索意义）、性质（阐释性、对话性）及状况（相对重视不够）。

社会科学，可以看作"话语"现象。所谓话语，是指多元要素融合的社交实践。这些要素包括：对话主体、言行/意旨、媒介/模式、目的/效果、历史关系、文化关系。需要特别指出的是，作为社交实践，话语虽然具有一定普遍性，但更具有"文化性"——不同族群间的交际多样性和竞争性。东西方话语间的关系便体现了这种文化性。

不难看出，社会科学也是一种话语现象，同样离不开交际六要素，也同样具有文化性。不同文化、国家的社会科学之间，

虽然具有统一性（比如可能都是由知识阶层作为主体，他们研究的对象都是人及社会关系），但是各自也有特殊性（比如都有自己独特的文化传统、世界观、问题意识、科研体制）。拿中国社会科学来说，其特点是强调整体辩证地看世界，提倡以谦逊的态度对待知识，注重学以致用、知行合一。而西方社会科学，往往依循二元对立思维，崇尚客观理性，追求纯粹的知识。除此之外，尤其不容忽视的是，这些不同文化、国家的社会科学之间，不是平等或各不相干的关系，而是有着权力互动关系——或交流合作，或取长补短，或唯我独尊、排除异己。以西方社会科学为例，无论在主体、话题、价值、形式、媒介、模式、还是影响力方面，都占据国际学界的主导地位；而在此条件下，中国社会科学总体还处于缺席、依靠、效仿的状态。

社会科学还是一种"话语体系"。所谓话语体系，是特定社会领域的话语群体，为处理特定问题或完成特定任务，所依托和依循的"交际体制"（如组织、机构、制度、平台、媒介）和"交际方略"（如信息、概念、理论、规则、目标、策略）的综合系统。"交际体制"如人的骨骼系统，是"硬性的/物质的"；"交际方略"如同人的神经系统，是"软性的/精神的"。话语体系是特定社会领域话语群体的"话语能力"，支撑、形塑、影响话语实践的过程与结果。它折射现实，同时又是历史和文化的产物。作为具体交际实践的话语，是否能够得以维系、传承、奏效，取决于贯穿其中的"话语体系"。一个国家社会科学话语如果失声、失调、或失灵，或反之，成功解释、评估、指导社会实践，有效传播自己的思想，一定与深嵌其中的话语体系有密切联系。那么，要提升一个国家的社会科学（话语）的效力，就必须首先建设好相应的话语体系。一个国家的社会科学话语体系，是该国的"软实力"和"话语权"的有机组成部分，是该国思想精神的典型代表，是该国"文化安全"的重要方面。

首先，中国社会科学依然西化倾向严重，而民族性、自主性、世界性明显不足。这必然导致创新性不强、中国主体身份不明、人类关切不够的情况。沈壮海、张发林等（2012：94）从全国五十所高校调研中发现：

> 对于国家层面哲学社会科学创新能力的体现，受访者选择"影响国际学术发展的能力"不高，选择比例仅为27.8%，在诸选项中居于末位。这一结果，与受访者对研究团队哲学社会科学创新能力中"在国际范围内具有影响力"的低选择比例也是相互呼应和印证的。基于学术自信与自觉基础上的学术交流，在任何时代都是哲学社会科学创新的重要条件。当下中国学术发展的阶段性特征，仍然要求我们不断拓展世界眼光、扩大国际对话。诸多全球性问题的应对，同样需要中国学者发表自己的见解、贡献中国智慧。因此，如何进一步开阔国际视野、增强国际范围内的学术话语权，同样是当代中国哲学社会科学发展面临的艰巨任务，也是学术自信自觉的内在要求与客观体现。

从国际传播角度看，这意味着，我们必须借鉴中华优秀传统，彰显中国独特现实，融会多元文化智慧，才能让中国学术实现"立地顶天"的创新。

其次，中国社会科学的解释力还有欠缺，这包括对于改革开放以来的独特而丰富经验的阐释，显然，这往往又与整体视角、本土视角的欠缺有关。在分析世界学术影响力低下的原因时，邓正来（2009：9-10）指出两大"瓶颈"：

> 第一大"瓶颈"便是……中国社会科学学术传统中的"西方化倾向"……第二大"瓶颈"乃是与上述"西方化倾向"紧密勾连在一起的一种日趋严重的、狭隘的"唯学科化"倾向。

这种隔靴搔痒的社会科学也就很难有吸引力。因此，一方面要注重整体、辩证、深入认识事物，另一方面要去西方化，运用契合本土实际的方法。

再者，中国社会科学的实践性、公共性也有待提高。这样的社会科学不能反映中国社会的普遍、典型、亟待破解的问题。李友梅（2017：29）指出了这种偏离现象背后的原因：

> 特别需要关注的是，近些年来国内高校似乎越来越强调以在国际国内权威期刊上发表论文的数量作为考核激励的主要指标，而人文社会科学的国际顶尖期刊及其学术评价标准基本在美国。越来越多的青年骨干开始选择技术型研究，而且为这些研究成果发表于英文期刊而感到满足，并相信与崇尚科学研究的"积累性"能够"逐渐接近"事物的本质。然而，实际上人文社会科学研究的深刻复杂性与很多重要领域都很难应用科学的测量方法，于是聚焦这些领域的研究要么失声，要么脱离甚至远离基层社会生活的现实，以至于使中国社会科学对重大理论和现实问题的判断力和敏锐性不断弱化。

第九章 社交媒体话语

这要求中国社会科学界应力图关注中国社会自己关心的急迫而重大的问题,提出可行有效的解决方法,同时也应重视带有国际意义的、中国周边的和全球性的问题的研究。

除此之外,信息时代、媒体时代,中国社会科学在传播力、影响力、吸引力方面,与西方主流社会科学明显还有很大的差距,离引领国际学术、甚至第三世界学术的地位还很远。比如,SSCI和A&HCI期刊大多数是美国拥有的,中国只是近年来有极少数入围,在国际学界的影响也是微乎其微。而中国社会科学又不具有向全球学者展示自己、双向交流、顺畅高效的大型数字网络平台。邓正来(2009:7-8)指出:

> 2007年度SSCI收录1962种由40余国出版的期刊,以美国最多,所占比例将近60%,但其中涉及中国社会科学的期刊却只有10种,而真正由大陆地区主办的只有两种,这还包括今年5月份刚刚入选的一份刊物。更重要的是,我们在上面所发的论文征引率也是极低的。中国大陆地区期刊在SSCI来源期刊中所占比例和引证率很大程度上客观反映了中国社会科学在世界学术中的影响力。毫无疑问,中国社会科学在世界学术中的影响力与我们的经济大国地位是极不相称的,中国社会科学要真正走向世界的确任重而道远!

那么,这不仅需要战略地布局和建设全球传播平台和渠道,而且要求策略地、充分地运用各种网络媒体工具和资源,以使中国社会科学的传播与交流覆盖最广大的地域和最多元的学术群体。

从社会科学的国际话语格局和秩序看,中国社会科学,如同广大的发展中世界的社会科学，总体还处于西方大国强势话语体系的压制之下。特别是近些年来在逆全球化、贸易保护主义背景下，又出现了科技脱钩、学术壁垒、留学设限等新动向。正如曲建君、郝丽（2016：110）分析那样，

> 当前讲建设中国哲学社会科学话语体系，虽然是针对国内哲学社会科学话语体系现状提出的，但更主要是针对全球化背景下西方的话语霸权而造成的话语冲突和话语陷阱提出的。西方国家不愿看到以中国为代表的发展中国家综合国力不断增强的事实，在国家主权、国家安全、国际合作等方面挑起事端、设置障碍和议题、发起制定和改变国际规则，企图继续掌控国际话语权。西方国家不愿承认也不甘心国际霸主地位的岌岌可危，以文明制高点、道德制高点、价值制高点自居，强加自己的评判标准、内外有别的双重标准，对别国国内事务恣意指责、横加干涉，霸权主义、强权政治和新干涉主义再次抬头。

显然，这些国际动态对中国社会科学全球传播形成不利的外部环境。

如果说，中国社会科学存在的内部状况和外部环境，显示了"走出去"展开全球传播的必要性，那么，中国社会科学也具有重要的基础条件，说明了可能性。社会科学在中国，基于文化传统、政治制度、社会现实，要求保持高度的政治觉悟，担起国家政治任务，而同时，也得到政治制度强有力的保障和支持。十八大报告提出了"建设哲学社会科学创新体系"的号召，十九大为中国社会科学的发展提供精神支撑。正如金民卿（2018：21）所

指出的。

2017年，党的十九大鲜明地提出了习近平新时代中国特色社会主义思想的科学概念，集中论述了新思想的核心要义和基本方略，为哲学社会科学话语体系建构提供了坚实的思想基础。

在此情形下，中国社会科学界的全球传播事业，必须秉持明确、正确的社会文化政治立场，响应中央号召，服务国家战略，但同时也要紧紧依靠国家的支持。

中国社会科学具备得天独厚的学术发展资源和条件。一方面，中国改革开放的独特经验（包括"经济特区""一国两制""一带一路"），中国特有的复杂地区和国际环境（如南海岛礁问题、"中国威胁论"），都给研究者提供了既有本土意义、又有世界影响的现象和问题。另一方面，中国经济的腾飞和综合实力的提高，为学术研究和传播创造了坚实的基础。这意味着，中国社会科学的（全球）传播，已经具备了历史上最好的内在和外在基础条件。

最后，不容忽视的是，在推动中国社会科学发展、实现全球传播目标的道路上，还有可预料的和不可估测的复杂情况。比如，在关于中国社会科学困境的认识上往往还存在偏差。长期以来，相关问题的分析归咎于某一两个范畴，或"思想""政策""管理""语言"等，这种观点过于简单片面。总体看，任何个别因素都难以解释其存在的问题，也难以应对未来复杂的挑战。这里特别需要指出的，虽然学界认识到了中国社会科学必须探索本土学术的全球意义，实现改造世界（学术秩序）的目的，但是对于全球传播的关键环节，特别是对于当下新技术革命时代网络媒体的利用与融合，尚缺乏足够的认识。要正确理解中国社会科学面临的困境，要巧妙策划未来发展的战略并有效实施之，正如笔者在前文指出，必须采取更加全面、系统的"话语"和"话语体系"理论和方法视角，将网络媒体乃至全球传播作为中国社会科学发展、走向世界的有机、有效组成部分。

显然，中国社会科学展开全球传播战略，以充实、提高、完善、加强自我，提升国际形象和地位，助力国家战略目标实现，推动人类思想繁荣创新，既有需求、有必要、有责任，也有困难、有压力、有挑战，也有动力、有条件、有优势。而新时代，中国社会科学如何借助、融合网络媒体，实现全球传播目标，是中国社会科学界必须回答的大战略指引下的策略问题。

新时代中国社会科学全球传播战略

至今尚无关于中国社会科学如何利用新媒体实现全球传播的研究。这里我们只能摸着石头过河，抛砖引玉。从上文可以看出，这是一个跨文化语境（全球传播）下话语体系（中国社会科学）发展建设的问题，是话语体系内部要素（国家、中国社会科学、新媒体）协调、配合、利用的问题。而这些问题的解决，一方面必须通过战略（目标与策略/任务）的谋划，另一方面谋划的战略必须通过实践来完善和完成。下面我们的论述就在这样一个思路框架中展开。

于中国进入新时代之时，世界也迈入了百年变局的新阶段。对于中国社会科学来说，有旧病要根治，有现实困难要解决，也有新要求、新目标、新机遇要应对。新时代呼唤中国社会科学与时俱进，重塑自我，提升地位，肩负使命，助力国家战略，推动国际学术话语格局与秩序改革，促进人类思想繁荣进步。

在这样一个新时代大背景下，中国社会科学必须采取"全球传播战略（战略=长远目标+策略/任务）"。该战略的目标是：与全人类不同文明社会科学界，展开最普遍、最广泛、最丰富、最深入的交流、对话、互鉴、批评。而该战略的意义在于：它有助于包抄、跨越西方大国科学壁垒，消解学术霸权体系，改变已僵化的世界学术话语格局和秩序，吸纳各民族学术精华，联手被边缘化的亚非拉/发展中世界的学术团体，播撒中国文化智慧，提升繁荣中华学术，助推人类知识创新发展。

有效实施战略目标的关键举措（策略/任务的顶层设计），是建设发展一个"完善的中国社会科学全球传播话语体系"。根据文章开头话语体系的概念不难想象，新时代中国社会科学全球传播的话语体系，将是一项重大、长期、复杂的系统工程。它牵涉到：多重主体（学术队伍、国家机关、研究机构、公司企业、技术团队等）；特定思想、原则、经验、知识、规则（概念、目标、伦理、理论、方法、信息、外语）；配套资源、工具、技术、制度（数字网络、网络、搜索引擎、应用软件、服务器）；相应国际语境（相关的学术圈、认知、旨趣）；监测、反馈、反思、修正机制，等等。

而且，该话语体系必须有一个"完善的"要求，只有这样才能保证其有效性、可持续性。为此，话语体系必须在"精神"层面上达到"系统而高尚"的水平，包括具有民族性、世界性、公共性、创造性、全面性、多元性、时代性、可读性；在"物质"层面上达到"精良而稳固"的高度，这包括具有组织性、尖端性、稳固性、高效性、专业性；并且在此基础上两方面的要素紧密联系，形成一个有机整体。

一旦明确了战略目标以及行动的顶层设计，那么，剩下的问题就是具体的策略/任务：策略，是实现目标的智慧程序，即"算法"。策略的具体形式内容，便是需组织、实施的任务（"谁该做什么、如何做"）。

战略之所以是战略，因为有其独到之处，有其克"敌"之术，唯有如此才有制胜的可能。根据上述关于新媒体的分析，我们懂得，该战略的要害、支点、轴心、重器必须是新媒体。据此，在文章的最后，我们将以此为出发点，想象中国社会科学界如何假借、依托、融合新媒体，形成强有力的全球传播话语体系，去铺起"学术一带一路"，托起"人类命运共同体"理想。

一、党和政府扶持中国社会科学"走出去"。响应党中央关于中国文化"走出去"、建设中国哲学社会科学话语体系、构建"人类命运共同体"的号召，旗帜鲜明地推进中国社会科学新媒体全球传播事业。中国社会科学的发展，包括新媒体全球传播工作的进步，必须依靠党和政府的坚定支持。这也意味着，在思想上必须认清，中国社会科学界在中国著书立说，实现不了全球传播的目的，不可能影响世界。而且，西方话语强势扩张和东方话语失声，恰恰可能给中国带来文化（知识）安全的风险。另外，如果中国学者一味地追逐在西方文化主导的平台（如SSCI；A&HCI期刊）上发文，结果往往是强化西方旨趣、世界观和价值观，进一步深化东方主义的偏见与无知。这还意味着，在认识上必须明白，国际主流学界在一般国际平台上接触不到，也不会去主动研习中国的社会科学。再从世界科学发展历史规律看，国家支持至关重要。一言以蔽之，信息革命时代，不主动积极交流传播和创造条件交流传播，将继续被强势话语体系支配、侵蚀、冲刷、排斥、孤立、甚至淹没。主管领导、决策机构、监管部门须对此缜密系统认识，并在方针、政策、资源上明确坚定推动中国学术"走出去"，对于中国社会科学新媒体全球传播之话语体系建设发展，将起到决定性作用。

二、媒体企业支撑中国社会科学新媒体全球传播。在西方大国网络媒体大举挺近的话语秩序下，若没有一个中外都能接受、易于操作、足够丰富的共同平台，同样不能实现中国社会科学新媒体全球传播之目的。因此，新媒体全球传播话语体系的另一重要而基础的条件，是建造和维护一个融通中外、专门、系统、安全的大型新媒体国际平台。国内现有的网站、应用软件、搜索引擎、数据库等资源，都无法满足上述要求和条件。所以，国家和中国社会科学界亟需中国相关的高科技企业、媒体集团，高瞻远瞩地打造世界级的、综合、开放、灵活的社会科学交流平台，将中国学术思想、成果、课程传输给世界各地的学者、学生，让中国社会科学界得以便利、顺畅、充分地与全球学术同行平等对话、合作双赢。这里的一个重要任务要求就是，除了中文外，该平台不仅要用国际语言（英语），而且尽可能地容纳各民族语言（法语、德语、西班牙语、俄语、日语等），还要包括被边缘化的语言（无论是葡萄牙语、阿拉伯语、波斯语、印地语还是斯瓦西里语等），因此需要强有力的智能化的翻译功能。另外，因为辐射的地域广，使用的人数多，还需要运用各种支持手段，比如使用5G，在世界不同地点设立服务器支持，以保证服务质量和水平。除了向世界传送中国学术思想，向人类不同民族的学界交流互鉴，改革全球学术话语格局与秩序，这项伟大工程的意义还在于，它为世界贡献又一重大公共产品。相信世界第二大经济体、最大发展中国家、作负责任大国的中国的高科技企业和媒体集团，有境界、有条件、有能力，为中国社会科学全球传播话语体系建设，提供新媒体这一关键核心的一环，让中国社会科学的对外传播加快走上数字化、智能化、专业化、市场化、全球化道路，助力中国社会科学攀升，推动世界社会科学话语格局逆转、话语秩序革新。

三、中国社会科学界培育提升新媒体全球传播能力。 目前我国社会科学界应用新媒体进行对外传播的努力还很小，布局还很散、水平还很低，渠道还很少。根本问题是主体意识、主动性、积极性远未发挥出来。只在国内呐喊要树立民族身份，要与世界接轨，要解构西方学术霸权，自说自话，只说不做，不能改变国际学术的不平等局面。在信息时代、数字网络时代、新媒体时代、文化多元化时代，如果学界仍然停留在"十年磨一剑"的传统，我们终将失去"世界"、也终将失去"中国"。因此，第一，我们必须懂得，中国文化、中国实践，为全球传播具备了新内涵；中国国力、中国技术，为全球传播提供了新基础。所以我们完全有理由，满怀信心地去拥抱新媒体，追逐全球传播的目标。第二，我们应切实系统展开新媒体的学习、建设、使用、融合。在实践中，也只有通过实践，提高全球传播的能力和效力。比如，一方面可以利用现有的国内新媒体资源（外文网站、钉钉软件、网易公开课、慕课），并与传统出版发行有机结合；另一方面有组织有计划地开设新的更多的新媒体工具和平台。充分运用外国应用软件（如Skype，Zoom），开展国际会议、课堂、讲座。第三，与此同时，中国社会科学界要与政府、高科技企业、媒体集团、商界建立一个合作机制，在此框架下组成专门的攻关项目队伍，制定一个以新媒体为核心的全球传播蓝图，作为下一步的系统实施方案。第四，在新媒体的实践过程中，力图将中华民族的胸怀、情感、良知，当代中国的实践经验，融入新概念、新范畴、新术语、新理论、新主张、新标准、新规则、新路径的创造中去，提升中国社会科学的新鲜度、知名度、吸引度。第五，通过问题现象的中外对比、中外联系，实现研究视野、传播方向的创新目的。同时，也通过在新媒体上的交流互动，掌握国际学界主流、焦点、难点、疏漏或空白，学习国际学界的最新成果，从现实问题、重大问题、本土/全球问题出发，让中国社会科学的全球传播始终走在国际前沿。

四、以"一带一路"倡议为契机，凭借"数字丝绸之路"，与沿线国家共建社会科学新媒体交流网络。相对于西方大国主导的国际联盟体系，"一带一路"是我国迄今促成的最大中外跨国经济文化合作体系框架，在此机制下，"数字丝绸之路"建设正如火如荼展开。中国社会科学应以此为重要时机和抓手，积极构筑学术"数字丝绸之路"。这意味着，中国需要联手沿线各国，打造互联互通的新媒体学术交流平台。通过线上链接彼此，牵动线下互鉴互学；反之亦然。通过移动数字网络新媒体，在文化交流过程中，特别注意宣介中国优秀学术作品和教育产品，也包括将非西方民族文化的学术成果展示给中国学界。基于"一带一路"良好的经济文化合作关系，还可以主动积极地建立不同专业、学科、兴趣的邮箱簿（Email list），互通学术信息。

五、推进现有国际学术交流渠道、机制、网络、活动的全球化，提升中国社会科学新媒体平台资源的国际知名度。我国已有一些高校、研究机构、学者个人拥有英语学术网站，但是大多数互动性、反馈性、实效性还不强，更缺乏移动性、视听性，运用其他外语的寥寥无几。应该大力推进现有学术交流渠道、机制、平台、网络、活动的全球化（比如知网、期刊、集刊、钉钉软件、网易公开课、大学慕课的国际化）；同时积极创造更多的对外学术交流的网络，特别是新媒体产品。学界，特别是大学，已有长时期的国际学术交流关系，也有少量规模较小的国际会议，可以通过这些学术网络和活动，鼓励国际学界接触使用已有的中国网络学术平台和资源。此外，在中国的外交使团有文化交流机构，中国驻外使馆也有类似机制，应该发挥这些组织的作用，在文化、科学、教育交流的过程中，注意适时推介中国社会科学及其相关新媒体资源。与此同时，还应该从政策上鼓励中国社会科学界全方位地传播（包括向亚非拉、发展中世界的传播），充分利用国际期刊、会议、组织、网络，而不囿于SSCI、A&HCI之类。

六、营造有利于中国社会科学发展的新媒体全球传播生态。上文已经提到，在西方社会科学话语体系强势主导下，如果不积极进行对话批评，如果不努力解构学术霸权，包括数字网络媒体霸权，讲得再好的中国"故事"，也可能没有人能听到，也可能没人愿意听，也可能被人歪曲，或者事倍功半。因此，在新媒体全球传播中国社会科学的同时，一方面必须努力积极改观旧的文化权力不平衡学术语境，揭露其中西方中心主义、普世主义、二元对立的局限、缺陷及后果，瓦解东方主义话语体系，另一方面要培育新语境，比如积极主动参与现有的西方主导的新媒体平台，激发、创造国际学界与中国学界交流合作的需求，特别是推动与发展中国家学者的深度合作，以形塑一个更加平等、包容、多元的全球新话语秩序与空间。

以中国特色、中国风格、中国气派的话语体系与国际学界平等交流对话，正在成为中国社会科学界的主流意识。讲好中国故事，传播中国文化，已成为中国融入世界、参与国际治理的重要方略。作为世界第二大经济体的中国综合实力不断增强,科技发明创造日新月异,新媒体行业发展突飞猛进。展望未来,新媒体将给中国社会科学传播带来遍地曙光。

讨论题

1. 中国社会科学全球传播面临哪些挑战,如何破解?
2. 超级大国为维持世界霸权,试图阻挡、截断中国与世界的教育科技交流,我们应当在对话交流方面采取哪些行动?
3. 就当代中国话语研究的全球交流来说,我们应该如何运用新媒体?

第十章　未来智能话语

　　人工智能给人类社会带来了无限的希望，但同时也面临着严峻的理论和实践挑战。本章以"文化话语研究"为视角，首先揭示人工智能在基础理论上对交际性、和谐性和文化性的缺失。接着审视人工智能给人类交际带来的利好与影响。在此基础上，本章最后建议：为保障世界和平与安全，推动人类发展与繁荣，国际社会亟需建立一个以交际性、和谐性和文化多样性为基石的全球智能话语体系。

一、人工智能的理论和实践问题

　　当今，随着信息环境和数字技术的巨变，人工智能已进入跨越式发展的阶段。在应用需求的推动下，人工智能日益运用到工业、农业、金融、咨询、城建、国防、医疗、科研、教学、新闻等不同社会实践领域。人工智能不仅为生产和生活提供了新动力，而且更是成为与人类交流的新主体。比起以往技术革命的力量，这次的影响在范围上更广、在界域上更多、在程度上更深、在效率上更高。

　　特别值得注意的是，不同于历史上的科学发明，也不同于眼下的诸如5G、纳米技术、量子计算、区块链等，人工智能的特殊性和影响力在于，它是作为一种交际新主体，通过与人类在认知、知识、信息、情感、价值观、意识形态上的交流,且不论其在内容、速度上的交际优势,直接地影响人类的思想和行为(Banerjee 2007)。而且,人工智能已显现自主性和创造力,加之人类非凡的想象力,两者互动所产生的效果更加难以估量。

有鉴于此,人工智能的研究、应用在全球竞相展开,并日益成为一种国家战略。日本人工智能战略委员会于2017年3月发布《人工智能技术战略》。欧盟委员会于2018年4月发布政策文件《欧洲人工智能》。2018年3月美国国际战略研究所发布《美国机器智能国家战略》,次年6月美国白宫科技政策办公室人工智能特别委员会发布《国家人工智能研发战略计划:2019年更新版》。在我国,2017年7月,国务院发布了《新一代人工智能发展规划》。

在人工智能如火如荼发展的同时,我们必须认识到,人工智能也面临着严峻的理论难题和实践挑战。从理论层面上看,第一,人工智能的三大主流研究,结构主义的人工神经网络,功能主义的专家系统,行为主义的感知动作系统,如中国学者所指出的(钟义信 2019),虽然都以人脑作为智能生成的基础模型,但在进路上却无法实现合力统一。为弥合这种隔阂,中国学者提出了主客体互动中信息转换的普适理论(钟义信 2019),但是这一理论同样没有超出二元对立思维和个人主义局限。

第二,普通民众对于人工智能心怀忧虑,而社会的反响可以影响、形塑科技的未来发展(Glassman 2019; Johnson & Verdicchio 2017; Opt 1987)。更有甚者,像Bill Gates, Stephen Hawking, Elon Musk, Steve Wozniak等高科技企业领袖、顶级专家学者,都对人工智能可能带来的社会影响表达担忧和疑惧(Banerjee 2007; Gaudin 2015; Scherer 2016; Storm 2015)。人

工智能已经与失业、虚假新闻、深度伪造、机器杀手等社会危害问题连在一起。

第三，虽然越来越多的学者意识到，人工智能理论需要融会人文社会科学知识（高奇琦 2018；萧子扬、马恩泽 2018；张耀铭 2019），但是并未明确提出人工智能的根本问题所在，因此也未能提出人文社会科学的可用之处。须知，目前主流的人文社会科学并不代表人类境界，恰恰相反，西方中心主义占了主导地位，关于人文社会科学的模糊提示可能弊大于利。

第四，尽管有学者从中华文明的辩证思维出发，提出"人机合智协作"理论，以降低人工智能可能带来的危害与风险（高奇琦 2019），但是它并未指出人工智能本身的问题所在，是"治标不治本"，甚至降低人机协作的效率。

这些情况都表明，人工智能在深层次理论上有问题：究竟是什么原因导致了各界关于人工智能的困惑、不满、疑虑和恐惧？

与此紧密相连，人工智能的实践，虽然给人类社会带来新景象、新机遇，但同时也带来新危害、新挑战。人工智能进入人类社会后，人类开始与智能机器人进行交际，使传统的"人类交际"向"智能话语"转变。当智能机器成为新主体时，一方面扩大了人类交际的群体，但另一方面也带来了虚拟沉迷、社会关系涣散、群体冲突的问题。智能话语模式的叠加和延伸，虽然打通了交际界限，拓展了交际范围，但也带来了数据泄露、隐私破坏、信息茧房的风险。智能话语的超强效力，增强了社会生产力，降低了成本，获得更多优质产品，但与此同时也可能带来失业、侵权、事故等问题（张梦州、张冬冬 2019）。

那么，如何使人工智能远离侵害与犯罪，给人类提供更多的优质服务，助力世界持久的和平与繁荣？

第十章 未来智能话语

在本章里，我们将首先挖掘造成人工智能理论困境的原因，接着分析人工智能实践的特点与挑战，最后，在此基础上，从话语体系建设的角度，提出突破人工智能理论障碍，增强人工智能实践能力的发展战略。这里简要预告本章的论点：人工智能的基础理论缺乏"交际性""和谐性""文化性"关怀，而人工智能的应用实践在主体、模式、效力方面既有优势又有挑战。因此，为保障世界和平与安全，为推动人类发展与繁荣，国际社会必须构建一套完善的，以交际性、和谐性、文化性为基石的全球智能话语体系。

从文化角度审视人工智能基础理论，不仅有利于消解学界及社会当下的疑惧，也有助于人工智能的创新，进而推动其转型升级。从话语角度分析人工智能社会实践，可以有效把握未来智能社会的发展。把人工智能的理论问题和实践问题结合起来审视，从文化话语体系的角度筹划未来智能世界的发展战略，不仅有利于推进人工智能的文理学科的深度融合，而且必将从根本上，为人工智能的建设，为人机协作的提高，最终为和平与安全的保障，为发展与繁荣的永续，提供一套全面系统且有效的目标与路径。

二、"文化话语研究"视界下的人类交际与话语体系

作为智能机器进入社会生活的人工智能，与人类形成交际关系，一改通常的人类交际（human communication），催生了人机交际（human-machine communication），因而也促成了智能社会。本章将以"文化话语研究"作为分析人工智能理论与实践的框架，并以此作为筹划未来智能社会发展战略的工具。在此让我们

首先了解其相关要点。

文化话语研究（Cultural Discourse Studies），是有别于西方主流（人类）交际学[（Human）Communication Studies]的认识"人类交际"的一种新范式（Shi-xu 2014；施旭 2010，2018c）。这里，人类交际，指以语言使用为特点的社交实践现象。在要素构成上，一般包括"言说主体""言行意旨""媒介模式""目的效果""历史关系""文化关系"；在功能上，构建现实，行使权力。须特别强调的是，人类交际不是一个简单统一的系统，而是一个文化多元的系统。换言之，人类交际可以看作是一个内部具有一定通约性、依存性的全球系统，比如人类都运用语言，交流思想，建立联系，完成任务，实现目标，但同时这种全球系统内部又具有"文化性"——差异性、竞争性：在人类交际的实践中，不同族群具有不同的身份地位，生成不同的言行意旨，运用不同的媒介模式，实现不同的目的效果，等等；而且不同族群的交际实践之间还形成某种权力互动关系，东、西方的不同话语便是例证。我们称这种文化性的交际实践为"话语"（discourse）。话语可以以"（话语）体系"来区分：特定群体，为了特定目的，在特定领域中进行社会实践所遵循、依托的交际体制（包括集群、组织、机构、设备、制度）+交际方略（包括概念、目标、认知、价值观、程序、策略）的综合系统。不同的话语体系，比如中、美话语体系，相互依存、对话、作用、渗透、转化、争夺、合作，形成各种差异关系和权力关系（合作、渗透、融合、对抗、排斥、歧视、压制，等等）。话语体系，是构成和支撑话语实践的物质与精神架构，是一个交际群体的话语能力。其完整性、系统性、稳固性、协调性如何，往往决定话语的效力或成败。这个概念与我们最后要讨论的"全球智能话语体系"密切相关。至于话语、话语体系的文化性是否会延续到智能时代,我们在下一节考虑。

上述关于人类交际、话语(体系)已经暗含了关于人(性)、人的交际性、人的文化性的观念,因为与人工智能基础理论及应用实践的讨论有紧密关系,这里简约表述。人类(本性)不是自给自足、自私自利、自说自话的;相反,人性是社会的、交往的、对话的、合作的:其自我/世界认知、感情、愿望、目的等,是通过与他者的社会对话而实现的——交际性。这也意味着,"智能"并非个人(头脑/主客互动)产物,而是通过不同主体间的交流而共同构建的产物。不仅如此,人类(在思想、感情、言行上)还有上文定义的文化性——特别反映在话语体系间的差异关系和权力关系上。西方文化崇尚个人主义、利己主义、普世主义,而中国文化讲求集体关系、贵和尚中、和而不同。与此相关,文化话语研究,作为一种学术范式,坚持明确的文化政治立场:人类以及人类文化,也包括社会科学研究,必须将和谐共存、合作共赢作为最重要的原则和价值观——"和谐性"。

三、人工智能的概念

纵观现有文献,可以说,人工智能的设计、开发、制造、管理人员的梦想,就是使机器尽可能在言行上接近"人"、像"人",使其行为获得"人的自然属性"(Gargett, Barnden 2015; Zdenek 2003)。那么,他们关于人的基本认识、观点、态度,无论涉及其本性、能力还是特点,都非常关键,因为这些反映了人工智能专家及工程师的初心,决定了他们研究、开发、设计、制作的起点、目标、模型。当然,他们往往不是直接描述人类特性,他们关于人类的理解只是间接地反映在关于(人工)智能的定义之中。

关于人工智能,学界的观念、思路、愿望既有差异,又有契合(Li & Du 2017; Mohammed & Watson 2019; Scherer 2016)。现代意义上人工智能(AI)的概念,最早是由Alan Turing于1950年提出的:"思维机器"(thinking machine)。在 *Artificial Intelligence: A Modern Approach* 一文中,作者Stuart Russell 和Peter Norvig(2016)将主流定义归纳为四类:像人一样思考(thinking humanly)、像人一样行动(acting humanly)、理性地思考(thinking rationally)、理性地行动(acting rationally)。在人工智能的发展过程中,各类定义此消彼长,但至今比较受认可的是"理性地行动"(Johnson & Verdicchio 2017; Scherer 2016)。该说法比较具体地反映这种观念:"computational artefacts that are able to achieve a goal without having their course of action fully specified by a human programmer"(Johnson & Verdicchio 2017: 576)(行动程序无需完全由人工设定,便可以实现某种目的的计算机产物。)

有中国学者认为,主流人工智能研究受传统心理学影响(Glassman 2019; Gozzi 1994),在智能生成机制的问题上形成了结构主义、功能主义、行为主义各不相连的理论(钟义信 2019;何华灿 2018;汪培庄 2018)。因为各不相通,只好分而治之。有鉴于此,他们又提出了以现代信息学为基础的普适理论,即:智能是"主体"在与"客体"互动中进行信息转换和信息生成的产物(钟义信 2019)。

虽然学界中各类人工智能的定义和概念有所差异,但是从文化话语研究的角度看,有两大重要共同点——同时也是缺点——

它们相互联系。一方面，这些理论都以个体作为出发点，将个体头脑或个体行动作为智能的基础模型（Glassman 2019；Taddeo & Floridi 2018），而且分裂主客之间可能的内在联系，完全没有关于主体间相互交流、共建知识、共创意义的考虑，更没有仁爱精神。注意："行动程序无需完全人工设定"，这说明某些行动程序智能机器完全自主决定，不与任何他人商量。再注意，这些定义中都没有关于情感、友爱、道德的明确关照。重"智商"轻"情商"的倾向，显而易见。同时注意，上面英文定义中的动词，是act，而不是inter-act（with someone）；是think，而不是 think/feel together 或 discuss（with someone）；更没有用 communicate（with someone）。还要注意，上文的机制主义理论（钟义信 2019；何华灿 2018；汪培庄 2018）：主客分裂，主体为上，客体为下。"主体"有"目的"和"知识"，却没有"感情"，而"客体"一无所有（钟义信 2019）。显然这些都受到了西方文化的心智主义、个人主义、二元对立思维的牵制。不难想象，按照这样的理念设计制造出来的智能机器，很可能自私自利，唯我独尊，拥有应付、摆布、控制人类的秉性。那么，人们关于人工智能的疑惧也就不足为怪了。而如果从"文化话语研究"视角出发，将人工智能与人类社会看作一个智能社会有机集合体，那么就必须探索和解决这样一个根本问题：如何让人工智能与人类社会融合共生、对话交流、协同发展，以共护世界和平，共促人类发展。

另一方面，作为理论概念的人工智能，被看作是普世的。似乎整个人工智能学界至今在基础理论上都没有文化意识，或者说其文化性被遮蔽了。尽管已有关于人工智能系统文化差异性（蒋晓、韩鸿、兰臻 2019）和文化效果（Banerjee 2007）的讨论，但这是极少数，而且尚未考虑到不同文化圈形成的智能话语体系之间的差异关系和竞争关系。诚然，由于主流人工智能界以个体（思维、行为）作为智能基础模型，那么也就不可能有关于文化的理论敏感性、自觉性。

但是，现在是理论界思考文化现实的时候了。首先，人工智能概念的生成、人工智能技术系统的生产和管理离不开人类。而人类社会实践离不开特定族群的思维方式、世界观、价值观、概念、认知、情感、语言等（交际因素）（Bloomfield 1987）。在人工智能的研究、设计、生产、管理时，专家、工程师不可避免地，或许不知不觉地，将它们植入人工智能系统之中。其次，人工智能的基础在于数据（源），而数据（源）存在于特定的社会时空场景之中。众所周知，人工智能所获得的感知智能、认知智能、行动智能、创造智能都来自特定社会的数据（Johnson & Verdicchio 2017）。再者，当普通民众与智能系统交际，形成特定智能话语体系时，也会展现多样性和竞争性（Ahmed 2013）。有些族群可能将人工智能用于医疗救治，有些族群可能将人工智能用于侵略杀戮，有些族群可能将人工智能作为使唤的对象，有些族群可能将人工智能当作生活的伴侣，等等。因此，人类必须回答的问题是：面对智能世界，如何让不同文化的智能话语体系消解冲突、和谐共存、互促发展。

四、人工智能给人类交际带来的影响

今天，人工智能，作为计算机技术系统，改变了人类生产生活的方方面面，当然也改变了人类社会最熟悉最普遍的方面：人类交际——从交际主体、言行意旨、媒介模式、目的效果、历史关系、文化关系。日常活动里，人工智能与用户"交谈"、为他们提供"建议"；人工智能自主收集数据、传递数据、计算数据、判断数据，并根据他们的需求进行信息匹配。智能音箱、智能电视、语音识别、自然语言交互、计算机视觉、虚拟助手等智能应用，以及深度学习、专家系统、传感器、物联网、云计算等基础智能技术，参与人类交际的过程。

近年来人工智能研究涉及不同的领域：大数据智能、群体智能、跨媒体智能、混合智能、自主智能、机器学习、类脑计算、量子计算、机器人、无人驾驶。这些无疑都是重要的，但是，对于人机交际——或更具体的，智能话语——的全面系统分析，尚十分罕见。至多集中在语言理解、专业写作，以及相关的法律、伦理问题（陈昌凤、石泽 2017；匡文波 2018；匡文波、杨正 2018；喻国明、兰美娜、李玮 2017）。

人工智能，作为人类新的"对话主体"，如何重构人与人、人与机器、机器与机器交际的内容、形式和关系？如果具有文化性的人工智能与相对应的文化群体形成文化不同的智能话语体系，那么，这种文化多元的体系如何相处和发展？智能话语会给人工智能、人类社会、整个世界带来什么风险和挑战？人类对于人工智能（包括智能媒介、智能算法）的运用和依赖，如何重构"人类交际"的观念？毋庸置疑，人工智能介入人类交际后所催生的智能话语，包括诸多重要且不可回避的理论和现实问题，将推动（人类）交际学的理论创新发展。下面，我们将借助文化话语研究视角，主要探讨下列三方面的人工智能对于人类交际的影响。

第一个值得关注的是智能话语主体的社交力。智能时代，传统人类交际的首要变化，是人工智能作为人类交际的新主体，以此又催生新的人际关系和人机关系，而且同时也带来人类本身和人工智能本身的变化。

人工智能的出现，成为与人类交际的新主体，进而改变传统交际主体（人类）的特性，并创造出新的智能话语主体格局："像人类的机器和像机器的人类"。基于信息技术的人工智能，深化了新媒体的几乎所有特点，但不同的是，智能机器web3.0一改人与人交流格局，成为与人类交际的新型主体。这样一来，日常话语的主体未必仅仅是人，智能机器也以"主体"身份出现在话语（公共或私人）空间，而且智能技术正朝着更有利于人机自然、融洽的交流交往方向进化。人工智能这一新主体的加入衍生出新的人机关系，从人类与机器二元对立、支配与被支配的关系渐渐朝向人机协作、人机共生的方向发展。

20世纪90年代初，随着互联网向社会生活渗透和伸展，人类进入一个以信息技术使用为特征的时空流动、虚拟现实重合的网络社会，人类交际的主体格局和地位因此发生重大变化。例如，当媒介形式由新闻报道、图片、广告、影视作品扩展到微博、微信、网络音频、移动直播、网络综艺、手机网游时，一般受众的话语生产力、控制力、主导力被激发和提升，成为社交媒体的"用户"。UGC、PUGC、公民新闻均是新媒介话语中受众权力和受众生产力提高的结果。新媒体话语中出现了多元主体、双向交互和流动特征。

作为话语新主体的人工智能带来智慧的社会场景。机场前台的智能助手可以告诉乘客通过安检需要的证件，并提醒乘客对准工作人员的摄像头拍照；在商场，越来越多的智能机器人可以向顾客提供购物建议；在医院大厅，也很容易看到机器人从容地为病人提供问诊基础信息的场景；在理财APP上点击智能理财一栏，智能算法就能够根据用户投资资金、投资偏好、风险承担能力组合最佳投资方案。人与机器的交流越来越自然、有效，不仅能通过自然语音（包括地方方言）与大多数智能媒介互动，甚至可以通过"脑机交互"与智能媒介直接沟通。作为话语新主体的人工智能还给人类带来新的情感体验。人们越来越把拥有感知智能、认知智能、行动智能、"创造力"智能的智能机器当成家庭和工作中的"伙伴"，它们不仅可以与人友好交谈、为人提供热情服务，还能够满足人们的陪伴需求、情感需求、社交需求。

　　社交聊天机器人这类新话语主体的出现，虽然拓展了人-人、人-机社交模式，丰富了用户的信息、思想、情感接触和交互。但是，伴随新交际主体的建立，对青少年等智能媒体素养不足的社群来说，惯于长期与智能机器人交往，可能会导致虚拟沉迷的问题，甚至将智能机器人视作"同类"，形成人机伦理的紊乱。尤其不容忽视的是，不同文化的智能话语主体间的关系。人类交际中的多元文化话语体系，好比国际金融体系：各国都有自己的金融规则并按此操作，但同时相互之间建立一定的金融关系和秩序。其中，美元体系占据了国际统治地位，其他弱小体系或参与交往、竞争，或被边缘化。目前，全球交际系统由西方大国的话语体系所控制；但同时，发展中国家也在崛起，世界格局出现多极化，人类争取平等、发展的声音在高涨。综上可见，未来智能话语主体在与人类互动中，其协同性、有序性、和谐性方面尚有相当大的提升空间。

　　第二个值得关注的是智能话语模式的伸展力。智能时代，移动互联网、大数据、云计算、传感器和物联网共同塑造一个点对面、面对点、面对面的多维、跨界、融合性的智能交际系统，形成一个"高维"的话语场域，能动地沟通人类、技术、环境，唤醒传统互联网未能激活的连接，将物理空间、信息空间、社会空间弥合起来。这种高维的智能话语有三个特点。

首先，智能话语呈跨界化。虽然新旧媒体话语沟通了人与信息、人与人，话语交际的范围实现了质和量的扩展，但是平台与平台、媒介与媒介、物体与物体等，依然遵循一种各自为政的逻辑。而人工智能在新媒体基础上进一步拓展话语交际的范围和维度，使不同媒介、平台、物体、人群之间的界限消失，构建一个全媒体、全方位、无边界的有机系统。其次，智能话语呈网状化。用户需要、接触终端、算法推荐之间形成数据关联。算法作为话语交互的一个中介，创造了更具粘合力、凝聚力的话语交际方式，连同数据、数力，算法越来越成为决定媒体竞争力、话语吸引力、社会聚合力的因素。再次，智能话语呈个性化。智能时代，以个人为单位、场景为起点、需求为目标的高维智能话语，再一次深化了话语交际的个性化倾向。

智能话语模式的叠加和延伸，虽然打通了交际界限，扩展了交际范围，但是却带来了泄露数据、破坏隐私、信息茧房的隐患。一方面，人工智能充分应用到社交场景，提高人机交互效率，提升智能话语的传播力。但是，大多数传播平台都未保护用户的数据知情权、访问权、修正权、删除权（被遗忘权）、限制处理权、可携带权和拒绝权，造成用户数据泄露的风险。另一方面，由于智能话语同时又是一种深度个人化、体验化的交际模式，当人们过度粘合于以自我行为数据痕迹构建起的交流网络时，毋宁说这是社交的疏离，是个人与他人、公共信息、公共环境的分裂，是智能话语公共性、社会性的缺失，此时，个人对公共议题的判断可能存在偏颇，导致共识凝聚和舆论引导变得难以进行。综上可见，智能话语模式在数据隐私、数据风险、数据霸权、公共性缺失等方面也有大量的工作要做。

第三个值得关注的是智能话语行动的影响力。智能时代，人机合一、人机耦合的话语主体，特别是在人工智能与大数据、云计算融合的条件下，可以发挥出提升人类、改造世界的难以估测的力量。以智能新闻生产为例，人工智能的介入，大大降低成本、增添内容、加快速度、扩大体验。机器人写作具有出稿快、数据处理能力强、不易受主观因素影响的优势，由此记者从繁重的数据处理工作中解放出来，投入到更需要人类情感、感知、想象力的深度报道、特稿写作工作中。在新闻线索发现这一点上，智能机器相比人类更具优势，不仅传感器、摄像头能够广泛分布于新闻现场采集信息，无人机能够到人类无法到达的现场收集信息，并且智能机器通过不同数据之间的联系对比还能够发现人类受自身视角所限不能发现的新闻线索。

智能话语的效力几乎是无限的，显然会带来多重隐患。据麦肯锡研究机构2017年11月发布的报告，到2030年46个国家800多种职业的8亿人的工作将被人工智能代替（匡文波 2018）。人工智能被用于各国战略决策，加大加快世界格局的变化，但也可能使原本就不平等、不平衡的国际关系更加扑朔迷离（封帅 2018）。人工智能介入传媒业，提高了内容生成、分发、场景触达的效率，但与此同时，也带来了洗稿、版权争议、广告违规、虚假信息、信息冗余、恶意评论、煽动舆论等法律和伦理问题。例如，在英国"脱欧"、德国大选期间，"网络水军"以及社交机器人生产的虚假信息和垃圾新闻，给正常表决和选举工作带来了极大的干扰[①]。另外，在日常商业传播网站中（如点评网站），不法组织

---

① 参考消息网，《英媒：假新闻正成为全球性"毒瘤" 读者须提升鉴别力》，2016年12月5日，http://www.cankaoxiaoxi.com/world/20161205/1489127.shtml。

或个人利用算法生产的僵尸号、通过虚拟评论、带节奏的方式，影响用户判断，扭曲商业秩序。综上可见，智能话语的功效方面必须做好预测、计划、协调、控制工作，同时还必须做好相关法律、法规、行规的制定、执行、反馈、监察工作。

总之，人工智能，作为依托类似人类思想能力的技术，为满足人类纷繁、复杂且变化的需求，当然必须经由与人类沟通交流的过程和途径。那么，人类交际原有的格局、模式、规则、内容、语境、效力将发生深刻广泛的变化，随之形成的智能话语，也必将以新的、更加强劲的方式改变世界，也包括人类本身。智能话语的形成，向人类提出了新目标、新要求、新问题，既给世界带来了无限的机遇，也带来了不可估量的挑战。人类应该如何回应？

五、全球智能话语体系的建立

世界将变得越来越智能化，智能话语也遍布人类社会的时时刻刻。我们看到，人工智能不仅有深层次的理论缺陷，而且有现实应用的不足和隐患，当然也有不可估量的潜力。这些多层次、多方面的、全球性的问题和挑战，显然不是一群人、一方面、一时段可以解决的。而对此，至今国际社会尚未给予足够重视，更没有清晰的应对方案。

在这里，我们提出，作为一项智能社会发展的全球战略，建设一个"完善的全球智能话语体系"。该话语体系应该以维护世界和平与安全，促进人类发展与繁荣为目标。作为交际方略和交际体制的统筹协调系统，其功能应该是统摄、支撑、推进、监管智能社会的实践。因为这是一项应对全球性问题的全球战略，是

第十章 未来智能话语

构建人类命运共同体的一部分,需要各国人民的共同努力。由于当今科学技术的飞速发展,国际社会还必须尽快行动起来。

全球智能话语体系的建设,将包括一系列的任务、原则、事项。

(1)**重构人工智能概念**。如果创立人工智能的概念,目的是为人类服务,那么目前这个概念的面貌苍白无力,既缺乏与人类联系的纽带和对于人类的关爱,又没有关于人类多元文化和谐发展的意识。以其作为人工智能的基础,结果可能不仅是低智的,甚至还是危险的。虽然学界已出现了人工智能"以人为本"的追求(何晓斌、石一琦 2019),但目前这种理想看似还非常模糊(人类的文化差异、竞争如何处理?人类与技术的关系如何处理?)。现代意义的人工智能在西方诞生和奠定,那么反思创新的机会可能在东方。这里让我们抛砖引玉,做一人工智能新定义的尝试:具有与人类有效交际能力、与人类协作共生秉性、维护文化多样性机制的计算机系统。

(2)**加强人工智能理论建设**。它与人工智能概念重构问题紧密相连,是更加广泛的理论探索工作。本章聚焦了人工智能概念,但还有许多其他相关的基础问题需要重新审视:人类、文化、意识、自主、主体、个性、欲望、知识、情感、交际/话语、环境、冲突、正义,等等;也需要探索关于技术、社会、文化、政治、法律、伦理的新问题(试问:除了满足人类不断增长的需求,人工智能如何能够调和、化解人类文化之间的冲突?为了实现人机顺利交互,人工智能除了信息理解和生成能力,还需要意义的相互交流、共建共创能力吗?在严酷的国际科技竞争中,人工智能如何维护国家安全,如何处理比如"中国特色"和"人类命运共同体"?人类还有许多解决不了的问题,人工智能是否应该具有一种与人类合作去解决那些问题的能力和秉性?)。同时,专家、工程师还必须寻求实现理论目标的技术可能性。

(3) **增进学界、企业、政府、社会之间的交流**。目前,人工智能研究界与人文社会科学界尚缺乏积极、深度交流,人工智能企业也各自为政,人工智能界与广大公众之间的认知隔阂还难以弥补,人工智能的文化问题更在思考讨论的边缘。上述揭示的理论和实践问题,显然不是任何一两个团体可以解决的。那么,人工智能研究者、人文社会学者、企业界、政府、以及广大民众,必须加强交流,共同探索、构建人工智能、智能社会的发展目标和路径(Ekbia 2003;Zdenek 2003)。

(4) **开启智能话语传播研究**。前沿的话语研究可以也应该加入人工智能的研发过程,这是时代变革的要求,也是学科创新的机会。智能时代,人机交互的事实已经改变人类交际的格局和秩序,因此,传统的人类交际学/传播学必须转向智能话语。为此,可以将已有的交际学成就作为起点,开启"智能话语研究"的新领域、新课题、新模式,跟踪智能话语的性质、特征、规律、趋势,发掘目前的局限和未来的空间(包括如何增添人工智能的仁爱、直觉、天赋、幽默感、想象力、自省力、人之常情、文化意识?)。同时,也应该将人工智能作为工具,提升话语研究的水平。

(5) **提升人机协作共生关系**。如果说过去人工智能是一种免除人类工作的工具,是人类使唤的对象,那么今后发展的方向应该是成为与人类对话、协作、互补、共生、共创的主体。这就要求,作为智能话语主体一方的人类,需要不断认识自己(的秉性、能力和潜力以及与人工智能的优势和差异),一方面增强人际交流的意识,另一方面提高与智能机器协作共生的水平。同时这也意味：人类不应将人工智能当作控制、利用甚至打压的客体，而应该努力将其当作与人类有平等价值和地位的主体来相处。这样，智能及其效能将在人工智能与人类社会的互构中，生成、转换、提高，推动世界健康发展。

（6）**强化文化多元和谐意识**。在未来智能话语研究与实践中，必须提高对于文化异同关系、竞争关系的意识和驾驭能力，增强文化相互理解与合作共赢的意愿和实践能力。人类和智能机器双方都需要提升"文化情商"和"文化智商"。特别重要的是，人工智能研究者和设计者，一方面要给予人工智能保护文化多样性的意识，促进文化进步（文明、礼貌、幸福、自由、繁荣）、文化和谐（多元、平等、公正、合作）的意识（匡文波、杨正 2018；Banerjee 2007；高奇琦 2019）；另一方面是要给予特定文化圈的人工智能具有文化特色的情商和智商。对于中国的人工智能来说，就需要有现代的、第三世界的、东方的、亚洲的、中国特色的情商和智商。

（7）**培育兼容文理、通晓世界的新一代人工智能人才**。人工智能的教学一直主要集中在技术和研发领域，较为全面的培育事业各国才刚刚起步；同时人工智能的国际发展极不平衡，竞争极其激烈，特别是发展中世界的人才队伍建设困难更多，差距更大。对于中国来说，应该利用已有的技术、制度、文化优势，以全方位、多渠道、多层次的框架，展开人工智能的理论、技术和应用教育，尤其是强调跨学科和跨文化的教育。同时，运用信息技术优势，帮助人工智能教育在国际社会上的平衡发展，助推世界秩序的变革。

（8）**建立人工智能国际管理机制**。如上文所示，如果说人工智能的潜力无限，那么人工智能与人类社会共生协作，将更是威力无比。特别是因为人类（话语）的文化性在智能时代扩散和增强，矛盾冲突的风险也就加大。人工智能的发展、智能社会的治理，离不开各国、各文化圈的合作。那么，从现在起，国际社会应该研究建立一个类似联合国组织的"智能联合国"，以规划、协调、治理、维护智能话语社会，保障世界安全，提高人类福祉。

六、结语

我们的智能时代充满了希望和挑战。从文化话语研究角度看，智能时代的问题，必须将理论和实践两个层面结合起来分析，而解决问题的最有效方案，是建设一套完善的，以对话、和谐、文化多元为基石的全球智能话语体系，以保障人类安全促进世界繁荣，而学界、媒体、企业和各国政府，乃至联合国应该成为建设该话语体系的重要主体。

为此目的，本研究只是从文化话语研究视角做了一种尝试。显然，还需要更多的、长期的跨学科、跨文化、跨行业、跨国界的努力。

讨论题

1. 从文化话语研究的视角，分析中国人工智能理论界（或企业界）关于人工智能的观念、价值。
2. 如何让人工智能成为话语研究的一种工具？
3. 探讨当下我国人工智能在社交媒体中应用的得与失。

参考文献

Achugar, M. (2007). Between remembering and forgetting: Uruguayan military discourse about human rights (1976-2004). *Discourse & Society, 18(5)*, 521-547.

Ahmed, A. (2014). *The thistle and the drone: How America's war on terror became a global war on tribal Islam.* Noida: Harper Collins Publishers India.

Al-Ali, M. N. (2006). Religious affliations and masculine power in Jordanian wedding invitation genre. *Discourse & Society, 17(6)*, 691-714.

Alatas, S. F. (2006). *Alternative discourses in Asian social science: Responses to eurocentrism.* London: Sage Publications.

Asante, M. K. (1998). *The Afrocentric idea* (revised and expanded edition). Philadelphia: Temple University Press.

Asante, M. K. (2005). *Race, rhetoric, and identity: The architecton of soul.* Amherst, New York: Humanity Books.

Askehave, I., & Holmgreen, L. L. (2011). "Why can't they do as we do?": A study of the discursive constructions of "doing culture" in a cross-border company. *Text & Talk, 31(3)*, 271-291.

Austin, J. L.(1962). *How to do things with words.* Oxford: The Clarendon Press.

Ayisi, E. O.(1972). *An introduction to the study of African culture.* London: Heinemann.

Bagchi, S. S., & Das, A.(2012). *Human rights and the third world: Issues and discourses.* U. S.: Lexington Books.

Baldwin, J. R., Faulkner, S. L., Hecht, M. L., & Lindsley, S. L. (Eds.) (2006). *Redefining culture: Perspectives across the disciplines.* Mahwah, NJ: Lawrence Erlbaum Associctes Publishers.

Banda, F., & Oketch, O. (2009). "What can we say when the English used has gone so high-tech?" Institutionalised discourse and interaction in development projects in a rural community in Kenya. *Journal of Multicultural Discourses, 4(2),* 165-181.

Banerjee, P. (2007). Technology of culture: The roadmap of a journey undertaken. *AI & Society, 21(4),* 411-419.

Barinaga, E. (2007). "Cultural diversity"at work: "National culture"as a discourse organizing an international project group. *Journal of Human Relations, 60 (2),* 315-340.

Basso, E. B. (Ed.) (1990). *Native Latin American cultures through their discourses.* Bloomington, IN: Folkelore Institute, Indiana University.

Batibo, H. M. (2005). *Language decline and death in Africa: Causes, consequences and challenges.* Clevedon: Multilingual Matters Ltd.

Bauman, R., & Sherzer, J. (1974). *Explorations in the ethnography of speaking.* London: Cambridge University Press.

Beier, M., & Sherzer, J. (2002). Discourse forms and processes in indigenous lowland South America: an areal-typological perspective. *Annual Review of Anthropology, 31,* 121-145.

Berardi, L. (2001). Globalization and Poverty in Chile. *Discourse & Society, 12,* 47-58.

Billig, M. (1987). *Arguing and thinking: A rhetorical approach to social psychology.* Cambridge: Cambridge University Press.

Blackledge, A. (2012). Discourse and power. *The Routledge handbook on discourse analysis* (pp.616-627). Milton Park: Routledge.

Bloomfield, Brian P. (Ed.) (1987). *The question of artificial intelligence: Philosophical and sociological perspectives.* London: Routledge.

Brody, J. (1994). Review: performance and discourse: transcribing Latin American languages and cultures. *Latin American Research Review, 29(3),* 249-256.

Brown, P., & Levinson, S. (1978). *Universals in language usage: Politeness phenomena.* Cambridge: Cambridge University Press.

Bufacchi, V. (2017). Theoretical foundations for human rights. *Political Studies, 3,* 601-617.

Bustamante, E. (1997). "Limits" in Latin American communication analysis. *Media Development, 44,* 1-7.

Callahan, W. (2012). Sino-speak: Chinese exceptionalism and the politics of history. *The Journal of Asian Studies, 71(1),* 33-55.

Cao, S. Q. (2008). The discourse of Chinese literary theory and the dialogue between Western and Chinese literary theories. *Journal of Multicultural Discourses, 3(1),* 1-15.

Carbaugh, D. (2007). Cultural discourse analysis: Communication practices and intercultural encounters. *Journal of Intercultural Communication Research, 36(3),* 167-182.

Carbaugh, D. (2016). *The handbook of communication in cross-cultural perspective*. New York: Routledge.

Carey, J. W. (2008). *Communication as culture : Essays on media and society* (rev. ed.). London: Routledge.

Carli, A.,& Ammon, U.(Eds.).(2008). *Linguistic inequality in scientific communication today(AILA Review Volume 20)*. Philadelphia: John Benjamins Publishing Co.

Casadei, P.,& Lee, N. (2019). Global cities, creative industries and their representation on social media: A micro-data analysis of Twitter data on the fashion industry. *Environment and Planning A: Economy and Space, 6*, 1195-1220.

Casmir, F. L. (Ed.) (1975). *International and intercultural communication annual*. Virginia: Speech Communication Association.

Césaire, A. (2000). *Discourse on colonialism*. New York: Monthly Review Press.

Chang, J., & Ren, H. (2017). The powerful image and the imagination of power: the 'New Visual Turn' of the CPC's Propaganda Strategy since Its 18th National Congress in 2012. *Asian Journal of Communication, 28 (1)*, 1-19.

Chasteen, C. J. (1993). Fighting words: the discourse of insurgency in Latin American history. *Latin American Research Review, 28(3)*, 83-111.

Chen, G. M. (2009). Towards transcultural understanding: A harmony theory of Chinese communication. *China Media Report Overseas, 26*, 682-686.

Chen, G. M. (2004). The two faces of Chinese communication. *Human Communication, 7*, 25-36.

Chen, G. M. (2006). Asian communication studies: What and where to now. *Review of Communication, 6(4),* 295-311.

Cheng, C. Y. (1987). Chinese philosophy and contemporary human communication theory. In Lawrence Kincaid D. (Ed.), *Communication theory: Eastern and western perspectives* (pp. 23-43). New York: Academic Press.

Choi, K., & Wattanayagorn, P. (1997). "Development of defence White Papers in the Asia–Pacific region". In Bates, G., & Mak, J.N.(Eds.), *Arms, transparency and security in South-East Asia* (pp. 79-92). New York: Oxford University Press.

Chomsky, N. (1993). *Year 501: The conquest continues.* Boston, MA: South End Press.

Chomsky, N., & Herman, E. (1988). *Manufacturing consent: The politics of the mass media.* New York: Pantheon Books.

Chouliaraki, L., & Fairclough, N.(1999). *Discourse in late modernity: Rethinking critical discourse analysis.* Edinburgh: Edinburgh University Press.

Collier, M. J. (2000). Constituting cultural difference through discourse. *International and Intellectual Communication Annual, 23,*1-25.

Cooke, B. (1972). Nonverbal communication among Afro-Americans. In Kochman T. (Ed.), *Rappin' and Stylin' Out* (pp. 170-186). Urbana: University of Illinois.

Cooks, L. M., & Simpson, J. S. (Eds.) (2007). *Whiteness, pedagogy, performance.* Lanham, MD: Lexington Books.

Croteau, D., & Hoynes, W. (1994). *By invitation only: How the media limit political debate.* Monroe, ME: Common Courage Press.

Crotty, M. (1998). *The foundations of social research: Meaning and perspective in the research process*. London: Sage Publications.

Dancy, G.(2015). Human rights pragmatism: Belief, inquiry, and action. *European Journal of International Relations, 3*, 512-535.

David, L.(2018). Human rights as an ideology? Obstacles and benefits. *Critical Sociology, 1*, 37-50.

Davis, G. (2009). *Worrying about China:The language of Chinese critical inquiry. Contemporary Political Theory, 11(4), 11-13*.

De Beaugrande, R., & Dressler, W. (1981). *Introduction to text linguistics*. London, New York: Longman.

Derrida, J. (1976). *Of grammatology*. (G.C. Spivak. Baltimore, Trans.). ML: Johns Hopkins University Press Ltd.

Dissanayake, W. (2009). The production of Asian theories of communication: Contexts and challenges. *Asian Journal of Communication, 19 (4)*, 453-468.

Donnelly, J., & Whelan, D. J. (2020). *International human rights*. London: Routledge.

Echevarria, A. J. (2017). *Military strategy: A very short introduction*. London: Oxford University Press.

Ekbia, H. R. (2003). *AI dreams and discourse: Science and engineering in tension*. U. S. : Indiana University.

Esarey, A., & Xiao, Q. (2011). Digital communication and political change in China. *International Journal of Communication, 5*, 298-319.

Esposito, E., Pérez-Arredondo, C., & Ferreiro, J. M.. (2019). *Discourses from Latin America and the Caribbean: Current Concepts and*

Challenges. Switzerland: Springer International Publishing.

Fairclough, N. (1989). *Language and Power*. London: Longman.

Fairclough, N. (1992). *Discourse and Social Change*. Cambridge: Polity Press.

Fairclough, N. (1995). *Critical Discourse Analysis*. Boston: Addison Wesley.

Fairclough, N. (2012). Critical discourse analysis. In Gee, P., & Handford, M. (Eds.), *The Routledge handbook on discourse analysis* (pp.9-20). Milton Park: Routledge.

Falcón, S. M. (2015). Constellations of Human Rights. *Journal of International Critical Sociology, 6*, 815-826.

Fanon, F. (1968). *The Wretched of the Earth*. New York: Grove Press.

Fanon, F. (1986). *Black Skin, White Masks*. (C. L. Markmann, Trans.) . London: Pluto Press.

Feng, H. R. (2004). Keqi and Chinese communication behaviours. In Chen, G. M. (Ed.), *Theories and principles of Chinese communication*(pp. 435-50). Taipei: WuNan.

Finkelstein, D. M. (1999). China's national military strategy. In Mulvenon James, C., & Yang, Richard H. (Eds.), *The People's Liberation Army in the information age* (pp.99-145). Santa Monica: RAND.

Finkelstein, D. M. (2007). "China's national military strategy: An overview of the 'military strategic guidelines' in Right-Sizing. In Kamphausen, R., & Andrew, S. (Eds.), *The People's Liberation Army: Exploring the contours of China's military"*(pp.69-140). Carlisle, Pa.:Army War College.

Firth, J. R. (1957). Modes of meaning. In Firth, J. R. (Ed.), *Papers in linguistics 1934-1951* . Oxford: Oxford University Press.

Fish, S. (1982). *Is there a text in this class? The authority of interpretive communities*. Cambridge: Harvard University Press.

Florian, B., Mommaas, H., van Synghel, K. & Speaks, M. (2002). *City branding: image building and building images*. Rotterdam: NAI Publisher.

Flowerdue, J., & Leong, S. (2007). Metaphors in the discursive construction of patriotism: the case of Hong Kong's constitutional reform debate. *Discourse & Society, 18(3)*, 273-294.

Foucault, M. (1982). *The archaeology of knowledge and the discourse on language*. (A.M. Sheridan Smith, Trans.). New York: Pentheon Books.

Foucault, M. (1980). *Power/Knowledge: Selected interviews & other writings 1972-1977*.In Gordon Colin (Ed.). New York: Pentheon Books.

Fravel, T. (2008). China's search for military power. *The Washington Quarterly, 31(3)*, 114-125.

Fravel, T. (2015). China's new military strategy: Winning informationized local wars. *China Brief, 15(13)*, 3-7.

Freire, P. (1985). *The politics of education: Culture, power and liberation*. London: Macmillan.

Gargett, A., & Barnden, J. (2015). Gen-Meta: Generating metaphors by combining AI and corpus-based modeling. *Web Intelligence, 13(2)*, 103-114.

Gaudin, S. (2015). Stephen Hawking fears robots could take over in 100 years. *Computer World*, 14 May 2015.

Gavriely-Nuri, D. (2012). Cultural approach to CDA. *Critical Discourse Studies, 9(1)*, 77-85.

Gee, J. P., & Handford, M. (Eds.). (2012). *The Routledge Handbook of Discourse Analysis*. Milton Park: Routledge.

Gergen, K. (1999). *An invitation to social construction*. London: Sage Publications.

Ghiselli, A. (2018). Revising China's strategic culture:contemporary cherry-picking of ancient strategic thought. *The China Quarterly, 233,* 166-185.

Gilbert, G.N., & Mulkay, M. (1984). *Opening Pandora's Box: A sociological analysis of scientists' discourse*. Cambridge: Cambridge University Press.

Glassman, R. M. (2019). Will Artificial Intelligence (AI) make democracy irrelevant? *The future of democracy* (pp. 189-198). Switzerland: Springer, Cham.

Gleiss, M. (2016). From being a problem to having problems: Discourse, governmentality and Chinese migrant workers. *Journal of Chinese Political Science, 21(1)*, 39-55.

Goffman, E. (1959). *The presentation of self in everyday life.* Garden City, NY: Doubleday.

Goffman, E. (1967). *Interaction ritual: Essays on face-to-face behavior.* NY: Anchor Books.

Golder, B. (2016). Theorizing human rights. *The Oxford Handbook of the Theory of International Law, 2,* 187-190.

Gong, J. (2012). Re-Imaging an ancient, emergent superpower: 2008

Beijing Olympic Games, public memory, and national identity. *Communication and Critical/ Cultural Studies, 9(2)*, 191-214.

Gottlieb, E. E., & La Belle, T.J. (1990). Ethnographic contextualization of Freire's discourse: Consciousness-raising, theory and practice. *Anthropology & Education Quarterly 21, 1,* 3-18.

Gozzi, R. (1994). A note on the metaphorically charged discourse of early artificial intelligence. *Metaphor and Symbolic Activity, 9(3)*, 233-240.

Grear, A. (2017). Human rights and new horizons? Thoughts toward a new juridical ontology. *Science, Technology, & Human Values*, 43(*1*), 129-145.

Grimshaw, A. D. (Ed.).(1990). *Conflict talk: Sociolinguistic investigations of arguments in conversations.* Cambridge, NY: Cambridge University Press.

Gu, Y. G. (1990). Politeness phenomena in modern Chinese. *Journal of Pragmatics. 14,* 237-257.

Guan, S-j (2000). A comparison of Sino-American thinking patterns and the function of Chinese characters in the difference. In Heisey, D. R.(Ed.). *Chinese perspectives in rhetoric and communication* (pp. 25-43). Stamford, Connecticut: Ablex Publishing Corporation.

Gumperz, J. J., & Hymes, D. H.(1986). *Directions in sociolinguistics: The ethnography of communication.* Oxford: Basil Blackwell.

Guo, R. X.(2004). How culture influences foreign trade: evidence from the U.S. and China. *Journal of Socio-Economics, 33(6)*, 785-812.

Halliday, M. A. K., & Hasan, R.(1976). *Cohesion in English.* London: Longman.

Halloran, J. D. (1998). Social science, communication research and the Third World. *Media Development, 2,*1-7.

Han, R. (2015). Defending the authoritarian regime online: China's "voluntary fifty-cent army". *The China Quarterly, 224,* 1006-1025.

Hansen, L. (2006). *Security as Practice: Discourse Analysis and the Bosnian War.* London: Routledge.

Harris, Z. S. (1951). *Methods in Structural Linguistics.* Chicago: University of Chicago.

Hartig, F. (2016). How China understands public diplomacy: The importance of national image for national interests. *International Studies Review, 18(4),* 655-680.

Hartley, J.(2002). *Communication, cultural and media studies: The key concepts. communication, cultural and media studies.* NY: Routledge.

Hartog, J. (2006). Beyond "misunderstandings" and "cultural stereotypes": analysing intercultural communication. In Bührig, K. & Thie, J. D.(Eds.), *Beyond misunderstanding* (pp. 51-90). Amsterdam: John Benjamins.

Hawk, B. (1992). *African's media image.* NewYork: Praeger.

Hill, J. (1990). Myth, music, and history: Poetic transformations of narrative discourse in an Amazonian society. *Journal of Folklore Research. 27 (1-2),* 115-131.

Hinck, R. S., Manl, J. N., Kluver, R. A., & Norris, W. J. (2016). Interpreting and shaping geopolitics in Chinese media: The discourse of the 'new style of great power relations'. *Asian Journal of Communication, 26(5),* 427-445.

Holliday, A.(2011). *Intercultural communication & ideology*. London: Sage Publications.

Hospers, G. J. (2020). A short reflection on city branding and its controversies. *Tijdschrift voor Economische en Sociale Geografie, 111(1)*, 18-23.

Howard, R. (2001). Discussion of 'the Chinese security concept and its historical evolution'. *Journal of Contemporary China, 27(10)*, 285-292.

Hsieh, Pasha L. (2009). China-United States trade negotiations and disputes: The WTO and beyond. *Asian Journal of WTO & International Health Law and Policy, 4(2)*, 369-399.

Hu, H. C. (1944). The Chinese concepts of "Face". *American Anthropologist, 46(1)*, 45-64.

Hymes, D. H. (1962). The ethnography of speaking. In Fishman, J. (Ed.). *Readings on the sociology of language* (pp. 99-138). The Hague: Mouton.

Hymes, D. H. (1974). *Foundations in sociolinguistics: an ethnographic approach*. Philadelphia: University of Pennsylvania Press.

Irogbe, K. (2005). Globalization and the development of underdevelopment of the Third World. *Journal of Third World Studies. 22(1)*, 41-68.

Jia, W. S. (2001). *The remaking of the Chinese character and identity in the 21st century: The Chinese face practices*. Westport, CT: Ablex.

Johnson, D. G., & Verdicchio, M. (2017). Reframing AI discourse. *Minds and Machines, 27(4)*, 575-590.

Kaufer, D., Ishizaki, S., Butler, B.,& Collins, J. (2004). *The power of words: Unveiling the speaker and writer's hidden craft*. NJ:

Lawrence Erlbaum.

Kavaratzis, M. (2004). From city marketing to city branding: Towards a theoretical framework for developing city brands. *Journal of Place Branding, 1(1),* 58-73.

Kavaratzis, M., & Ashworth, G. J. (2006). City branding: an effective assertion of identity or a transitory marketing trick? *Place Branding 2(3),* 183-194.

King'ei, K. (2000). Language in development research in 21st century Africa. *African Studies Quarterly, 3(3),* 25-29.

Kreide, R. (2016). Between morality and law: In defense of a political conception of human rights. *Journal of International Political Theory, 12(1),* 10-25.

Krog, A. (2008). "...if it means he gets his humanity back..." The worldview underpinning the South African truth and reconciliation commission. *Journal of Multicultural Discourses, 3(3),* 204-220.

Lakoff, R. (1975). *Language and women's place.* New York: Harper and Row.

Lamb, R. (2018). Historicising the idea of human rights. *Political Studies, 1,* 100-115.

Larsen, H. G. (2018). The 'mental topography' of the Shanghai city brand: A netnographic approach to formulating city brand positioning strategies. *Journal of Destination Marketing & Management, 6,* 90-101.

Lasswell, H. (1948). *Power and Personality.* Westport, CT:Greenwod Press.

Lauf, E. (2005). National diversity of major international journals in the field of communication. *Journal of Communication, 55(1)*, 139-151.

Lee, Paul SN. (2016). The rise of China and its contest for discursive power. *Global Media and China, 1 (1-2),* 102-120.

Lemke, J. L. (2012). Multimedia and discourse analysis. In Gee, P. & Handford, M. (Eds.), *The Routledge handbook on discourse analysis* (pp. 79-89). Milton Park: Routledge.

Lenkersdorf, C. (2006). The Tojolabal language and their social sciences. *Journal of Multicultural Discourses, 1(2)*, 97-114.

Li, D., & Du, Y. (2017). *Artificial intelligence with uncertainty.* New York: CRC press.

Li, H. T., & Rune, S. (2017). When London hit the headline: Historical analogy and the Chinese media discourse on air pollution. *The China Quarterly, 234,* 357-376.

Lin, C. F.(2015). Red tourism: Rethinking propaganda as a social space. *Communication and Critical/Cultural Studies, 12(3),* 328-346.

Littlejohn, S. W., Foss, K. A., & Oetzel, J. G.(2017). *Theories of human communication* (11th ed). Wavelan: Waveland Press, Inc.

López, J. J. (2019). Interrupting the human rights expansion narrative. *Critical Sociology, 6,* 899-913.

Lu, S. M. (2000). Chinese perspectives on communication. In Heisey, D. R. (Ed.). *Chinese perspectives in rhetoric and communication* (pp.57-65). Stamford, Connecticut: Ablex Publishing Corporation.

Lu, X. (1998). *Rhetoric in ancient China, fifth to third century B.C.E: A comparison with classical Greek rhetoric.* Columbia, SC: University of South Carolina Press.

Lu, X. (2000). The influence of classical Chinese rhetoric on contemporary Chinese political communication and social relations. In Heisey, D. R. (Ed.). *Chinese perspectives in rhetoric and communication*(pp. 3-23). Stamford, Connecticut: Ablex Publishing Corporation.

Lykke, Jr., & Arthur, F. (1997). Defining military strategy. *Military Review, 77(1)*, 183-186.

Malawer, Stuart S. (2017). Trump's China trade policies: Threats and constraints. *China and WTO Review, 3(1)*, 109-120.

Martin, J. (2004). Positive discourse analysis: Solidarity and change. *Revista Canaria de Estudios Ingleses, 49,* 179-200.

Mascitelli, B., & Chung, M. (2019). Hue and cry over Huawei: Cold war tensions, security threats or anti-competitive behaviour? *Research in Globalization, 1,* 1-6.

McDowell, J. H. (1992). The community-building mission of Kamsá ritual Language. *Journal of Folklore Research, 27(1-2),* 67-84.

McQuail, D. (2005). Communication theory and the Western bias. In Shi, x., Kienpointner, M., & Servaes, J.(Eds.), *Read the cultural other: Forms of otherness in the discourses of Hong Kong's decolonization*(pp. 21-32). Berlin: Mouton de Gruyter.

Mearsheimer, J. J. (2010). The gathering storm: China's challenge to US power in Asia. *Chinese Journal of International Politics, 3(4)*, 381–396.

Medubi, O. (2009). A Cross-cultural study of silence in Nigeria: An ethnolinguistic approach. *Journal of Multicultural Discourses, 5(1)*, 27-44.

Mele, M. L., & Bello, B. M. (2007). Coaxing and coercion in roadblock encounters on Nigerian highways. *Discourse & Society. 18(4),* 437-452.

Melitz, J.(2008). Language and foreign trade. *European Economic Review. 52(4),* 667-699.

Miike, Y. (2006). Non-western theory in western research? An Asiacentric agenda for Asian communication studies. *Review of Communication, 6 (1/2),* 4-31.

Miike, Y. (Ed.). (2009). New Frontiers in Asian communication theory. *Journal of Multicultural Discourses, 4 (1),* 1-88.

Mohammed, Phaedra S., & Watson, Eleanor 'Nell'. (2019). Towards inclusive education in the age of artificial intelligence: Perspectives, challenges, and opportunities. In Knox, J., Wang, Y., & Gallagher, M. (Eds.). *Artificial intelligence and inclusive education Perspectives on rethinking and reforming education*(pp. 17). Singapore: Springer.

Mönks, J., Carbonnier, G., Mellet, A., & De Haan, L. (2017). Towards a renewed vision of development studies. *International Development Policy/ Revue internationale de politique de développement,* 8(1).

Myers, Richard B. (2004). Transforming for the war on terrorism. *NATO's Nations & Partners for Peace, 49(4),* 64.

Nakayama, T. K. & R. L. Kingek (1995). Whiteness: A strategic rhetoric. *Quarterly Journal of Speech.* 81(3), 291-309.

Nakayama, T. K., & Halualani, R. T. (Eds.). (2011). The *handbook of critical intercultural communication.* Oxford: Wiley-Blackwell.

Neuliep, J. W.(2011). *Intercultural communication: A contextual approach*. Thousand Oaks, CA: Sage Publications, Inc.

Nodoba, G. (2002). Many languages, different cultures: effects of linguicism in a changing society. In Duncan, N., Gqola, P.A., Hofmey, M., Shefer, T., Malmga F., & Mashige, M. (Eds.). *Discourses on differennce, discourses on oppression* (pp. 331-57). Cape Town: CASAS.

Nordin, A., & Richaud, L.(2014). Subverting official language and discourse in China? Type river crab for harmony China information. *China Information, 28(1),* 46-67.

Ooi, Su-Mei.,& D'arcangelis, G. (2017). Framing China: Discourses of othering in US news and political rhetoric. *Global Media and China, 2(3-4),* 269-283.

Opt, Susan K. (1987). *Popular discourse on expert systems: communication patterns in the acculturation of an AI innovation*. Doctoral dissertation: The Ohio State University.

Orewere, B. (1991). Possible implications of modern mass media for traditonal communication in a Nigerian rural setting. *Africa Media Review, 5(3),* 28-39.

Orwell, G. (1949). *Nineteen Eighty-Four*. London: Secker & Warburg.

Pardo, M. L. (2008). Discourse as a tool for the diagnosis of psychosis: A linguistic and psychiatric study of communication decline. Plenary speech at Spanish in Society Conference 2008: Spanish at work. Swansea University, Wales, UK, 27 al 29 de abril del 2008.

Pardo, L. (Ed.). (2010). Critical and cultural discourse analysis from a Latin American Perspective . *Journal of Multicultural Discourses, 5(3),* 183-290.

Pennycook, A. (1998). *English and the discourses of colonialism.* London: Routledge.

Phillipson, R.(1992). *Linguistic imperialism.* Oxford:Oxford Univesity Press.

Prah, K. K. (2006). *The African nation: The state of the nation.* Cape Town: Centre for Advanced Studies of African Society (CASAS).

Prah, K. K. (Ed.). (1998). *Between distinction and extinction: The harmonization and standardization of African language.* Braamfontein: Johannesburg Witwatersrand University Press.

Prah, K. K. (Ed.). (2002). *Rehabilitating African languages.* Cape Town: Centre for Advanced Studies of African Society (CASAS).

Prah, K. K. (Ed.). (2010). African realities of language and communication in multicultural setting. *Journal of Multicultural Discourses, 5 (2),* 83-182.

Pratt, M. L. (1992). *Imperial eyes: Travel writing and transculturation.* London: Routledge.

Preuss, M. H. (Ed.). (1989). *"In love and war: Hummingbird lore"and other selected papers from Laila/Alila's 1988 symposium.* Culver City, Calif: Labyrinthos.

Qian,Z. S. (1979). *Guan Zhui Bian.* Beijing: Zhonghua Shuju.

Ratner, E. (2011). The emergent security threats reshaping China's rise. *The Washington Quarterly, 34(1),* 29-44.

Reeves, G. W. (1993). *Communications and the 'Third World'.* London: Routledge.

Regilme Jr, S. S. F. (2019). The global politics of human rights: From human rights to human dignity?. *International Political Science*

Review, 40(2), 279-290.

Roberts, D., & Unnevehr, Laurian J. (2005). Resolving trade disputes arising from trends in food safety regulation: the role of the multilateral governance framework. *World Trade Review. Cambridge, 4(3)*, 469-497.

Rorty, R. S. (1979). *Philosophy and the mirror of nature*. Princeton, N.J.: Princteon University Press.

Russell, S. J., & Norvig, P. (2016). *Artificial intelligence: a modern approach*. Malaysia: Pearson Education Limited.

Said, E. W. (1978). *Orientalism*. London: Routledge & Kegan Paul.

Said, E. W. (1995). *Orientalism*. England: Penguin Groups.

Said, E.W. (1993). *Culture and imperialism*. New York: Alfred A. Knopf.

Saville-Troike, M.(2003). *The ethnography of communication: An introduction*(3rd ed). Malden, Mass: Blackwell.

Scherer, Matthew U. (2016). Regulating artificial intelligence systems: Risks, challenges, competencies, and strategies. *Harvard Journal of Law & Technology, 29(2)*, 359-361.

Scollo, M.(2011). Cultural approaches to discourses analysis: A theoretical and methodological conversation with special focus on Donal Carbaugh's cultural discourse theory. *Journal of Multicultural Discourses, 6 (1)*, 1-103.

Scollon, R. & Scollon, S. W.(2000). *Intercultural communication: A discourse approach*. Malden, MA: Blackwell Publishers.

Sherzer, J. (1990). *Verbal Art in San Blas: Kuna Culture Through Its Discourse*. Cambridge: Cambridge University Press.

Sherzer, J., & Urban, G. (1986). *Native South American discourse*. New York: Mouton de Gruyter.

Shi-xu & Kienpointner, M. (2001). Culture as arguable: A discourse analytical approach to the international mass communication. *Pragmatics*, *11*(3), 285-307.

Shi-xu (1997). *Cultural Representations: Analyzing the discourse about the Other*. Frankfurt/New York: Peter Lang.

Shi-xu (2005). *A cultural approach to discourse*. Basingstoke, UK: Palgrave Macmillan.

Shi-xu (2006). A multiculturalist approach to discourse theory. *Semiotica, 158 (1/4)*, 383-400.

Shi-xu (2006). Editorial: researching multicultural discourses. *Journal of Multicultural Discourses, 1(1)*, 1-5.

Shi-xu (2009). Asian discourse studies: foundations and directions. *Asian Journal of Communication, 19 (4)*, 384-97.

Shi-xu (2009). Reconstructing eastern paradigms of discourse studies. *Journal of Multicultural Discourses, 4 (1)*, 29-48.

Shi-xu (2014). *Chinese discourse studies*. Basingstoke: Palgrave Macmillan.

Shi-xu (2015). China's national defence in global security discourse: a Cultural-rhetorical approach to military scholarship. *Third World Quarterly, 36(11)*, 2044-2058.

Shi-xu (2015). Cultural dicourse studies. In Trany, K., Ilie, C.,& Sandel, T. (Eds.), *International encyclopedia of language and social interaction*(pp. 289-296). Malden, MA: Wiley-Blackwell.

Shi-xu (2015). International city branding as intercultural discourse:

workplace, development, and globalization. *Language and Intercultural Communication*, *15(1)*, 161-78.

Shi-xu (Ed.). (2007). *Discourse as cultural struggle.* Hong Kong: Hong Kong University Press.

Shi-xu, Kienpointner, M., & Servaes, J. (Eds.). (2005). *Read the cultural other: Forms of otherness in the discourses of Hong Kong's decolonisation.* Berlin/New York: Mouton de Gruyter.

Shi-xu, Prah, K., & Pardo, L.(2016). *Discourses of the developing world: Researching properties, problems and potentials of the developing world.* Routledge: Taylor & Francis.

Spencer-Oatey, Isik-Güler, H. H., & Stadler, S. (2012). Intercultural Communication,. In Gee, P. & Handford, M. (Eds.), *The Routledge handbook on discourse analysis* (pp. 572-86). Milton Park: Routledge.

Spender, D. (1980). *Man Made Language.* UK: Routledge & Kegan Paul.

Storm, D. (2015). Steve Wozniak on AI: Will we be pets or mere ants to be squashed our robot overlords? *Computer World*, 25 March 2015.

Sun, W. N. (2010). Mission impossible? Soft power, communication capacity, and the globalization of Chinese media. *International Journal of Communication*, *4*, 54-72.

Swidler, A.(1986). Culture in action: Symbols and strategies. *American Sociological Review, 51(2)*, 273-286.

Taddeo, M., & Floridi, L. (2018). How AI can be a force for good. *Science, 361(6404)*, 751-752.

Tanno, D. V., & Jandt, F. E. (1993). Redefining the 'other' in multi-cultural research. *The Howard Journal of Communication, 5(1-2)*, 36-45.

Tavernaro-Haidarian, L. (2018). *A relational model of public discourse: The African philosophy of Ubuntu (Routledge focus on communication studies)*. Routledge: Routledge Press.

Thelwall, M., & Thelwall, S. (2016). Development studies research 1975-2014 in academic journal articles: The end of economics? *El profesional de la información (EPI), 25(1)*, 47-58.

Thussu, D. K. (Ed.). (2006). *International communication: Continuity and change* (2nd ed.). London: Hodder Arnold.

Tubilewicz, C. (2010). The 2009 defence white paper and the rudd government's response to China's rise. *Australian Journal of Political Science, 45(1)*, 149-157.

Urban, G. (1991). *A discourse-centered approach to culture*. Austin, TX: University of Texas Press.

Van Dijk, T. A. (1977). *Text and context. Explorations in the semantics and pragmatics of discourse*. New York: Longman.

Van Dijk, T. A. (Ed.). (1985). *Handbook of discourse analysis*. London: Academic Press.

Verschueren, J. (2008). Intercultural communication and the challenges of migration. *Language and Intercultural Communication, 8(1)*, 21-35.

Wang, G., & Chen, Y. K. (2010). Collectivism, relations and Chinese communication. *Chinese Journal of Communication, 3(1)*, 1-9.

Wang, J. (2017). Representations of the Chinese Communist Party's political ideologies in President Xi Jingping's discourse. *Discourse & Society, 28 (4),* 413-435.

Weatherley, R. (1999). *The discourse of human rights in China: historical and ideological perspectives.* London: Palgrave Macmillan.

Wilkinson, R. (2009). Language, power and multilateral trade negotiations. *Review of International Political Economy, 16(4),* 597-619.

Williams, R. (1981). *Culture.* London: Fontana.

Wittgenstein, L. (1953). *Philosophical Investigations.* Oxford: Basil Blackwell.

Wodak, R. (2012). Politics as usual: investigating political discourse in action. In Gee, P. & Handford, M. (Eds.), *The Routledge handbook on discourse analysis.* Milton Park: Routledge.

Xiao, X. S., & Chen, G. M.(2009). Communication competence and moral competence: A Confucian perspective. *Journal of Multicultural Discourses, 4(1),* 61-74.

Zdenek, S. (2003). Artificial intelligence as a discursive practice: the case of embodied software agent systems. *AI & Society, 17(3-4),* 340-363.

Zhang, D. N. (2002). *Key Concepts in Chinese Philosophy.* (E. Ryden, Trans.) New Haren: Yale University Press.

Zhang, J. (2012). China's Defense White Papers: a critical appraisal. *Journal of Contemporary China, 21(77),* 881-898.

Zhang, X. L. (2013). How ready is China for a China-style World Order? China's state media discourse under construction. *Ecquid Novi: African Journalism Studies, 34(3),* 79-101.

Ziai, A. (2015). *Development discourse and global history: From colonialism to the sustainable development goals*. Routledge: Routledge press.

阿芒·马特拉、米歇尔·马特拉（2008）：《传播学简史》孙五三译，北京：中国人民大学出版社。

蔡帼芬（2002）：《国际传播与媒体研究》，北京：北京广播学院出版社。

曹金焰（2005）：《城市形象宣传中的品牌传播研究》，苏州大学硕士论文。

曹顺庆等（2001）：《中国古代文论话语》，成都：巴蜀书社。

曹顺庆（2004）：《跨文化比较诗学论稿》，桂林：广西师范大学出版社。

曹顺庆、支宇（2003）：《在对话中建设文学理论的中国话语——论中西文论对话的基本原则及其具体途径》，《社会科学研究》，（4）：138—143。

曾尔恕（2004）：《试论〈独立宣言〉的思想渊源及理论创新》，《比较法研究》，（6）：1—15。

曾俊、余泽莹（2017）：《移动直播新闻发展现状及趋势研究》，《中国报业》，（13）：40—42。

常亚平（2006）：《反倾销案例研究：（2000—2005）中国十大倾销案例解析》，北京：中国经济出版社。

陈昌凤、石泽（2017）：《技术与价值的理性交往：人工智能时代信息传播——算法推荐中工具理性与价值理性的思考》，《新闻战线》，（17）：71—74。

陈崇山等主编（1989）：《中国传播效果透视》，沈阳：沈阳出版社。

陈飞（2016）：《试析2015年〈美国国家军事战略〉》，《国防科技》，（2）：65—68。

陈光兴（2006）：《去帝国——亚洲作为方法》，台北：行人出版社。

陈国明（2004）：《中华传播理论与原则》，台北：五南图书出版股份有限公司。

陈积敏（2015）：《应对双重挑战：2015年美国〈国家军事战略〉评析》，《国际论坛》，（5）：69—73。

陈平（2006）：《引进·结合·创新——关于国外语言学与中国语言学研究关系的几点思考》，《当代语言学》，（2）：165—173。

陈汝东（2004）：《当代汉语修辞学》，北京：北京大学出版社。

陈尚荣、孙宜君、刘慧（2015）：《新媒体与南京城市形象传播》，《新闻爱好者》，（11）：36—39。

陈舟（2009）：《面向未来的国家安全与国防》，北京：国防大学出版社，59。

程德钧（2002）：《国际贸易争议与仲裁》，北京：对外经济贸易大学出版社。

邓正来（2009）：《全球化时代的中国社会科学发展》，《社会科学战线》，（5）：1—12。

董宇澜、张蕾、陈涛（2018）：《杭州城市品牌战略的大数据分析》，《宏观经济管理》，（7）：79—85。

杜钢建（2007）：《中国近百年人权思想》，汕头：汕头大学出版社。

方汉奇、陈业劭主编（1992）：《中国当代新闻事业史》，北京：新华出版社。

费孝通主编（2003）：《中华民族多元一体格局（修订本）》，北京：中央民族大学出版社。

封帅（2018）：《人工智能时代的国际关系：走向变革且不平等的世界》，《外交评论（外交学院学报）》，（1）：128—156。

冯友兰（2005）：《中国哲学小史》，北京：中国人民大学出版社。

高晨阳（1988）：《中国传统哲学整体观模式及其评价》，《文史哲》，（6）：36—40。

高会坡（2019）：《试论新媒体传播特点及发展趋势》，《中国报业》，（5）：76—77。

高连升（2004）：《当代人权理论》，北京：军事科学出版社。

高奇琦（2018）：《人工智能的学科化：从智能科学到智能社会科学》，《探索与争鸣》，（9）：84—90。

高奇琦（2019）：《人机合智：机器智能和人类智能的未来相处之道》，《广东社会科学》，（3）：5—13。

郭苏建（2011）：《新世界秩序与中国社会科学走向世界》，《中共浙江省委党校学报》，（1）：5—8。

郭新宁（2006）：《论中国国家安全战略方针》，《外交评论（外交学院学报）》，（2）：31—36。

韩春苗（2017）：《5G时代与媒体融合》，《新闻战线》，（21）：83—86。

汉诺·哈特（2008）：《传播学批判研究—美国的传播、历史和理论》，何道宽 译，北京：北京大学出版社。

郝亚威（2008）：《中欧贸易摩擦的政治经济分析》，《合作经济与科技》，（17）：110。

何春晖、陈露丹（2018）《城市品牌国际化传播中的讲故事模型探索——基于杭州的定性研究》，《对外传播》，（6）：23—26。

何华灿（2018）：《泛逻辑学理论——机制主义人工智能理论的逻辑基础》，《智能系统学报》，（1）：19—36。

何晓斌、石一琦（2019）：《人工智能的发展和我国人工智能文科人才的培养》，《清华大学教育研究》，（4）：32—38。

黄楚新、刘美忆（2019）：《我国新媒体发展的新特点及新趋势》，《传媒》，（19）：19—21。

黄楚新、王丹（2019）：《聚焦"智能+"与全媒体：中国新媒体发展趋势》，《中国广播》，（7）：4—7。

黄光国（1988）：《儒家思想与东亚现代化》，新北：巨流图书公司。

黄枬森（1993）：《当代中国人权论》，北京：当代中国出版社。

黄枬森（1994）：《西方人权学说》，成都：四川人民出版社。

姜飞、彭锦（2019）：《以媒体融合促进对外传播能力建设》，《现代传播：中国传媒大学学报》，（8）：7—11。

蒋晓、韩鸿、兰臻（2019）：《中国语境下的人工智能新闻伦理建构》，《社会观察》，（10）：14—16。

焦艳、晋军（2016）：《2015年〈美国国家军事战略〉与2017财年美国国防预算申请，《江南社会学院学报》，（3）：

31—34、66。

金民卿（2018）：《中国特色哲学社会科学话语体系的建构基础与内在张力》，《中共中央党校学报》，（5）：20—26。

匡文波（2001）：《网络传播中的国际舆论斗争》，《中国记者》，（3）：77—78。

匡文波（2018）：《传媒业变革之道：拥抱人工智能》，《新闻与写作》，（1）：77—81。

匡文波、杨正（2018）：《人工智能塑造对外传播新范式——以抖音在海外的现象级传播为例》，《对外传播》，（10）：11—13、38。

李彬（2003）：《传播学引论》（增补版），北京：新华出版社。

李曼（2019）：《关于传统媒体和新媒体的融合发展趋势探讨》，《传播力研究》，（14）：77。

李娜、胡泳（2014）：《社交媒体的中国道路：现状、特色与未来》，《新闻爱好者》，（12）：5—11。

李秋杨（2014）：《"中国制造"国际形象传播的文化话语研究》，《当代中国话语研究》，（1）：1—12。

李友梅（2017）：《中国社会科学如何真正从"地方"走向"世界"》，《探索与争鸣》，（2）：26—29。

梁家禄、钟紫、韩松、赵玉明（1984）：《中国新闻业史》，南宁：广西人民出版社。

梁砾文、王雪梅（2017）：《中国人文社科学术话语的国际传播力建构》，《当代传播》（4）：49—51。

刘继南等（2002）：《国际传播与国家形象——国际关系的新视角》，北京：北京广播学院出版社。

刘金文（2006）：《言语意义的语境解读》，《现代语文》，（3）：45—46。

刘娜（2010）：《网络媒体中的城市形象传播研究》，西北大学硕士论文。

刘佩（2015）：《"走出去"十年：中国企业海外危机西方媒体话语分析——以甘姆森"诠释包裹"框架理论为分析路径》，《新闻界》，（11）：2—8、25。

刘滢（2019）：《5G时代国际传播的新想象》，《新闻与写作》，（10）：80—83。

刘韵洁（2017）：《从未来网络看网络强国和实体经济发展》，《中国信息界》，（3）：52—54。

罗岗、潘维、苏力、温铁军、王洪喆、李放春、丁耘、贺照田、贺雪峰、桂华、吕德文、杨华、骆小平、王正绪、陈柏峰、田雷、张旭、吕新雨、宋少鹏、李宓、姚洋、白钢（2019）：《中国话语》，《开放时代》，（1）：10—87。

吕嘉戈（1998）：《中国文化中的整体观方法论与形象整体思维》，《中国文化研究》，（1）：25—30。

吕璟（2015）：《新媒体环境下城市形象传播的格局与策略》，《中国名城》，（8）：58—60、65。

孟庆茹（2019）：《向孔子学习社交智慧》，《吉林化工学院学报》，（10）：80—85。

彭光谦（2002）：《"中国军事威胁论"可以休矣》，《国防》，（5）：14—15。

钱冠连（1993）：《美学语言学——语言美和言语美》，深圳：海天出版社。

钱冠连（2002）：《汉语文化语用学》，北京：清华大学出版社。

钱锺书（1979）：《管锥编》，北京：中华书局。

秦伟（2000）：《社会科学研究方法》，成都：四川人民出版社。

曲建君、郝丽（2016）：《中国哲学社会科学话语体系当代建构的方向与路径》，《福建农林大学学报（哲学社会科学版）》，（5）：108—112。

邵培仁、海阔（2005）：《大众传媒通论》，杭州：浙江大学出版社。

申小龙（2001），《汉语语法学》，南京：江苏教育出版社。

沈开木（1996）：《现代汉语话语语言学》，北京：商务印书馆。

沈壮海、张发林（2012）：《当前中国高校的哲学社会科学创新：观念与路径——基于全国50所高校的调查》，《中国社会科学》，（8）：89—106、204—205。

盛沛林等主编（2005）：《舆论战100例：经典案例评析》，北京：解放军出版社。

盛铨（2019）：《新媒体发展现状及趋势研究》，《中国报业》，（12）：92—93。

施旭（2008a）：《从话语研究的视角看城市发展》，《文化艺术研究》，（3）：32—43。

施旭（2008b）：《试论建立中华话语研究体系》，《当代中国话语研究》，（1）：1—12。

施旭（2010）：《文化话语研究：探索中国的理论、方法与问题》，北京：北京大学出版社。

施旭（2015）：《涉中国防学术话语的修辞研究》，《外国语文研究》，（5）：76—85。

施旭（2016a）：《构建中国国防话语研究体系》，《光明日报》，7月6日。

施旭（2016b）：《国防话语的较量——中美军事战略的文化话语研究》，《外语研究》，（1）：1—10。

施旭（2017）：《什么是话语研究》，上海：上海外语教育出版社。

施旭（2018a）：《（逆）全球化语境下的中国话语理论与实践》，《外国语》，（5）：90—95。

施旭（2018）：《文化话语研究中国实践》，《中国社会》，3月6日。

施旭（2018）：《文化话语研究与中国实践》，《中国外语》，15（6）：1，10—15。

施旭、别君华（2020）：《人工智能的文化转向与全球智能话语体系的构建》，《现代传播（中国传媒大学学报）》，（5）：13—18。

施旭、郭海婷（2017）：《学术话语与国家安全——西方安全研究是如何制造"中国威胁论"的》，《学术界》，（5）：58—74。

施旭（2012）：《话语研究方法的中国模式》，《广东外语外贸大学学报》，（6）：5—7、26。

司马云杰（2001）：《文化社会学》，北京：中国社会科学出版社。

孙国华（1998）：《论〈周易〉的整体观》，《东岳论丛》，（1）：61—66。

孙平华（2009）：《论具有人权史里程碑意义的英国〈自由

大宪章〉》，《菏泽学院学报》，（3）：79—83。

汤晓华（2008）：《关于强化军事战略指导功能的几点思考》，《南京政治学院学报》，（6）：74—76。

汤一介（2010）：《儒学与经典诠释》，《北京大学学报（哲学社会科学版）》，（4）：5—12。

唐青叶（2015）：《"中国威胁论"话语的生成机制与国家话语能力的建构》，《当代中国话语研究》，（1）：1—9。

唐绪军、黄楚新、王丹（2019）：《中国新媒体发展现状与趋势——2019年新媒体蓝皮书主报告》，《中国报业》，（13）：34—36。

唐子来、陈琳（2006）：《经济全球化时代的城市营销策略：观察和思考》，《城市规划学刊》，（6）：45—53。

汪风炎、郑红（2005）：《中国文化心理学》，广州：暨南大学出版社。

汪培庄（2018）：《因素空间理论——机制主义人工智能理论的数学基础》，《智能系统学报》，（1）：37。

王国华、杨腾飞（2013）：《境外主要政府机构、政要及国际组织在华"微传播"研究》，《情报杂志》，（6）：24—28。

王连成（2011）：《美国新版<国家军事战略>评析》，《国防》，（6）：76—78。

王萍萍（2015）：《城市品牌化路径探析——从城市品牌定位、塑造、营销到管理》，《城市管理与科技》，（2）：33—35。

王志平（2007）：《"人类发展指数"（HDI）：含义、方法及改进》，《上海行政学院学报》，（3）：47—57。

吴鹏、黄澄澄（2013）：《贸易摩擦中的话语互动与话语策略——以中美轮胎特保案为例》,《贵州社会科学》,(10):85—88。

吴忠希(2004):《中国人权思想史略:文化传统和当代实践》,上海:学林出版社。

夏勇(1992):《人权概念起源》,北京:中国政法大学出版社。

夏有为、黄婉婷、詹戈萌(2019):《中美贸易摩擦的舆论风险及对策研究》,《东南传播》,(10):51—54。

萧子扬、马恩泽(2018):《"机器焦虑"和人工智能时代的主要社会学议题》,《大数据时代》,(8):7。

邢福义主编(2000):《文化语言学》(修订本),武汉:湖北教育出版。

徐辉、韩晓峰(2014):《美国军事透明政策及其对中国的影响》,《外交评论(外交学院学报)》,(2):78—92。

徐显明(2001):《人权研究》,济南:山东人民出版社。

徐溢蔓(2014):《新媒体传播的发展趋势分析》,《新闻传播》,(9):88—89。

薛荣久(2006):《国际贸易》,北京:对外经济贸易大学出版社。

严励、许晨媛(2019):《破局与困局:新媒介视域下主流媒体话语体系的建构研究——以人民日报官方微博为例》,《新闻传播》,(16):22—23。

严书翰(2014):《加强我国哲学社会科学话语体系建设的几个重要问题》,《党的文献》,(6):69—74。

杨诚、卢菊(2019):《趋近化视阈下中美贸易争端的话语研究》,《东莞理工学院学报》,(4):109—115。

杨晖（2011）：试论中国传统变易观念萌芽的关键词，《兰州学刊》，（5）：105、108、112。

杨勇、董树功、孙晓婷（2018）：《政策工具视域下中国国防政策的二维框架研究》，《天津大学学报（社会科学版）》，（5）：460—465。

杨运忠（2015）：《军事战略创新事关国家兴衰》，《孙子研究》，（1）：24—26。

姚洪亮（1992）：《浅议〈人权和公民权宣言〉》，《北京师范学院学报（社会科学版）》，（2）：62—66。

叶建军（2011）：《美国应对"反进入和区域拒止"战略评析》，《现代国际关系》，（6）：42—46：。

伊莱休·卡茨（2010）：《媒介研究经典文本解读》，常江译，北京：北京大学出版社。

尹尊声、付实（2003）：《反倾销战和中国的策略选择》，《社会科学研究》，（4）：45—50。

俞可平（2004）：《全球化与国家主权》，北京：社会科学文献出版社。

喻国明、兰美娜、李玮（2017）：《智能化：未来传播模式创新的核心逻辑——兼论"人工智能+媒体"的基本运作范式》，《新闻与写作》，（3）：41。

袁周敏（2014）：《中国—东盟贸易关系的话语建构》，《当代中国话语研究》，（1）：35—54。

张国良（2001）：《新闻媒介与社会》，上海：上海人民出版社。

张建春（2011）：《"世界休闲博览会"与杭州区域经济发展》，《科技创业家》，（1）：284—285。

张莉（2017）：《新媒介与新闻话语变迁研究》，《新疆财经大学学报》，（3）：66—72。

张鲁平（2015）：《构建法制中国话语体系，完善国家治理能力》，《当代中国话语研究》，（1）：10—15。

张梦州、张冬冬（2019）：《计算机人工智能识别技术的应用瓶颈探究》，《赤峰学院学报（自然科学版）》，（6）：64—65。

张攀、许展（2019）：《新媒体时代网络舆论暴力预防及治理机制研究》，《传播与版权》，（9）：161—163。

张少慧（2007）：《论中国人权思想渊源及保障模式》，《求索》，（8）：156—158。

张晓玲主编（2006）：《人权理论基本问题》，北京：中共中央党校出版社。

张耀铭（2019）：《人工智能驱动的人文社会科学研究转型》，《济南大学学报（社会科学版）》，（4）：2。

张益铭（2019）《新媒体时代西安城市形象传播策略探索》，《新闻爱好者》，（10）：71—73。

赵秀丽（2008）：《国际贸易谈判策略分析》，《理论界》，（6）：231—232。

中国人权发展基金会编（2003）：《论我国社会主义人权观》，《中国人权的基本立场和观点》，北京：新世界出版社。

钟义信（2019）：《智能是怎样生成的》，《中兴通讯技术》，（2）：47—51。

周光庆（2002）：《中国古典解释学导论》，北京：中华书局。

周瀚光（1992）：《中国古代科学方法研究》，上海：华东师范大学出版社。

周金凯、孙娜（2018）：《历史对比视角下美国对华"301调查"的博弈分析》，《上海对外经贸大学学报》，（4）：5—16、27。

周丕启（2007）：《国家安全战略与军事战略——从学理与实践的角度看两者的关系》，《国际政治研究》，（4）：65—74。

周裕锴（2003）：《中国古代阐释学研究》，上海：上海人民出版社。

朱静（2005）：《中国企业该怎样应对欧盟反倾销》，《当代经济》，（9）：25。

后　记

　　完成一部十年前论著的再版稿，是一件多么令人心满意足的事。这期间，世界发生了地覆天翻的变化，作者的思想也有了新的进展。那时的文字已显不足。眼前新稿构筑的思想比前一版更系统稳固，展现的课题研究更深入得法，此外还增加了一些新领域以与时俱进。

　　在这里首先要感谢多届本科生、硕士生、博士生、博士后，以及同事、朋友、助手和亲人们的鼓励、支持、关心、爱护和帮助。他们的奉献渗透在书里每一页。当然还要感谢出版社的张冰、叶丹、朱丽娜，从书的第一版到第二版，她们的热情支持和辛勤编辑始终如一。

　　本书的目的，一方面是打消长期且普遍存在的一种观念，即西方发达社会的（男性、白人）学者关于话语、传播的理论普适于世界各民族文化，因此也应该是中国学者的标准。书中举出了大量东方世界、中国文化与之不同的概念、原则、方法和关切，由此提出了"六位一体"的话语新界定、新概念，并特别强调其"文化性"（群体异质关系和竞争关系）。

　　另一方面是提供一套植根本土、放眼世界，具有中国特色的话语哲学、理论、方法和问题框架，并依此对一系列中国社会重大问题及其对策进行研究。为此，本书提出了以"整体综合"为特色的本体论、以"贵和尚中""言不尽意"为特色的话语观、以"听其言察其行"为特色的方法论、以"安全""发展"为特色的问题意识，而且运用这一系统对中国的人权事业、贸易摩擦、城市发展、军事战略、社会科学、人工智能进行分析，给出了不同寻常的阐释、评价和建议。

本书的背后还有两个重要愿望。一是我们的青年学者能够用这样一种话语研究的新境界、新视角、新模式，去生成更多有益于中国发展、人类进步的新知。另一个企盼更加长远，那就是希望他们在国际学术场域里创立具有中国风范、中国模式、中国议程的话语研究。

这样的理想是否能够实现？我们眼前还有多少荆棘？制约我们学术发展繁荣的障碍是哪些？

对此大家可能各有不同的感受和观点。这些复杂问题值得去深入调查，因为它们关系到中国社会科学，乃至中国思想界的进步，也因此牵涉到中国社会的未来发展。

但不容否认的是，社会科学的主体，起码最基本的主体，不是"社会环境"，也不是"内部体制"，而是我们学人本身。决定中国学术前途和命运的，很大程度上也是我们这个群体自己。

那么，上述问题就应该变成：在日常学术工作中，我们做什么，为什么而做，我们的工作给人类思想和社会生活带来了什么？我们的价值和意义究竟何在？这些问题同样非常值得研究，因为我们是中国思想生产的一支主力军，我们的行动更加关系到中国文化和精神世界的发展。

如果我们选择，在做普通人的同时，还要造就一个中国知识分子的身份，那么，就不该满足于对"纯粹""知识/真理"的索求，或对西方学术的效仿，更不应该忘却自己的文化传统和民族立场。相反，要在汲取众家之长的基础上，创造立足本土、胸怀世界，契合实际并能有效推动社会进步的智识。